中国特色高水平高职学校建设成果
山西省职业教育重点专业建设成果
山西省现代学徒制试点专业建设成果

高等职业教育教学改革融合创新型教材 · 旅游类

LÜYOU JINGJIXUE

旅游经济学

谢红霞 主编 | 兀婷 李瑛 副主编

东北财经大学出版社 Dongbei University of Finance & Economics Press | 大连

图书在版编目（CIP）数据

旅游经济学 / 谢红霞主编. —大连 ：东北财经大学出版社，2022.12
（高等职业教育教学改革融合创新型教材 · 旅游类）
ISBN 978-7-5654-4657-3

Ⅰ. 旅… Ⅱ. 谢… Ⅲ. 旅游经济学-高等职业教育-教材 Ⅳ. F590

中国版本图书馆CIP数据核字（2022）第197952号

东北财经大学出版社出版
（大连市黑石礁尖山街217号 邮政编码 116025）
网 址：http：//www.dufep.cn
读者信箱：dufep@dufe.edu.cn
大连日升彩色印刷有限公司印刷 东北财经大学出版社发行

幅面尺寸：185mm×260mm 字数：468千字 印张：21.5
2022年12月第1版 2022年12月第1次印刷

责任编辑：魏 巍 徐 群 责任校对：宋雪凌 郭海雷
封面设计：冀贵收 版式设计：原 皓

定价：46.80元

富媒体智能型教材出版说明

“财经高等职业教育富媒体智能型教材开发系统工程”入选国家新闻出版广电总局新闻出版改革发展项目库，并获得文化产业专项资金支持，是“国家文化产业资金支持媒体融合重大项目”。项目以“融通”“融合”“共建”“共享”为特色，是东北财经大学出版社积极落实国家推动传统媒体与新媒体融合发展的重要举措之一。

“财济书院”智能教学互动平台是该工程项目建设成果之一。该平台通过系统、合理的架构设计，将教学资源与教学应用集成于一体，具有教学内容多元呈现、课堂教学实时交互、测试考评个性设置、用户学情高效分析等核心功能，是高校开展信息化教学的有力支撑和应用保障。

富媒体智能型教材是该工程项目建设成果之二。该类教材是我社供给侧结构性改革探索性策划的创新型产品，是一种新形态立体化教材。富媒体智能型教材秉持严谨的教学设计思想和先进的教材设计理念，为财经职业教育教与学、课程与教材的融通奠定了基础，较好地避免了传统教学模式和单一纸质教材容易出现的“两张皮”现象，有助于教学质量的提高和教学效果的提升。

从教材资源的呈现形式来说，富媒体智能型教材实现了传统纸质教材与数字技术的融合，通过二维码建立链接，将VR、微课、视频、动画、音频、图文和试题库等富媒体资源丰富地呈现给用户；从教材内容的选取整合来说，其实现了职业教育与产业发展的融合，不仅注重专业教学内容与职业能力培养的有效对接，而且很好地解决了部分专业课程学与训、训与评的难题；从教材的教学使用过程来说，其实现了线下自主与线上互动的融合，学生可以在有网络支持的任何地方自主完成预习、巩固、复习等，教师可以在教学中灵活使用随堂点名、作业布置及批改、自测及组卷考试、成绩统计分析等平台辅助教学工具。

富媒体智能型教材设计新颖，一书一码，使用便捷。使用富媒体智能型教材的师生首先下载“财济书院”App或者进入“财济书院”（www.idufep.com）平台完成注册，然后登录“财济书院”，输入教材封四学习卡中的激活码，建立或找到班级和课程对应教材，就可以开启个性化教与学之旅。

“重塑教学空间，回归教学本源！”“财济书院”平台不仅仅是出版社提供教学资源和服务的平台，更是出版社为作者和广大院校创设的一个教学空间，作者和院校师生既是这个空间的使用者和消费者，也是这个空间的创造者和建设者，在这里，出版社、作者、院校共建资源，共享回报，共创未来。

最后，感谢各位作者为支持项目建设所付出的辛劳和智慧，也欢迎广大院校在教学中积极使用富媒体智能型教材和“财济书院”平台，东北财经大学出版社愿意也必将陪伴广大职业教育工作者走向更加光明而美好的职教发展新阶段。

东北财经大学出版社

前言

随着中国经济的飞速发展，旅游业在经济发展中的作用日趋凸显，旅游业作为国民经济战略性支柱产业的地位也更加巩固。“十三五”以来，旅游业与其他产业跨界融合、协同发展，产业规模持续扩大，新业态不断涌现，旅游业对经济平稳健康发展的综合带动作用更加凸显。在2021年12月国务院印发的《“十四五”旅游业发展规划》中，旅游业的定位再次升级，由原来的“幸福产业”提升到了“旅游强国”，而旅游产业的快速发展离不开旅游教育的强力支撑。党的二十大再次强调“以文塑旅、以旅彰文”，并要求“推进文化和旅游深度融合发展”，为中国旅游业的发展指明了发展方向。同时，针对香港和澳门的经济转型和创新发展，党的二十大报告专门定调把“文化旅游”作为香港和澳门经济的发展重点，要求继续巩固和持续提升。因此，把旅游业培育为最具影响力的幸福产业，实现旅游业高质量发展和“旅游强国”之梦，是新时代赋予旅游业的重要使命。

基于旅游业的这种变化，本书在编写过程中以习近平新时代中国特色社会主义思想为指导，积极落实立德树人根本任务，根据新时代职业教育发展要求，从理念、内容、方法、形式等方面进行了创新。具体来说，本书有以下几个特点：

第一，理念新。本书坚持以社会主义核心价值观为引领，贯彻新发展理念，不仅制定了素养目标，而且结合知识点和技能点，设置了“行业感悟”栏目，使价值性与知识性相结合，引导学生树立正确的历史观、民族观、国家观和文化观，坚定文化自信，肩负起新时代赋予的责任与担当。

第二，内容新。本书在编写过程中，不仅融入了最新的国家战略，而且把近年来行业发展中出现的新技术、新业态、新场景融入教学内容中，确保了教学内容的前瞻性；同时融入1+X旅行策划职业技能等级证书的相关内容，实现了课证融通。

第三，方法新。本书坚持实践导向，深化产教融合、校企合作。一方面，吸收行业企业专家加入编写队伍，将鲜活的案例素材融入“任务导入”“经济广角”等栏目，让学生带着问题去学；另一方面，设置“课堂互动”“实战演练”等栏目，培养学生解决实际问题的能力。

第四，形式新。本书根据当下职业院校学生的学习特点，充分适应“互联网+职业教育”的发展需求，配有丰富的数字资源，包括项目导图、在线课堂、项目测试等，并以二维码的形式在书中呈现，从而拓宽了本书内容的深度和广度，既能够激发学生学习的主动性，也为教师教学提供了便利。

本书是校企合作、校校合作的成果，由谢红霞任主编，兀婷、李瑛任副主编。具体编写分工如下：山西省财政税务专科学校谢红霞教授负责全书框架设计和统稿，并编写项目三至项目六；山西文华国际旅行社李瑛总经理编写项目一；山西省财政税务专科学校兀婷副教授编写项目二；山西旅游职业学院周洪波讲师编写项目七；太原旅游职业学院贾雪梅讲师编写项目八；山西省财政税务专科学校李武玲讲师编写项目九；山西省财政税务专科学校乔一博讲师编写项目十。

本书在编写过程中参阅了大量相关文献，借鉴和吸收了一些同行学者的理论观点和精华，在此特向这些作者表示感谢！本书的设计突出职业教育特色及学生综合职业能力的培养，适合高等职业院校旅游大类相关专业学生选用，也可以作为行业企业的培训用书。

要想写出一本优秀的教材并非易事，它要求编者不仅要掌握本学科内容的精华，而且必须把握教学规律，虽然我们有良好的愿望，也十分尽心尽力，但由于水平所限，书中难免存在不足之处，恳请同行专家和广大读者提出宝贵意见，以便我们在今后的工作中努力改进！

编　者

2022年7月

目　录

数字资源目录

续表

续表

1

项目一　打开『经济』大门：认识旅游经济学

项目概述

旅游活动的大众化和旅游业的迅速发展，使旅游经济成为世界经济的一个重要部分。旅游经济像其他部门经济一样，正在积极参与所有旅游目的地社会经济活动的运行。通过本项目的学习，你会从旅游活动与旅游经济活动的关系、旅游经济学的产生与发展、旅游经济学的研究对象与内容以及旅游经济的地位与作用等方面，对旅游经济学有一个正确的认知，让我们一起来探寻旅游经济的奥秘，领略旅游经济学的魅力吧。

项目导图1-1

项目一

项目目标

知识目标

- 了解旅游经济的内涵；
- 熟悉旅游经济的发展历程；
- 掌握旅游经济的发展趋势；
- 掌握旅游经济活动的研究对象和研究内容；
- 了解旅游经济的地位和作用。

能力目标

- 能够根据旅游经济现象分析旅游供求矛盾；
- 能够结合旅游经济问题提出相应的对策。

素养目标

- 能够结合旅游业的发展历程，感受中国共产党的正确领导，培养学生的家国情怀；
- 能够通过文旅融合发展，强化价值引领，坚定文化自信，增强文化自觉。

任务一　旅游经济的形成和发展

任务导入

中国旅游业发展概况

改革开放以来，我国旅游业经历了起步、成长、拓展和综合发展四个阶段，最终推动国内旅游、出境旅游、入境旅游的全面繁荣。我国也因此实现了从旅游短缺型国家到旅游大国的历史性跨越，一举成为全球最大的国内旅游市场、全球第一大国际旅游消费国、全球第四大旅游目的地国家。

从旅游人数来看，2019年，我国国内旅游人数60.06亿人次，比上年同期增长8.4%；入境旅游人数14 531万人次，比上年同期增长2.9%；出境旅游人数15 463万人次，比上年同期增长3.3%。从旅游收入来看，2019年，我国实现旅游总收入6.63万亿元，同比增长11.1%。从旅游人均消费来看，2019年，国内旅游人均消费超4 000元，旅游消费成为居民的重要生活方式。从旅游消费的发展阶段来看，我国以观光游览为目的的旅游消费比重正在降低，以休闲度假为目的的旅游消费比重逐渐提升。

2020年以来，我国旅游业受新冠肺炎疫情的冲击波动较大。2021年，我国国内旅游人数32.46亿人次，同比增长12.8%；国内旅游收入约2.92万亿元，同比增长31%；国内人均旅游消费约899.28元，同比增长16.2%。随着疫情逐步得到控制、各地对文化旅游支持政策的出台以及百姓旅游消费需求的释放，我国旅游业必将迎来新的发展。

资料来源　佚名.中华人民共和国文化和旅游部2019年文化和旅游发展统计公报［EB/OL］.［2020-06-22］. http://www.gov.cn/xinwen/2020-06/22/content_5520984.htm；华经产业研究院.2021年中国出入境旅游人次、收入、消费金额及行业发展趋势［EB/OL］.［2022-08-23］. https://baijiahao.baidu.com/s?id=1741938321107287426&wfr=spider&for=pc.

思考：

（1）根据以上资料，思考为什么旅游经济是一种商品化的旅游活动？

（2）目前中国旅游业处于一个什么样的发展阶段？这个阶段旅游经济的特点是什么？

旅游活动已经成为当今世界非常重要的活动，受到各国各地政府部门的高度重视。旅游活动既是一种社会现象，也是一种经济活动，表现出经济、社会、文化、生态、健康等多个层面的属性与影响。为了更好地回答以上问题，我们需要了解旅游经济的内涵与特征、旅游经济的形成与发展过程、中国旅游经济的发展历程等内容。

一、旅游经济的内涵与特征

（一）旅游经济的内涵

旅游经济是在旅游活动有了一定发展并具备了一定物质条件的前提下，才产生的一种社会经济活动。它是以旅游活动为前提，以商品经济为基础，依托现代科学技术，反映旅游活动过程中旅游者与旅游经营者之间，按照各自利益而发生经济交往所表现出来的各种经济活动和经济关系的总和。

1.旅游经济是旅游活动发展到一定阶段的产物

旅游经济是在旅游活动的基础上产生的，旅游活动在古代早已产生，作为一种社会现象，是伴随着人类文明的发展而兴起的。早在2000多年前，中国古代教育家孔子曾经说过“知者乐水，仁者乐山”。不过由于当时生产力水平很低，交通运输条件很差，旅游活动主要有两种类型：一种类型是不借助任何物质条件的文人学者的巡游；另一种类型是少数帝王和皇室家族成员、达官贵人及特权阶级的巡游。但当时旅游活动仅表现为一种社会文化活动，其经济性质很不明显。

18世纪60年代开始的英国工业革命，促进了旅游活动的产生和发展，使更多的人参与到旅游之中，形成了旅游需求和旅游供给的对应关系。一方面，社会中出现了具有一定支付能力的旅游者，使旅游成为一种社会现象；另一方面，为了满足人们的需求，社会中已形成相应的供给行业。随之而来。在旅游需求与旅游供给中起桥梁作用的旅行社也产生了，它以营利为目的，将旅游这一社会现象作为经营对象，从而导致旅游业这一新兴行业崭露头角。

2.旅游经济是一种商品化的旅游活动

旅游经济是建立在商品经济基础之上的，是以旅游产品的生产和交换为主要特征的旅游活动，因而必然要产生经济活动中的供需双方和相互交换的对象。一方面，只有当市场上存在旅游经济活动的需求主体——旅游者时，才可能产生大量的旅游需求。而旅游需求的规模、消费水平、旅游目的、游览内容等，不仅决定了旅游经济活动能否有效进行，而且对旅游经济发展的规模和水平具有决定性的影响和作用。另一方面，只有当市场上存在旅游经济活动的供给主体——旅游经营者时，才有可能为旅游者提供各种旅游产品，满足旅游者的各种需求。因此，旅游经营者既是旅游产品的经营者，又是旅游产品的生产者，是保证旅游产品价值得以实现，促进旅游经济活动有效进行的重要前提和基础。

此外，现代商品生产和交换的发展，还为旅游活动的商品化提供了媒介和手段。这样，旅游活动便完全建立在以旅游产品为对象，以旅游者和旅游经营者为主体，以货币为交换媒介的基础上，真正成为一种商品化的社会经济活动。

3.旅游经济是一种综合性的服务活动

在旅游活动中，要有效地满足旅游者的旅游需求，离不开食、住、行、游、购、娱等各种综合性服务。因此，旅游经济是一种以服务为主，并涉及众多企业和行业的经济活动。不仅要为旅游者提供包括食、住、行、游、购、娱等在内的各种直接旅游服务，而且要为旅游者提供汇兑、通信、医疗、保健、商务等多种辅助性服务。旅游经济活动不仅涉及旅行社、旅游饭店、旅游餐馆、旅游交通等企业，而且涉及金融、邮电、医院、公安、海关、商检等相关企业和部门。所以，旅游经济实质上是以旅游为目的、以经济为基础、以服务活动为主体的综合性服务经济。

4.旅游经济是一个相对独立的经济产业

旅游经济在其长期的发展过程中，逐渐形成了一个相对独立的经济产业。第二次世界大战以后，旅游经济的发展速度之快，综合经济效益之高，产业带动力之强，吸收劳动力就业效应之大，以及其发展的光明前景，促使许多国家特别是发展中国家，都把旅游业作为经济发展的重点产业积极地扶持和发展，从而进一步促进了旅游产业规模的迅速扩大，产业结构体系不断完善。随着产业范围的全球性扩展，旅游业不仅成为现代经济发展中的“朝阳产业”，而且成为第三产业中的主导产业，带动第三产业及相关物质生产部门的发展，在整个社会经济发展中占有十分重要的地位。

（二）旅游经济的特征

1.旅游经济是一种受客源地需求推动的敏感性经济

旅游经济是在旅游活动的基础上产生的，而旅游经济是旅游客源地居民出于某种追求或逃避的需要而到异地进行的消费活动，作为一种对服务产品的消费活动，客源地需求形成的推动力对旅游经济的发展起到了决定性作用。没有旅游需求，任何旅游供给都会失去服务对象和存在的价值，由旅游供求形成的经济体就难以存在。而客源地的旅游需求受多重因素的影响，任何影响旅游需求的因素（正向或负向）发生作用，都会导致旅游经济出现敏感性的反应。换句话说，旅游经济的依赖性导致旅游需求的敏感性，也必然会影响对旅游经济性质的判断，从而使旅游经济具有敏感性。

行业感悟1-1　**文化旅游业敏感但不脆弱**

旅游业是敏感度很高的产业，碰到事件，滑坡最快，事件过后反弹最快，这是行业规律，即韧性强、弹性大。面对新冠肺炎疫情，文化旅游业因其高度敏感性的特征受到直接冲击，尽管损失在所难免，但我们坚信这种阵痛是暂时的。因为文化旅游业敏感但不脆弱，文化旅游业自身具有很强的修复能力和反弹力。中国旅游业经历改革开放40多年的发展，已经韧性十足，暂时的困难改变不了其蓬勃向上的大趋势，只会加速文化旅游企业的优胜劣汰。文旅人没有浪费这场危机，更多的是在危机中找机会，把它变成了我们历练业务和队伍，倒逼企业转型的一场机会。

后疫情时代，我国文化旅游业复苏有着良好的基础：我国面积大、人口多且分布广，有着巨大的内部市场需求。在国外疫情尚在蔓延、出入境游难以在短期内得到恢复的情况下，国内游市场扩张潜力无限。同时，近年来我国文化旅游产业结构不断优化，文化旅游产品越来越丰富。随着国内疫情得到有效控制，强劲的短途游需求正在释放，跨省（自治区、直辖市）团队旅游恢复，这将积极推进文化旅游企业进一步复工复业，促进经济社会平稳健康发展。

“狭路相逢勇者胜，越是艰难越向前！”这是我们中国人特有的精气神。疫情对文旅行业的打击只是一时的，把困难举在头上，它就是灭顶石；把困难踩在脚下，它就是垫脚石。在党和国家的正确领导下，在全国人民的共同努力下，我们能够很快战胜疫情，恢复国民经济。严冬过后是阳春，行业也定会迎来更大的飞跃！

资料来源　邹开敏，庄伟光.后疫情时代文化旅游业提质升级势在必行［N］.南方日报，2020-10-12（6）.

2.旅游经济是一种受目的地供给约束的波动性经济

为了满足游客多方面的需要，旅游供给必须依赖于国民经济各部门的配合和支持。

社会经济技术发展水平不仅决定了旅游目的地各部门能为旅游供给提供多大的配套能力，而且制约着各种配套资源的整合水平。相对于物质产品的可储存、可移动特性来说，旅游产品与服务不可储存、不可移动的特点在旅游供给约束的条件下表现出旅游经济的波动性。

3.旅游经济是一种受主客观文化差异影响的跨文化经济

旅游活动是一种以人的移动为特征的消费活动，而人是具有不同文化背景的消费主体和服务主体，在旅游供求矛盾的运动中，这种文化差异不可避免地反映在供给方的产品设计和提供，以及需求方的产品消费与体验上。从旅游者的角度来看，旅游是一种社会文化活动，而实现这种社会文化消费活动必然离不开服务的提供者。旅游企业在为游客提供服务的同时，必然要求在经济上获利。经济利益最大化的前提是能够提供满足游客文化消费需求的旅游服务，所以旅游经济具有跨文化性质。

二、旅游经济的形成与发展过程

旅游经济的形成与发展过程大致可分为三个阶段。

（一）旅游经济的萌芽阶段

早在原始社会时期，由于社会生产力水平低下，人们的生活条件极为艰苦，特别是自然环境变化所引起的灾害及各民族部落之间的械斗，使人们不得不为了生存而发生经常性的空间迁徙活动。尽管这种为生存而进行的空间迁徙并不是旅游，甚至也不是旅行，但其事实上已蕴含着旅游活动最基本的雏形。从原始社会、奴隶社会到封建社会的长期发展过程中，人类社会经历了三次大规模的社会分工，促进了社会生产力水平的不断提高。社会生产力的提高又促进了生产发展和剩余产品的增加，产生了私有制、阶级和国家，促进了社会分工和商品经济的进一步发展，促进了市场空间的不断扩大和商品交换活动范围的拓展。于是，以商品生产、各种商业活动为中心的旅游活动便产生了。

在漫长的历史长河中，旅游的发展与当时的社会政治、经济及文化发展相适应，出现了各种各样的形式。例如，摩西出埃及，耶稣周游列国传教，古希腊的朝拜、祭祀，马可·波罗的出游，阿拉伯民族的经商往来，孔子周游列国，玄奘西域取经，鉴真东渡日本，郑和七下西洋，徐霞客遍游中华大地等，都为旅游经济的产生打下了坚实的基础。然而，由于古代社会生产力低下，因此社会经济的发展水平不能促使旅游活动商品化，而仅仅是孕育了旅游经济的萌芽。

（二）旅游经济的形成阶段

旅游经济的形成是旅游活动向商品化发展的过程。从旅游经济的发展历史来看，现代旅游经济的形成主要开端于18世纪的产业革命，以机器大工业代替了工场手工业，形成了以机器大工业为基础的社会化大生产，促使社会生产力得到了迅速提高，促进了资本主义商品生产和交换的迅速发展，从而为现代旅游经济的形成和发展提供了物质技术基础和经济条件。

1.产业革命为旅游经济的形成提供了物质技术基础

产业革命促进了生产手段，尤其是交通运输工具的改善，不仅使社会化大生产的规模扩大、市场空间范围扩展，而且汽轮、火车的产生为人们有目的的大规模、远距离的旅游活动提供了便利的物质技术条件及交通工具。例如，美国于1807年开辟汽船内河定期客运航班，紧接着欧洲许多国家相继开设了蒸汽客轮经营服务；英国于1830年在利物浦到曼彻斯特之间开设了火车客运服务，到1890年，已吸引了近20万国内外旅游者。

2.社会生产力发展为旅游经济形成提供了经济条件

产业革命促进了资本主义制度的形成和发展，使资本主义社会生产力有了迅速提高。随着商品经济的繁荣、兴旺，人们的生活水平迅速提高和改善，这就为现代旅游经济的产生和发展创造了大量的社会需求。于是，伴随着人们可支配收入的增加、交通运输条件的改善，以及工厂化制度的建立，旅游活动逐渐成为人们物质生活的组成部分，从而为现代旅游经济的形成提供了需求前提和经济条件。

3.旅游服务机构的产生为旅游经济形成奠定了产业基础

商品经济的发展为旅游经济的形成创造了大量需求，各种专业旅游服务机构的建立标志着现代旅游经济的产生和形成。特别是1845年，英国的托马斯·库克成立了第一家包括食、住、行、游等活动在内的旅行社，开创了有组织地提供旅游活动的各种专门性服务的先河，从而推动了旅游商品化进程。之后，诸如旅行社、旅游饭店、旅游交通等各种以经营旅游业务为主的企业纷纷建立，各种旅游住宿、餐饮接待设施不断建设和完善，从而使旅游活动发展成为一种商品化经济活动，成为社会经济的重要组成部分，于是具有现代意义的旅游经济正式形成了。

（三）旅游经济的发展阶段

虽然旅游经济形成于19世纪中叶，但直到20世纪50年代才进入一个快速发展时期，这个时期由于许多高新技术如电子技术、信息技术、生物工程技术等被运用到生产中，社会经济获得了快速发展，为旅游经济活动的蓬勃发展奠定了基础。与此同时，世界经济更加开放，关税及贸易总协定的签订促进了双边、多边贸易的大发展，为旅游经济活动在世界范围内的蓬勃发展提供了良好的社会环境。随着大众活动的不断增多，以团队旅游为主的大众化旅游日益占据主导地位，旅游经济在世界经济中不可替代的地位和作用得以确立。20世纪90年代以后，旅游经济活动在蓬勃发展的基础上又呈现出新的特征，旅游需求日益呈现出个性化、多样化、高标准化和生态化的态势，旅游供给则日益呈现出以人为本的理念，技术化运用也不断加强。

21世纪以后，在经济全球化和世界经济一体化的作用下，世界旅游业进入了快速发展的黄金时代，成为世界经济中发展势头最强劲的产业之一，并已发展成为世界第一大产业，惠及了全球各旅游目的地和所在社区。旅游经济发展凸显出旅游经济地位日益重要、旅游市场竞争日益激烈、旅游需求队伍不断壮大、旅游消费行为日益复杂等主要特点。

从世界旅游业未来的发展方向来看，在未来10～20年内，以下趋势将占主流：

（1）市场细分化趋势。现代旅游者的旅游目的越来越个性化，并且旅游组织者也越来越重视从更深层次开发人们的旅游消费需求，因此旅游产品市场更加细分化。除了传统的观光旅游、度假旅游和商务旅游外，特殊旅游、专题旅游更有发展潜力，如宗教旅游、探险旅游、考古旅游、修学旅游、蜜月旅游、购物旅游、奖励旅游、民族风俗旅游等，将会形成特色突出的旅游细分化市场。

（2）彰显区域文化特色的度假胜地将成为主流产品和重要支柱。在未来的市场发展中，观光型旅游并不会完全失去市场，但在传统的旅游客源国家中，度假旅游将更为盛行，将会逐步取代观光旅游成为国际旅游的主体。以浓厚的区域文化内涵和生态、绿色、低碳的自然资源环境为支撑的度假胜地将是度假旅游产品的重要支柱。

（3）东亚、太平洋地区、夏威夷及拥有丰富海滩资源的泰国、印度尼西亚、中国沿海区域将是旅游者热衷于选择的目标。到21世纪末，夏威夷、中国海南将会取代新加坡、印度尼西亚成为东亚、太平洋地区的旅游度假目的地。

（4）旅游者追求更为灵活多变的旅游方式。世界各地旅游设施的建立健全，世界性预订服务网络的普及完善，使散客旅游越来越方便。在追求个性化的浪潮下，目前世界上散客旅游人数已超过旅行社固定包价的旅游人数，散客旅游和中短距离区域内的家庭旅游在旅游者人数中所占比例将逐渐增加，小包价、个人委托代办服务也占有越来越重要的市场份额。

（5）在旅游中追求更多的参与性和娱乐性。旅游者将转向追求那些富有活力、情趣、具有鲜明特点的旅游场所，喜欢那些轻松活泼、丰富多彩、寓游于乐、游娱结合的旅游方式。能亲身体验当地人民的生活，直接感受异国的民族文化风情，通过参与和交流得到感情的慰藉和心灵的撞击。因此，旅游产品设计开发将更加注重民族风情、地方特色、游娱结合。

（6）“银色市场”不断扩大。按照世界现行标准，一个国家老年人口比例超过总人口比例的7%，即老年型国家。西方主要客源国大都进入老年型国家，其中英国、德国、瑞士等国老年人比例已超过总人口的14%。现代的老年人是一个有钱、有闲、健康活跃的阶层，在退休后开始人生的第二个春天，对异国的古老传统文化比年轻人更感兴趣，对旅游休闲度假更有兴趣。银色市场越来越被各旅游接待国所重视，将来会成为一个很重要的市场面。

（7）对旅游安全更为重视。民族冲突、宗教冲突、国际恐怖主义、政局动荡、传染性疾病等，都会对国际旅游业的发展形成局部威胁。在具备闲暇时间和支付能力的条件下，唯一能使旅游者放弃旅游计划的因素就是对安全的顾虑。旅游安全和旅游目的地的社会和谐将越来越被重视。

课堂互动1-1

你如何看待旅游安全的重要性？

课堂互动1-1

答案提示

（8）区域旅游势头不减。由于地缘和文化的原因，对大部分国家来说，邻近市场仍将是本国旅游客源的主体市场。区域经济一体化会以其“地利、人和”的优势，推动区域旅游业以更高的速度增长。在不久的将来，东南亚海域将成为世界滨海游乐业蓬勃发展的地区之一，中国-东盟自由贸易区以及东北亚的中日韩将是亚太地区重要的旅游度假区域。

三、中国旅游业的发展历程

从中华人民共和国成立到改革开放之前，中国旅游业以外事接待为主。1949年成立的厦门华侨服务社是中国第一家旅行社。1954年，中国国际旅行社总社成立，负责访华外宾的衣、食、住、游等事务。1964年成立中国旅行游览事业管理局，为国家旅游局前身。

1978年被认为是现代中国旅游发展的元年。随着国家开放政策的实施，旅游业在国民经济中的地位和作用得到应有的重视。在一系列旅游方针政策指引下，通过不断改革，我国旅游业长期以来的外事接待模式被打破，旅游业作为一个综合性的经济事业的性质得到肯定。

从1978年开始，中国旅游业的发展主要经历了四个阶段：

（一）初创阶段（1978—1988年）

1981年，国务院主持制定了旅游业第一个发展规划，在5年后列入国家第七个国民经济发展计划。1982年，中国旅行游览事业管理总局更名为国家旅游局。1985年入境游快速发展，国内游初露端倪，1985年国务院批转国家旅游局《关于当前旅游体制改革几个问题的报告》，提出要从只抓国际旅游转为国际、国内一起抓，为发展国内旅游扫除了政策上的障碍。1985年全国国内旅游工作会议提出积极稳妥发展国内旅游的方针。1986年2月起开始实施《中华人民共和国公民出境入境管理法》和《中华人民共和国外国人入境出境管理法》。1988年《中华人民共和国旅游法》被列入七届全国人大常委会立法规划。

这个阶段的特点是：国家从战略上明确了旅游业的性质和定位，《国务院关于加强旅游工作的决定》（1981年国务院80号文件）指出："旅游事业在我国既是经济事业的一部分，又是外事工作的一部分。""旅游事业是一项综合性事业，是国民经济的一个组成部分，是关系到国计民生的一项不可缺少的事业。"

（二）产业化进程阶段（1989—1998年）

1995年，中国公民出境游和国内游快速发展。1995年开始实施双休日制度，刺激了国内游需求。旅游功能也日益多元化，创汇不再是发展旅游业的唯一目标。旅游业在拉动内需、扩大就业、优化地区产业结构方面显现重要作用。1996年，我国旅游业创汇102亿美元，突破100亿美元大关。1998年，中央经济工作会议把旅游业明确为"国民经济新的增长点"。

这个阶段的特点是：旅游业作为"国民经济一个组成部分"有了基本政策体制保证，旅游业在国民经济的轨道上开始了产业化进程。旅游业随着1992年国家市场机制的完善而转型，主动在国民经济发展中承担更大的责任。这10年，是开启产业化、市场化发展进程的10年。

（三）旅游业市场化进程深入的阶段（1999—2009年）

1999年，国务院发布了新的假日制度，同时提出了到2020年把我国由亚洲旅游大国建设成为世界旅游强国，使旅游业真正成为国民经济支柱产业的目标。2003年，中国经济发展出现了强劲增势，虽然经历"非典"疫情低谷，但在2004年中国旅游业全面复苏，旅游人数和收入都创历史新高，并推动了旅游企业多元化发展。2007年，旅游业总收入达到1.09万亿元，首次突破1万亿元，此后旅游收入一路快速增长。2009年，我国旅游业进入转型升级阶段。国务院发布的《加快发展旅游业的意见》提出：“把旅游业培育成为国民经济的战略性支柱产业和人民群众更加满意的现代服务业。”这成为我国旅游业转型升级的重要标志。

这一阶段的特点是：假日制度的推出使大众旅游风生水起，旅游市场繁荣兴旺。同时，旅游业的地位进一步提高，与人民群众的关系越来越密切。

课堂互动 1-2

课堂互动 1-2

答案提示

实行职工带薪年休假制度，是世界各国劳动制度的普遍做法。党和国家高度重视中国的年休假制度建设。1991年6月，中共中央、国务院下发了《关于职工休假问题的通知》，规定各级党政机关、人民团体和企事业单位，在确保完成工作、生产任务，不另增加编制和定员的前提下，可以安排职工的年休假，职工年休假的天数要根据各类人员的资历、岗位等不同情况有所区别，最多不得超过两周。《“十四五”文化和旅游发展规划》中提到，要推动完善国民休闲和带薪休假等制度，引导各地制定实施门票优惠补贴等政策，优化旅游消费环境、拓展旅游消费领域。

请思考：带薪休假制度对旅游业的影响？

（四）“全面融入国家战略”阶段（2010年至今）

2013年，国务院发布《国民旅游休闲纲要（2013—2020年）》，显示了旅游业对国民经济及国民生活的重要性。同年，《中华人民共和国旅游法》开始施行。2015年，旅游业全面融入国家战略体系，成为国民经济战略性支柱产业，旅游现代治理体系初步建立。2016年，《“十三五”旅游业发展规划》首次被列入国家重点专项规划。2017年，全国乡村旅游人数25亿人次，旅游消费规模超过1.4万亿元。全国旅游总收入突破5万亿元，国内旅游人次突破50亿，是1993年的12倍。政府工作报告中提出“大力发展全域旅游”，全域旅游上升为国家战略。2018年，《中共中央国务院关于实施乡村振兴战略的意见》正式发布，乡村旅游作为实现乡村振兴战略的重要领域写入中央一号文件。根据国务院机构改革方案，组建文化和旅游部，不再保留文化部、国家旅游局。2019年国，务院办公厅印发《关于进一步激发文化和旅游消费潜力的意见》，“夜经济”成为国家层面促进消费的20条意见之一。2018年中国在线旅游市场交易规模突破1.48万亿元，相较于2017年的1.17万亿元，同比增长26.3%。2021年，文化和旅游部印发的《“十四五”文化和旅游发展规划》指出，深化旅游业供给侧结构性改革，深入推进大众旅游、智慧旅游和“旅游+”“+旅游”，提供更多优质旅游产品和服务，加强区域旅游品牌和服务整合，完善综合效益高、带动能力强的现代旅游业体系，努力实现旅游业高质量发展。2021年，国务院发布的《“十四五”旅游业发展规划》指出，旅游业作为国民经济战略性支柱产业的地位更为巩固；旅游成为小康社会人民美好生活的刚性需求；旅游成为传承弘扬中华文化的重要载体；旅游成为促进经济结构优化的重要推动力；旅游成为践行“绿水青山就是金山银山”理念的重要领域；旅游成为打赢脱贫攻坚战和助力乡村振兴的重要生力军；旅游成为加强对外交流合作和提升国家文化软实力的重要渠道。

这一阶段的特点是：旅游业对国民生活重要性的“深度显现”，旅游电商增长迅速。旅游业全面融入国家战略体系，在推动“旅游+”“大旅游”“全域旅游”的过程中转型升级，形成了新格局。

经济广角 1-1　　全域旅游为乡村振兴“提档加速”

全域旅游是新时代乡村振兴的产业基础，也是高质量推进乡村振兴的有效途径。新时代的全域旅游要以促进乡村产业发展为目标、生态文明建设为基础、乡村文化振兴为保障。

让旅游产业助力就业富民。实施全域旅游发展战略，要围绕强农富民目标，以带动村民就业增收为重点，逐步形成“一村一景观、一业一增收”的全域湖南乡村生态休闲旅游综合发展格局。“旅游+第一产业”，以农村田园景观、农业生产活动和特色农产品为旅游吸引物，开发农业观光、农耕体验、采摘游、花卉游、农家美食游等不同特色的主题旅游活动，满足游客体验农业、回归自然的心理需求；“旅游+第二产业”，乡村的历史文化特色，必须凝聚到物化的象征品中，才能让人带得走、记得住。将乡村旅游纪念品开发与农村家庭手工业、农产品精深加工融合起来，同时，以提供现场教学和制作体验为卖点，发展体验式旅游；“旅游+第三产业”，要以民宿产业为切入点，打造集休闲旅游、观光度假、农耕体验等为一体的乡村旅游产业链，逐步形成区域内点、线、面全域覆盖的格局。

让旅游服务绘就美丽乡村。全面提升旅游环境、旅游服务供给质量，努力实现乡村美、生态美与人文美、精神美相得益彰。要以行业主管部门为主体，高等院校、科研院所、企业技术研发中心为骨干组织培训网络，多渠道开展乡村旅游服务标准化培训工作，吸收和培养乡村旅游服务标准化人才。要全域推动旅游厕所革命，加强乡村道路建设、停车场建设，加强旅游环境的综合整治，完善旅游标识系统，增设旅游咨询服务点，加快乡村智慧旅游项目建设，确保乡村旅游公共基础服务设施全面提升。要把发展乡村旅游纳入乡村振兴工作整体部署中，结合扶贫、污染治理、改善人居环境等工作统筹推进，提升旅游环境、旅游服务供给质量，实现“生态宜居村庄美、兴业富民生活美、文明和谐乡风美”的美丽乡村新画卷在湖湘大地渐次铺展。

让旅游文化铸魂乡风文明。游人文明举止融入乡风文明之中，文明乡风又让游人为之陶醉。文明就在这动与静中相互交融，美美与共。全域旅游和乡村振兴相辅相成，发展全域旅游能够助推乡村振兴，可以让民俗文化、农耕文化生动诠释山水人文之美，让乡土文化孕育精神文明，激发每个人都成为文明旅游传播者的热情，不断推动文明新风入乡村进农家。乡村旅游根植乡村，在农业生产、农村风貌、农民生活深度融合、发展全域旅游特别是乡村旅游方面，都与“三农”工作紧密相连。要调动广大农民参与旅游发展和乡村建设的积极性，让农民成为乡村振兴的参与者、建设者、受益者。要确保乡村旅游开发建设的有序进行，通过政府引导、政策激励等方式，鼓励农民投身到乡村旅游经营的相关领域，让乡风文明之花开遍湖南旅游的全过程。

资料来源　魏龙.全域旅游为乡村振兴“提档加速”[EB/OL].[2022-04-15]. https://moment.rednet.cn/pc/content/2022/04/15/11125176.html.

从旅游业的发展历程可以看出，旅游业的发展明显是一条非均衡发展的轨迹，从无到有，从小到大；从单一市场发展，逐步到三大市场全面发展；从重点地区率先发展，到全域发展；从旅游行业发展到旅游产业发展，再到“旅游+”的产业集群发展；从单领域突进到全域发展，从单一功能到多功能的综合性，旅游产业的定位是不断提升的，旅游产业的能量、规模、效能是不断增强的。我国旅游业的发展从粗放型旅游发展向比较集约型旅游发展转变、从小众旅游向大众旅游转变、从景点旅游向全域旅游转变、从观光旅游向观光休闲旅游并重转变、从浅层次旅游向深层次旅游转变、从事业方向向产业方向转变、从被动跟从国际规则向积极主动的旅游国际合作和旅游外交转变、从旅游大国向旅游强国转变，已经成为“满足人民日益增长的美好生活需要的有效手段”和“提高人民生活水平的重要产业”。

在线课堂1-1

中国旅游发展新阶段的八大特征

任务二　旅游经济学的研究对象与内容

任务导入

青岛“天价虾”事件

2015年10月4日，有网友爆料称，在青岛市乐凌路善德活海鲜烧烤家常菜吃饭时遇到宰客事件。该网友称，点菜时已向老板确认过“海捕大虾”是38元一份，结果结账时变成是38元一只，一盘虾要价1 500余元。

2015年10月6日，青岛市物价局通报了这起涉嫌价格欺诈案的进展。经现场检查，这家大排档名为“市北区善德成烧烤店”，其提供的菜品虽有明码标价但不规范，并涉嫌误导消费者消费。市物价局已责成市北区物价局根据价格法等有关法律法规予以立案处理。

青岛市市北区物价局表示，拟对该店作出9万元罚款的行政处罚，并责令其立即改正价格违法行为，这一行政处罚事先告知书已于6日下午送达该店。据介绍，青岛市下达了对该店责令停业整顿并吊销营业执照的行政处罚告知，并对市北区市场监管局主要负责人停职检查，对该区物价、旅游等部门主要负责人进行诫勉谈话。

2015年10月7日，青岛市发布了《关于进一步治理规范旅游市场秩序的通告》。

资料来源　根据网络资料整理.

思考：

（1）该案例涉及的问题属于旅游经济学研究的对象吗?

（2）分析以上案例，说明它涉及了旅游经济学研究的哪些内容。

旅游经济学是现代经济学的一个分支。经济学是研究人类社会在各个发展阶段上各种经济活动、经济关系和经济规律的学科。旅游经济学则是以经济学的一般理论为指导，研究旅游经济活动中各种经济现象、经济关系和经济规律的学科。为了更好地回答以上问题，需要了解旅游经济学的学科性质，掌握旅游经济学的研究对象，熟悉旅游经济学的研究内容及研究方法。

一、旅游经济学的学科性质

因此，旅游经济学同其他学科相比较，具有以下特点：

（一）旅游经济学是一门应用性学科

旅游经济学同经济学之间既有区别，又有联系。经济学是把整个社会经济作为一个整体，从生产、交换、分配和消费诸环节的内在联系及其矛盾运动中，揭示整个社会经济发展的一般规律性，属于理论经济学的范畴。旅游经济学则是以经济学的一般理论为指导，专门研究旅游经济活动中的特有现象及矛盾，揭示旅游经济发展的规律及其条件、范围和表现形式，指导旅游经济健康发展，因而具有较强的应用性，属于应用经济学的范畴。

（二）旅游经济学是一门部门经济学

旅游经济学本质上属于部门经济学的范畴。部门经济学是针对某一部门或领域的经济活动进行研究，从而揭示该部门经济运行的内在规律及其外在形式的科学。旅游经济学作为一门部门经济学，主要研究旅游经济活动过程中各种经济现象之间的内在联系，揭示旅游经济运行中的特殊矛盾及规律，并把经济学的一般原理用于指导旅游经济活动，以促进旅游业健康、持续地发展。

（三）旅游经济学是一门专业基础学科

旅游经济学是旅游专业的基础学科，但又不同于旅游学和旅游管理学。旅游学是以世界为整体，研究旅游活动产生、发展及其运行规律的科学，目的是揭示旅游活动的内在性质、特点及发展趋势。旅游经济学是在旅游学理论指导下，揭示旅游活动在经济领域中所发生的矛盾运动，以及经济关系的发展规律等。旅游管理学是在旅游经济学的指导下，研究旅游经济活动的合理组织及科学管理，以提高旅游经济运行的效率和效益。因此，旅游学是旅游经济学的基础，为旅游经济学提供旅游活动的规律性；旅游管理学是旅游经济学的延伸，在旅游经济学揭示了旅游经济运行规律的前提下进行经济管理活动研究。

（四）旅游经济学是一门新兴的边缘科学

旅游经济学随着其形成和发展已逐渐形成一门独立的学科，具有区别于其他学科的不同特点。旅游经济学同其他学科相比较，实际上是一门新兴的边缘学科。因为研究旅游经济不仅要以经济学、旅游学的理论为指导，还必须借助其他学科的理论及研究成果来丰富自身的研究内容。例如，只有运用心理学、地理学、资源学、社会学、统计学、市场学等学科理论和方法，来综合考察旅游活动在经济领域中的各种反映，才能加深对旅游经济内在规律及其运行机制的认识，更好地掌握旅游经济的理论和方法。

二、旅游经济学的研究对象

旅游经济学是经济学的一个分支，是用经济学的观点去分析旅游经济现象、经济关系及经济规律。因此，旅游经济学是一门以经济学理论为指导，以旅游活动为基础，研究旅游者、旅游经营者、旅游组织之间各种经济现象、经济关系和经济规律的科学。

（一）旅游活动与旅游经济活动

旅游活动是以游览为目的的旅行，是人们出于各种个人的或社会的动机，离开惯常环境到另一地区或国家旅行游览一段时间再返回原居住地的整个过程。

旅游经济活动是旅游活动在经济领域的表现，是旅游活动发展到一定阶段而产生的。旅游经济活动就是旅游需求者与旅游供给者之间的经济联系，以及由这种联系所产生的经济现象和经济关系运动、变化和发展的总和。

对于旅游经济活动这一定义，我们可以从以下三个方面加以理解：

1.旅游经济活动是旅游活动伴随商品经济高度发展的产物

旅游经济活动是在商品生产和商品交换充分发展到一定阶段产生的。在历史上，旅游活动并非一开始就以商品交换的形式出现，而是随着商品生产和商品交换的发展逐步商品化的。在旅游活动商品化的过程中，旅游活动的社会化程度也不断提高，原来的个别人或少数人的旅游活动发展是人数众多的旅游活动，原来在地区内活动的局限性被打破，而成为跨越国界的全球性活动。随着旅游活动的商品化和社会化程度的提高，旅游活动过程中的经济联系不断加强，经济关系的范围不断扩大，它同整个社会经济的依存关系越加紧密，对整个社会经济的作用和影响也越来越大。旅游者为了达到和实现其旅游目的，必然会在食、住、行、游、娱、购等方面发生经济支出，进行旅游消费，而社会也必须为这种活动提供必要的条件，进行等价交换，实现供需双方各自需要的价值和使用价值，作为旅游供给方的旅游业为满足旅游者需求，必须通过对资源的合理分配和使用来获得最大的经济效益。旅游需求的实现需以支付货币为前提，旅游供给则事先垫支货币开发旅游资源，建造旅游设施，培训旅游人员，然后以一定的价格向旅游者销售和提供旅游产品。旅游经济活动就是旅游需求者与旅游供给者之间的经济联系以及由于这种联系所产生的经济现象、经济关系的运动、变化和发展的总和。

2.旅游经济活动是旅游活动这一社会现象在经济领域中的表现

旅游经济活动主要反映的是旅游活动过程中旅游需求者与旅游供给者之间的经济联系以及由于这种经济联系产生的经济现象和经济关系。贯穿在旅游经济领域的主要矛盾是旅游需求与旅游供给间的矛盾，它决定了旅游经济领域中其他一切矛盾。

旅游经济领域中的矛盾主要表现在以下三方面：

（1）从旅游者的角度来看，旅游经济活动中的主要矛盾包括：旅游者的需求欲望与人们可自由支配收入之间的矛盾；旅游者的需求欲望与余暇时间的矛盾；旅游者的需求欲望与旅游者自身文化、身体素质之间的矛盾；旅游者之间争夺“热线”“热点”的矛盾；旅游者的需求与一个国家或地区的政治制度、现行政策以及经济发展水平之间的矛盾。

（2）从旅游经营者的角度来看，旅游经济活动中的主要矛盾包括：旅行社与各类旅游企业之间的矛盾；旅游部门与非旅游部门之间的矛盾；经营同种旅游产品的旅游企业之间的矛盾；旅游企业收益与成本、劳动消耗与劳动成果之间的矛盾；旅游业宏观效益与微观效益的矛盾。

（3）从旅游者与旅游经营者之间的相互关系看，旅游经济活动中的主要矛盾包括：旅游者的支付能力与旅游价格之间的矛盾；旅游者的旅游需求内容与旅游经营者提供的旅游服务项目之间的矛盾；旅游需求的高度灵活性与旅游供给的相对稳定性之间存在的矛盾；旅游者的需求内容与旅游服务质量的矛盾；旅游需求与旅游供给同一国国民经济乃至世界政治经济形势之间的矛盾。

旅游经济活动，就是由上述许许多多的矛盾运动变化推动的，我们应对这些矛盾进行深入的研究。

3.旅游经济活动的核心内容是解决旅游需求与旅游供给之间的矛盾

贯穿在旅游经济领域中的主要矛盾是旅游供给与需求之间的矛盾，它构成了旅游经济活动的核心内容。在旅游经济活动过程中所展现的许多矛盾关系中，下述三个方面的因素是决定旅游经济活动不断运转的本质因素。

（1）旅游者的最大满足，即旅游者通过购买旅游产品要获得精神上和物质上的最大享受和满足。

（2）旅游产品经营者的最大满足，即旅游产品经营者通过销售旅游产品能获得最大的经济效益。

（3）旅游目的地国家或地区各级政府的最大满足，即旅游目的地国家或地区各级政府通过支持旅游业的发展需要取得更大的经济效益和社会效益。

这三者的最大满足既是相互矛盾的，又是互相依存的，任何一方的利益不能较好地实现，都会危及旅游经济活动的顺利运行。也就是说，任何一方面的最大满足的实现，必须以其他两个方面的最大满足的实现为前提。旅游经济活动中这三个方面的最大满足，实质上是旅游需求与旅游供给这一矛盾作用的外在表现形式。因为旅游者代表需求方面，旅游产品经营者和各级政府代表供给方面，所以在研究旅游经济活动中旅游需求与旅游供给这一主要矛盾时，还要研究它的外在表现形式。

旅游活动、旅游经济活动的关系可以用图1-1来表示。

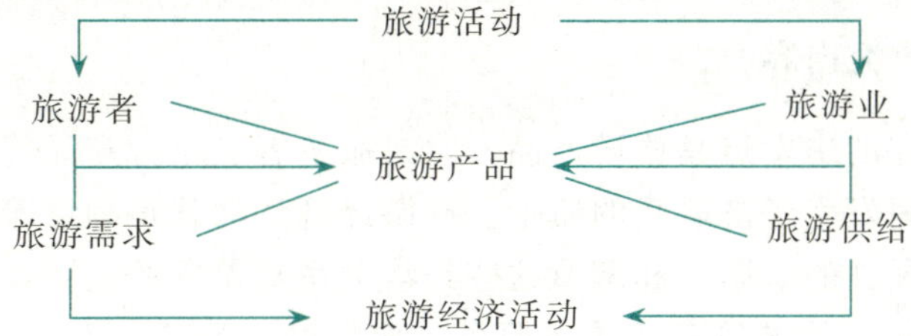

图1-1　旅游活动和旅游经济活动的关系

（二）旅游经济学的研究对象与任务

旅游经济学的研究对象是旅游经济活动中产生的经济现象、经济关系与经济规律。旅游活动中的经济问题，包括旅游经济运行中有关旅游者、旅游经营者、旅游组织之间的经济现象、经济关系及经济规律。研究范围是旅游活动中的经济现象；解决的主要矛盾是旅游客源地需求与旅游目的地供给之间的矛盾。

具体来讲，旅游经济学的研究对象与任务主要有以下四个方面：

1.旅游经济学研究旅游经济的形成过程及规律

旅游经济是伴随着旅游活动的发展而形成的。旅游活动是人类社会发展到一定阶段的产物，是商品生产和交换发展的必然结果。因此，旅游经济学研究的首要任务就是要分析旅游经济的形成条件，揭示其商品化过程的客观规律性，以及其在社会经济发展中的作用和影响。

2.旅游经济学研究旅游经济运行的机制及实现条件

旅游经济运行是旅游活动在经济领域的表现，而贯穿旅游经济运行的主要矛盾是旅游需求与旅游供给的矛盾，它决定了旅游经济运行中的其他一切矛盾。因此，旅游经济学的研究应从分析旅游需求和旅游供给的形成、变化及矛盾运动入手，揭示旅游经济运行的内在机制，分析旅游供求平衡的实现条件，为旅游经济有效运行和顺利实现提供科学的理论指导。

3.旅游经济学研究旅游经济活动的成果及实现状况

在旅游经济活动过程中，不同的参与者（如旅游者、旅游经营者）有不同的目标和要求，因而旅游经济活动是否有成效就看其达到各参与者的目标的状况，即旅游经济活动的效益。这些效益主要体现在三个方面：一是旅游经济活动是否满足了旅游者的需求，从而需要对旅游者的消费进行分析和研究；二是旅游经济活动是否满足了旅游经营者的需求，从而需要对旅游经营者的收入和分配进行研究；三是旅游经济活动是否满足了旅游目的地国家的需求，从而需要对旅游经济活动的宏观效益和微观效益进行综合的分析研究。

4.旅游经济学研究旅游经济的地位及发展条件

旅游经济是国民经济的有机组成部分，在国民经济中占有十分重要的地位，旅游经济的形成和发展必须以整个社会经济的发展为基础，同时旅游经济的发展又对社会经济、文化及环境产生重要影响。因此，必须研究旅游经济与社会经济各产业、部门间的相互联系，从整个社会的角度为旅游经济的发展创造良好的条件，以促进旅游经济健康、快速、持续地发展。

三、旅游经济学的研究内容

旅游经济学研究的出发点是旅游产品，它是旅游者、旅游产品经营者、旅游目的地国家或地区政府之间发生经济联系的纽带。旅游经济活动就是围绕着旅游产品的需求与供给这一主要矛盾展开的。影响和调节这些经济关系与矛盾的主要经济手段有旅游产品价格、旅游市场营销、旅游管理、旅游服务、旅游投资数量与方向、旅游产业政策等。旅游经济活动的内在联系与旅游经济学的研究结构如图1–2所示。

旅游经济学的研究内容主要包括：旅游产品及开发、旅游需求与供给、旅游市场及开拓、旅游消费及效果、旅游收入及分配、旅游经济结构及优化、旅游经济管理体制、旅游经济效益与评价、旅游经济发展及模式。

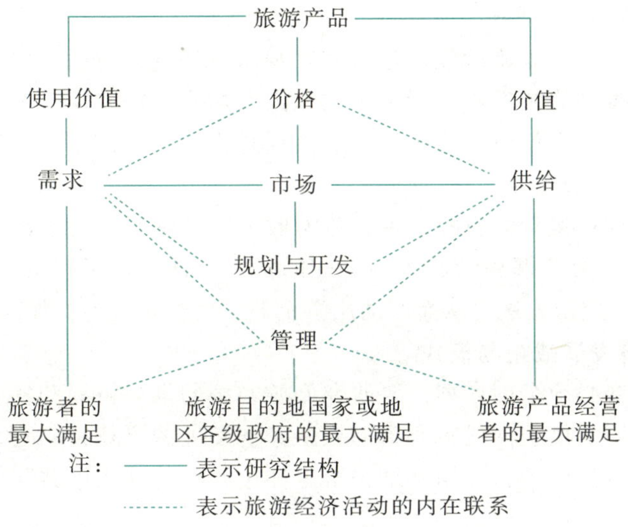

图 1-2　旅游经济学的内容体系

（一）旅游产品的开发及供求关系

旅游经济活动是以旅游产品的需求和供给为出发点的，但由于旅游产品具有不同于其他物质产品的属性和特点，因此必须研究旅游产品的科学含义及构成，把握旅游产品的市场寿命周期，并根据旅游产品的市场供求及影响因素，制定合理的旅游产品开发策略，实现旅游产品的供求平衡等。

（二）旅游产品的消费及合理化

旅游产品的消费是旅游经济活动的重要环节。由于旅游产品的特殊性，旅游消费直接表现为旅游经济活动过程中的现实消费，因此必须研究旅游者的消费倾向、消费行为和消费结构，探寻旅游消费的合理化途径，以满足旅游者的消费需求。

（三）旅游产品的成本及效益

追求旅游经济效益是旅游经营者从事旅游经营活动的主要目标，也是旅游目的地国家发展旅游业的基本目标之一。因此，要研究旅游的经营成本及效益，研究旅游企业的效益指标体系，并通过对旅游经济宏观和微观的效益分析，对旅游经济效益的实现作出合理的评价。

（四）旅游产品的市场开拓及管理

旅游产品的供给和销售离不开旅游市场。因此，必须加强对旅游市场的研究，掌握不同分类市场的特点及竞争态势，采取合适的市场开拓策略；旅游市场是旅游产品交换的场所，对旅游市场进行科学的分类研究，分析旅游市场竞争的类型与结构，加强旅游业管理体制及制度、法规建设，以加强旅游业的行业管理，促进旅游市场的完善。

（五）旅游产业结构及政策

旅游经济不仅研究旅游经济现象及其运行机制，而且研究旅游经济活动中的各种经济关系，它们对旅游经济的发展会从不同方面产生影响。因此，要研究旅游产业结构的内容，旅游产业关联与新业态，以优化旅游产业经济结构；要研究旅游政策内容及手段，并制定科学合理的产业政策，促进旅游产业的健康发展。

（六）旅游经济运行与调控

旅游经济运行包括微观旅游经济运行和宏观旅游经济运行两个层次。要掌握其运行方式和规律，研究微观旅游经济运行失灵的原因及微观经济政策；了解宏观旅游经济运行及调控的内容，使整个旅游经济运行能够实现总供给与总需求的平衡。

（七）旅游收入与分配

旅游收入是旅游业经营的目标之一，旅游收入与分配是旅游经济运行的前提。研究旅游的收入及分配，要掌握旅游收入与分配的指标及计算，了解旅游收入乘数的作用，分析旅游收入漏损的控制方法，从而调动旅游企业经营的积极性，提高国家的旅游收入。

（八）旅游经济发展战略与模式

旅游经济的发展必须全面谋划，要研究旅游经济的发展格局和发展模式，以探寻促进中国旅游经济发展的最佳模式；要掌握旅游经济发展的可持续问题，提高旅游目的地人民的收入水平和生活质量，并切实维护游客和旅游目的地人民共同依赖的环境。

四、旅游经济学的研究方法

旅游经济学是一门综合性的学科，其研究的内容十分广泛，涉及多种学科的内容。因此，使旅游经济学的研究成果具有科学性，并能对实际工作产生指导意义，就必须选用科学的研究方法。具体来讲，旅游经济学的研究方法主要有以下几种：

（一）理论与实际相结合的方法

理论与实际相结合是社会科学研究中一个很重要的方法。理论带有普遍性，对实际具有指导意义，然而实际是丰富多彩的。一方面，需要理论的指导；另一方面，在不同的时间、地点和条件下会呈现出许多新的情况、新的问题，需要进行科学的概括和总结，从而修正或丰富原有的理论。因此，在旅游经济的研究中，运用理论与实际相结合的方法包含两层含义。首先，运用经济学的有关原理分析旅游经济活动中的经济现象和经济关系，解释旅游经济中的有关经济问题，说明经济学的有关原理在旅游经济中的运用、旅游经济的具体表现形式和特点；其次，在经济学有关原理的指导下，根据旅游经济活动运行的实际，对有别于其他经济运行的经济现象、经济关系及其变化进行科学的总结，并将其上升为理论，再放到实际中进行检验，用以指导实际工作。实践证明，运用理论与实际相结合的方法研究旅游经济十分必要。这是因为旅游经济学是一门新兴的学科，在许多方面还不成熟，有待在实践中不断总结、丰富和完善。同时，我国旅游业发展较晚，迫切需要理论与实际相结合的旅游经济理论做指导。

（二）定性分析与定量分析相结合的方法

任何事物都是质和量的统一。旅游经济现象同各种自然、社会现象一样，不仅具有质和量的规定性，而且在不断地变化。因此，在研究旅游经济活动时，对各种经济现象和经济关系必须在研究质的同时，研究量的变化，将定性分析、定量分析结合起来。定性分析就是探索和确定事物的本质特征。分析和确定旅游经济活动中各种经济现象的本质特征是旅游经济学研究的主要任务之一。例如，旅游者到某地去旅游，这一现象在现代旅游经济活动中表现为旅游者愿意花一定的时间、按照一定的价格购买该地的旅游产品，而旅游需求就是对旅游者这种行为的科学概括，它的本质特征就是由旅游者的意愿、一定的时间和一定的价格来规定的，其决定了旅游需求同其他旅游经济现象之间的本质区别。定量分析就是探索和研究量的变化对事物本质的影响，旅游经济活动的变动性是由各种旅游经济要素的变化引起的。以前例来说，如果旅游产品价格或闲暇时间发生了变化，旅游需求必定会受到影响，从而引起旅游经济活动的变化。因此，定量分析有助于在旅游经济学的研究中从动态上把握旅游经济活动运行的特征与变动趋势，这对指导旅游实际工作具有积极的意义。

（三）静态分析与动态分析相结合的方法

对旅游经济活动的研究，首先要分析它的一般特征，即在规定的理论前提下，运用抽象思维，假设分析纯粹条件，目的是揭示各变量本身的相互依存关系，这称为静态分析。动态分析是指纳入时间等变量，分析的结果随时间等变量的变化而变化的方法，也就是在发展、运动中研究的方法。因为旅游经济活动是动态发展的，这就要求运用动态发展的观点和方法分析和研究旅游经济活动。在对大量旅游经济资料、信息进行客观静态分析的基础上，要把旅游经济理论和方法应用于实践，还必须根据各种因素及条件的变化，对旅游经济作出动态的分析和运用。

（四）实证分析与规范分析相结合的方法

经济学理论中，实证分析研究的是“是什么”的问题，或者说是人类所面临的实际经济问题是“如何解决”的问题。实证分析不涉及价值判断，只描述旅游经济活动和旅游现象发生和发展的客观过程，目的在于揭示旅游经济现象的内在联系，揭示有关变量之间的因果关系，分析和预测人们旅游经济行为的后果。实证分析表述的问题可以用事实、证据，或者从逻辑上加以证实或证伪。规范分析研究的是“应该是什么”的问题，或者说是人类所面临的实际经济问题“应该如何解决”的问题。规范分析必须以一定的价值判断为基础，确定遵守旅游经济理论的前提，注重对旅游经济行为和后果的“好”与“不好”的判断，并试图提出解决具体问题的正确对策和途径。规范分析研究的问题一般不能用事实、证据，或者从逻辑上加以证实或证伪。

课堂互动 1-3

课堂互动 1-3

答案提示

实证分析和规范分析有何区别？

需要说明的是，实证分析与规范分析较之定性分析与定量分析是两类不同的范畴，不应将这两类范畴相混淆。定性分析并不一定带有价值判断，因此定性分析可能是一种实证分析。例如，政府最低工资的政策是否会减少就业量是一种定性分析。如果进一步研究政府最低工资政策使就业量减少了多少则是定量分析，这要通过统计学或计量经济学方法加以分析，这两种方法都属于实证分析，因为这两种方法所分析的问题都可以用事实加以证实或证伪。

（五）微观分析与宏观分析相结合的方法

微观分析是对旅游企业经营管理的分析，宏观分析是对旅游经济整体运行状况的分析。在对旅游经济内部各要素进行研究时，运用微观分析的方法，有利于人们把握其特点，进行有的放矢的具体决策研究。但是，旅游经济研究也不能仅仅停留在微观研究的层面上，更重要的是从整体出发，研究和分析旅游经济运行规律，这就需要人们重视宏观分析的方法。在宏观经济运行中，为了达到旅游企业经济运行的宏观效果，国家运用管理经济的职能及机制，对国民经济总体的发展变化进行有效的控制。国家通过宏观经济管理系统的分析、宏观经济管理模式的选择、宏观经济战略目标的确定、宏观经济控制制度的建立等来实现控制国民经济总量变化的目的。因此，只有把宏观分析方法与微观分析方法结合起来运用，才能使人们正确地认识旅游经济发展变化和运行的规律。

任务三 旅游经济的地位及作用

任务导入

昔日穷山僻壤 今日旅游胜地

福建省福鼎市赤溪村位于国家5A级风景名胜区、世界地质公园太姥山的西南部，四周青山环绕，溪流交汇，生态资源十分丰富。赤溪村利用生态资源优势，确定了“生态立村、旅游富村”，树立了“绿水青山就是金山银山”的思想共识，走出了一条生态旅游产业脱贫致富小康路。

20世纪80年代初期，赤溪村分布14个自然村，都是位居大山深处。30年的生态扶贫攻坚，赤溪村历经了三个阶段的扶贫历程。刚开始，采取输血式就地扶贫，主要是送粮送物，但村民们“靠山吃山”，家庭生活经济来源还是以砍柴为主，最终造成生态林地大面积被破坏，产生土地贫瘠、水土流失等问题，村民们也无法从根本上摆脱贫困。

1994年，建设桑园水电站期间，村民不但有了劳务收入，并建成村里第一条通往外界的泥结石土路。借通路机会，村党支部决定，既然一方水土难养一方人，就把山上的自然村陆续搬迁到中心村，使原有以砍柴卖柴为主的谋生方式转变为发展绿色农业产业。村民生产的农副产品有了便捷的销路，生活水平也不断提高，再也不用上山砍柴，逐步退耕还林，生态资源得到有效保护。

随着乡村生态旅游产业的兴起，太姥山景区结合赤溪村生态资源优势，开通了到赤溪村的生态旅游公路，发挥生态资源优势，通过招商引资，发展乡村生态旅游产业。采取“公司+农户”生态旅游扶贫发展模式，先后开发了户外拓展运动、竹筏漂流、森林穿越、蝴蝶生态园等项目。村民抓住大量游客来村里的商机，开始利用旱地种茶、种果，发展绿色产品，有的摆摊设点，销售土特产品，开办农家乐、小超市、民宿等，共计80多家，村民收入得到了提高。从20世纪80年代的人均可支配收入166元到2016年的15 696元，实现了“百姓富、生态美”的小康示范村。村庄先后被授予“全国旅游扶贫试点村”“中国乡村旅游模范村”“中国最美休闲乡村”等荣誉称号。

资料来源 佚名.赤溪村 昔日穷山僻壤 今日旅游胜地——扶贫第一村的生态扶贫故事［EB/OL］.［2017-09-26］. http://www.cnpeople.com.cn/xw/kx/25302_20170926024931.html?from=singlemessage.

思考：

（1）根据以上案例说明旅游在经济发展中的地位与作用。

（2）谈谈乡村在发展旅游经济中应该注意哪些问题。

旅游经济作为一个经济性产业，是国民经济的重要组成部分，国民经济作为一个有机整体，要求各部门之间保持一定的比例关系，而每一个经济部门在整个国民经济中的地位，则取决于其本身的性质、规模和运行状况。为了回答以上问题，需要了解旅游经济在国民经济中的地位及作用。

一、旅游经济在国民经济中的地位及作用

旅游经济在国民经济中的地位主要取决于旅游业的性质、发展规模及运行状况。

从旅游业的性质来看，旅游业是一个以提供服务为主的综合性服务行业。通过为人们提供食、住、行、游、购、娱等各种服务，不仅为物质资料生产部门的简单再生产和扩大再生产提供了实现的途径和方式，满足人们对基本生活和精神生活的需求，也是社会总产品供给实现的重要环节，促使社会产品在社会各劳动者间进行合理分配，并不断创造着新的需求。

从旅游业的发展规模来看，随着社会生产力的提高和社会经济的发展，旅游业在国民经济中日益占据重要地位。因为人们的消费水平是随社会经济的发展而不断提高的。随着人们经济收入的增多，用于精神需求、满足享乐方面的开支就相对增加，从而促进以满足人们精神、享乐需求为主的旅游业的迅速发展，规模也不断扩大，进而在国民经济中占据重要地位。

从旅游业的运行状况来看，旅游业不仅是一种“无烟工业”，符合当今世界经济发展的总潮流，与发展“绿色产业”相适应，而且旅游业是一个“朝阳产业”，正展现着良好的发展势头。

从现代旅游经济发展的实证分析来看，当今世界上经济发达的国家，也是旅游经济发达的国家，即经济越发达，旅游业在国民经济中的地位就越高。例如，瑞士、法国、美国、日本、新加坡等国家或地区，其旅游收入在国民经济中都占有相当比重。

旅游经济不仅在国民经济中占有重要地位，而且其对国民经济的发展及促进、对相关产业的带动、对经济结构的改善等也具有十分重要的作用，具体表现在以下几方面：

（一）增加外汇收入

任何国家要扩大对外经济合作关系，都必须扩大外汇收入。扩大外汇收入的途径包括：一是通过对外贸易获得贸易外汇；二是通过非贸易途径获得非贸易外汇。在当今世界贸易竞争激烈、关税壁垒林立的背景下，旅游业作为非贸易外汇收入的来源渠道，作用是非常突出的。因为旅游业是一个开放性的国际性产业，通过旅游经济的发展，不仅能吸引国际闲置资金的投入，参与国际市场竞争，改善对外经济关系，而且旅游业能够吸引国外大量的旅游者，增加外汇收入，所以人们通常把旅游业创汇称为“无形出口”收入。由于旅游业创汇能力强、换汇成本低，又不受各国税制限制，因此已成为各国创汇的重要手段。

（二）加快货币回笼

积极发展国内旅游业，不仅能够满足广大国内消费者对旅游的需求，而且能够大量回笼货币，促进市场的稳定和繁荣。特别是随着人们收入的增多，生活水平的提高，必

然促使人们的消费结构改善，从而有更多的可支配收入用于旅游活动。因此大力发展旅游经济，激发人们对旅游产品的购买动机，促进各种旅游活动的进行，能扩大旅游消费，加速货币回笼；同时还能减少人们持币待购而造成的市场压力和风险，增进市场的稳定和繁荣。

（三）扩大就业机会

旅游业是一个综合性服务行业，能为社会提供大量的就业机会。因为旅游业本身就是包含多种服务内容的产业，并且许多服务项目不是用现代手段就能取代人力的，所以旅游业所需的就业人数相对于其他产业要高得多。再加上旅游业的带动力较强，除了自身迅速发展外，还能带动相关产业的发展，从而增加相关产业的就业，为社会提供较多的就业机会。

（四）带动相关产业

虽然旅游业是一个非物质生产部门，但是它的关联带动功能很强，不仅能带动物质生产部门的发展，而且能带动第三产业的迅速发展。一方面，旅游业的发展必须建立在物质资料生产部门的基础之上，没有一定水平的物质生产条件，就不可能为旅游业的发展提供基础，因此要发展旅游业，必然要促进各种物质生产部门的发展。另一方面，旅游业作为国民经济中的一个独立综合性的行业，其生存和发展与其他行业密切相关，能够直接或间接地带动交通运输、商业服务、建筑业、邮电、金融、房地产、外贸、轻纺工业等相关产业的发展，从而促进整个国内生产总值的增长。据世界旅游组织统计，旅游收入每增加1元，可带动相关产业增加收入4.3元。另据联合国统计署测定，旅游业拉动的相关行业达110个，旅游业对各行各业的贡献率可以量化，对住宿业的贡献率超过90%，对民航和客运的贡献率超过80%，对文化娱乐产业的贡献率达50%，对餐饮业和商品零售业的贡献率超过40%。

（五）积累建设资金

任何经济产业的发展都离不开资金的投入，但相对于传统产业而言，旅游业的发展主要是依靠自身的经济效益，并且还为其他产业发展积累资金。旅游业是一个高投入、高产出、高创汇的产业。其经济效益的增长，不仅为自身发展创造了良好的条件，也为整个国民经济及社会发展积累了资金。

（六）带动贫困地区脱贫致富

贫困问题是全人类面临的巨大难题，世界上许多国家都十分关注并提出许多解决问题的对策及措施，从实际情况来看，贫困地区多数是经济不发达地区，但也是旅游资源富集的地区。因此通过开发贫困地区旅游资源，大力发展旅游业，不仅有利于充分发挥贫困地区旅游资源富集的特点，开发特色鲜明、品质较高的旅游产品，而且能够通过旅游开发及旅游业发展，带动贫困地区及其周边地区人民群众脱贫致富，加快贫困地区的开发和社会经济的发展。

综上所述，旅游业在国民经济中的重要地位，决定了其在促进经济发展中具有显著的作用。因此大力发展旅游经济，以旅游带动地区经济发展，进而促进整个社会经济发展，已为许多国家或地区所认识，从而采取了许多政策措施来加快旅游经济的发展。例如，把旅游经济纳入国家的发展计划，增加旅游投资和设施，广泛进行旅游宣传，大力培养旅游人才，制定旅游法规，减免税收，简化出入境手续等，从而促进了世界旅游经济的高速发展。

在线课堂1-2

旅游扶贫——实现乡村振兴的重要抓手

二、旅游经济的其他影响及作用

（一）旅游经济对政治的影响及作用

旅游经济的发展，不仅对经济具有影响，对国际政治及国内政治也会产生一定的影响及作用。从国内情况来看，追求生活质量的提高是每一个国家的任务，而旅游经济的发展就在于创造了一种高质量的生活方式及内容，是物质文明和精神文明的结合。因此大力发展国内旅游，使人民通过旅游活动而开阔眼界、敞开胸怀，更多地了解国家和民族状况，不仅有利于提高人们的爱国情怀和民族自豪感，而且能够使人们的身心健康得到发展，从而提高整个民族的素质，促进政治的开放和民主。从国际层面来看，通过国际旅游活动，一方面可以增进旅游者对旅游接待国的认识和了解，澄清一些不正确的信息传播，提高旅游接待国在国际上的地位、知名度及影响力；另一方面，旅游接待国也借此机会增进对世界各国的了解，宣传自己的政治立场及观点，从而加深了国家之间、人民之间的友谊。从对国际政治的影响上来看，旅游经济的发展一般是以比较成熟的外交条件为基础的。如果国家之间没有建立外交关系，没有航空条约，通常是很难开展国际旅游业务的。因为在跨国旅游中有关出入签证、外币兑换、人身保险、交通运输及保护本国公民的合法权益等问题都需要通过政府外交途径来解决，所以国际旅游实际上相当于一种“准外交活动”，其在促进各国人民的相互了解及对世界的共同认识，在协调国家关系，缓和国际危机，以及争取世界和平方面都具有积极的促进作用。

经济广角1-2　　中国旅游外交政策

2015年，全国旅游工作会议报告中提出：“旅游行业要在国家开放新格局中，主动作为、主动发声，服务国家整体外交、服务旅游产业发展、服务游客消费需求，努力开创旅游对外开放新局面。”这一表述被公认为对旅游外交的官方表述。2016年，国务院印发《“十三五”旅游业发展规划》，提出新时期应从“开展‘一带一路’国际旅游合作”“拓展与重点国家旅游交流”“创新完善旅游合作机制”三个方面重点推进，从而全面实施旅游外交战略，这标志着对旅游外交的定位已经上升到国家战略层面。2022年，国务院印发《“十四五”旅游业发展规划》，虽未强调实施旅游外交战略，但把这三个方面的工作作为第九条“完善旅游开放合作体系”第四款“深化旅游国际合作”的主要内容，这是中国“把握国际复杂形势和疫情发展态势”作出的一项战略抉择。实施旅游外交战略，不仅有助于全方位、多层次、立体化的中国特色大国外交布局的形成，而且丰富了旅游外交的理论和实践，是对传统外交的补充和创新，具有引领世界潮流的意义。

在宏观上，国家高度重视旅游外交的时代意义。习近平总书记指出，“旅游是传播文明、交流文化、增进友谊的桥梁”“是增强人们亲近感的最好方式”。

国家领导人有关旅游和平性质和交流功能的阐述，指导中国旅游外交对时代主题的践行。在中观上，基于打造“和平旅游”“绿色旅游”“强劲旅游”“互利旅游”的长远需要，中国旅游外交初步形成“涉旅”议题，这也是人类的共同利益，汇聚着对人类共同价值追求的认知；在坚持平等相待、尊重国家主权与尊严的基础上，建立了中国–东盟、中国–欧盟、中国–南太、中美、中俄、中澳、中日等双边、多边旅游合作机制，用来处理“涉旅”议题中的合作或纷争。在微观上，中国旅游外交在旅游对外投资、旅游开发项目中，寻求与旅游目的地共同利益的契合点。例如，中俄在俄罗斯官方旅游网站设立中文页面，用监测旅游质量的方式，确保中国客源市场稳定。

资料来源　项文惠.中国旅游外交理论内涵的认知和建构［J］. 国际展望，2022，14（4）.

（二）旅游经济对社会的影响及作用

旅游经济发展对社会的影响，主要是指对旅游接待国社会的影响。当旅游经济活动发生时，旅游者和旅游接待国居民之间就会发生接触并产生一种特殊的社会关系。一方面，旅游者在一个非经常生活的地方，正沉浸于各种感受之中，因而精神放松，情绪良好，花费随意大方；另一方面，旅游接待国的服务人员通常是固定的，他们大部分时间是为满足游客的需求而提供各种服务，因而他们只是日复一日地重复相同内容的工作。正是由于这种特殊的社会关系，旅游经济对社会形成了不同的影响及作用。

从其对国际社会的影响来看，大规模的旅游经济活动使社会信息得到充分的交流，从而传播了现代文明，促进了各种社会关系的协调及进步。即使是一些非常落后的国家，也因旅游经济发展的影响而不得不打破陈腐的观念及限制，实行对外开放政策，接受现代文明的洗礼，从而推动了整个人类社会的进步。

从其对国内社会的影响来看，外国旅游者进入旅游接待国的影响表现在：一是旅游者的“示范效应”引起旅游接待国价值观念和道德准则的变化，如对生活方式的看法，对人生价值标准的转变等；二是引起旅游接待国社会结构的变化，特别是旅游业收入较高、女性就业率较高等特点，使旅游接待国的就业结构发生相应变化；三是引起旅游接待国生活方式的变化，特别是青年人受到国外旅游者的“示范”，有些人可能从中受到鼓励而努力向上，成为社会中富有朝气的人才，也有些人可能更注重外国人的衣着及日用品，从而在生活消费方式上发生改变；四是引起社会环境的改善，如在交通条件、住宿设施、餐饮特色、个人安全等方面都促使旅游接待国必须加以改善，才能满足国外旅游者的需求。

但是，旅游经济的发展对旅游接待国也会产生一些消极的社会影响。例如，旅游业把过多的基础设施和良好的旅游条件提供给国外旅游者消费，使旅游接待国居民产生不平等的社会心理；国外旅游者的挥霍消费，对旅游接待国居民的价值准则、心理压力产生影响；国外一些不健康的思想、行为的渗入，造成一些令人不满的社会行为。总之，旅游经济发展对旅游接待国的社会影响是多方面的，有些是可见的、显在的，有些是潜移默化的；有些是积极的，有些是消极的。因此，要注意分析和研究，制定正确的对策措施，促使旅游业健康发展。

（三）旅游经济对文化的影响及作用

旅游经济的发展必然与文化之间有着密切的关联性。一方面，旅游经济活动中的各个过程及内容，无一不是与文化的接触，以至于有旅游就必然有文化，文化是旅游业发展的基础；另一方面，旅游活动是一种流动的活动，是一种文化与另一种文化的交流过程。旅游者的流动为不同的社会群体及民族文化的接触和交流创造了良好的条件，因此旅游经济的发展过程是世界各个民族文化频繁交流的过程。

旅游对文化的影响及作用，主要表现在：一是旅游经济的发展促使民族优秀的传统文化得到发掘、振兴和光大。在旅游经济活动中，旅游者神往的是各民族独特的文化，它是各国发展旅游业必须珍重并充分利用的旅游资源。许多趋向于衰退和消失的优秀传统文化，只有在旅游的发展中才能重新复活并振兴和光大。二是旅游经济的发展促使民族文化的个性更加突出。现代文明的发展，促进了世界各民族文化的交流，在文化交流中必然有选择和淘汰。旅游经济活动是推动世界各民族文化交流中最广泛、最深刻的方式。在旅游活动中，各种物质文化、非物质文化及语言的广泛交流，使民族文化的精华得到锤炼、保留及发扬，而落后的东西将逐步被淘汰，使各民族文化的个性更加突出，从而增强了民族文化特色对旅游者的吸引力。三是旅游经济的发展促进了整个人类精神的进步。通过旅游交往来了解其他国家和人民，是文化交流的重要途径。因此旅游经济的发展有利于世界文化的共同发展，有利于促进整个人类精神文明的进步。旅游经济活动促使各国人民具有了国际观念和开放意识，增强了人们对经济改革与发展的紧迫感，加深了各国人民之间的相互了解及友谊，促进了国家之间科技、文化的交流等，这些都从不同角度促进了整个世界文明的进步。

但是，旅游经济发展对文化也有一定的消极影响。一方面，外国旅游者带来的外来文化的冲击，可能造成民族自卑心理的滋生和发展，可能使优秀珍贵的民族文化发生蜕变甚至消退，可能带来一些腐朽的生活方式等，从而使民族文化的健康发展受到冲击；另一方面，适应旅游经济发展的要求，会使许多优秀的传统文化变成一种商业性的娱乐内容，从而失去其原有文化蕴含的特色及内容，并促使一些优秀传统文化的实质发生改变。总之，旅游经济与文化是相辅相成的，从文化角度来看，旅游经济也是一种文化现象。因此，在发展旅游经济的同时，必须对民族文化进行分析，以促使民族文化的特色及精华能随旅游经济的发展而发展。

行业感悟 1-2　　**在旅游中感悟中华文化、增强文化自信**

2020年5月11日，习近平总书记来到云冈石窟考察。云冈石窟始建于1 500多年前，是中外文化、中国少数民族文化和中原文化、佛教艺术与石刻艺术相融合的一座文化艺术宝库。习近平仔细察看雕塑、壁画，不时向工作人员询问石窟历史文化遗产保护等情况。他强调，云冈石窟是世界文化遗产，保护好云冈石窟不仅具有中国意义，而且具有世界意义。历史文化遗产是不可再生、不可替代的宝贵资源，要始终把保护放在第一位。发展旅游要以保护为前提，不能过度商业化，让旅游成为人们感悟中华文化、增强文化自信的过程。要深入挖掘云冈石窟蕴含的各民族交往、交流、交融的历史内涵，增强中华民族共同体意识。

资料来源　郑娜，等.习近平与中国文化遗产保护［N］. 人民日报（海外版），2020-05-19（7）.

（四）旅游经济对环境的影响及作用

旅游经济的发展促进了国民经济的发展，使世界上许多国家竞相大力发展旅游业，并促使各国重视对旅游资源及生态环境的保护，以实现可持续旅游发展。例如，国际、国内进行的各种世界遗产保护、自然保护区、风景名胜区、历史文物的评级和保护，既保护了人类社会的生存环境、优秀文化遗产，又为旅游经济的发展提供了丰富的内容。但是，旅游业的发展也引起了一系列生态破坏、环境恶化的情况。例如，泰国著名旅游风景区芭提雅海滩，曾是诗一般的秀丽，而今到处充斥游客丢下的各种垃圾，大量的排泄物使海水也受到污染；世界登山胜地喜马拉雅山，由于大量登山者的光顾而失去昔日“纯洁”的形象；埃及的金字塔及狮身人面像，在许多游客的不文明行为下正经受着侵蚀性的破坏；中国的故宫由于数以万计的游客参观和游览，导致宫墙受损，各种走道、门槛变得坑坑洼洼；一些原始森林因旅游开发而遭到破坏。总之，随着旅游业的发展，其对环境造成的破坏性也是突出的。

旅游经济发展对环境的不良影响主要表现在：一是旅游产品生产过程所造成的不良影响，如自然景观的破坏、原始森林的砍伐、各种污染物的排放等；二是旅游活动过程中的破坏，如旅游者排放的各种垃圾，各种车辆、运输工具排放的废气、噪声等；游客的过多而造成的人为破坏、交通拥塞等。因此，发展旅游经济必须同保护环境协调起来。通过对环境的保护，为发展旅游业创造更好的条件；通过发展旅游业，改善环境，提高环境的美感，从而把发展旅游经济和保护旅游资源、旅游环境有机统一起来，达到既发展旅游经济，又保护环境的目的。

项目测试

一、单选题

1.（　　）是以旅游活动为前提，以商品经济为基础，依托现代科学技术，反映旅游活动过程中旅游者与旅游经营者之间，按照各自利益而发生经济交往所表现出来的各种经济活动和经济关系的总和。

A.旅游　　　　B.旅游活动

C.旅游经济　　　　D.旅游经济活动

2.在旅游活动中，旅游者要有效地满足其旅游需求都离不开食、住、行、游、购、娱等各种综合性服务。因此，旅游经济是一种以（　　）为主，并涉及众多企业和行业的服务性经济活动。

A.产品　　　　B.服务

C.经济　　　　D.活动

3.孔子周游列国发生在旅游经济发展的（　　）。

A.萌芽阶段　　　　B.形成阶段

C.发展阶段　　　　D.鼎盛阶段

4.（　　）为旅游经济的形成奠定了产业基础。

A.产业革命　　B.生产力发展

C.旅游服务机构的产生　　D.科学技术的发展

5.旅游经济学研究的出发点是（　　），它是旅游者、旅游产品经营者、旅游目的地国家或地区政府之间发生经济联系的纽带。

A.旅游现象　　B.旅游产品

C.旅游经济　　D.旅游服务

项目测试1-1

单选题

二、多选题

1.旅游经济学的研究对象是旅游经济活动中所产生的（　　）。

A.经济现象　　B.经济关系

C.经济规律　　D.文化现象

2.旅游经济在国民经济中的地位如何，主要取决于（　　）。

A.旅游业的性质　　B.旅游经济的发展特点

C.旅游业的发展规模　　D.旅游业的运行状况

3.20世纪90年代，旅游需求日益呈现（　　）的态势，旅游供给则日益呈现出以人为本的理念及日益受到重视的技术化运用不断加强。

A.个性化　　B.多样化

C.高标准化　　D.生态化

4.旅游经济学的研究方法有（　　）。

A.理论与实际相结合的方法　　B.定性分析与定量分析相结合的方法

C.静态分析与动态分析相结合的方法　　D.实证分析与规范分析相结合的方法

5.旅游经济在国民经济发展中的作用包括（　　）。

A.增加外汇收入　　B.加快货币回笼

C.扩大就业机会　　D.带动相关产业

项目测试1-2

多选题

三、判断题

1.旅游经济活动就是围绕着旅游产品的需求与供给这一主要矛盾展开的。（　　）

2.旅游经济的形成是旅游向商品化发展的过程。（　　）

3.1949年成立的厦门华侨服务社是新中国第一家旅行社。（　　）

4.定量分析就是探索和确定事物的本质特征。（　　）

5.旅游活动是一种文化与另一种文化的交流过程。（　　）

项目测试1-3

判断题

四、简答题

1.小王大学毕业刚分配到旅游企业工作，企业的总经理问他，旅游经济顺利运行的关键是什么，你觉得小王应该如何回答？

2.小张下学期要学习旅游经济学这门课程，他想知道旅游经济都研究哪些内容。你能告诉他吗？

项目测试1-4

简答题

实战演练

1.旅游扶贫是国家脱贫致富的一种区域经济发展模式，是精准扶贫的重要方式之一。目前我国旅游扶贫效果怎样？存在哪些问题？如何应对？

2.收集旅游业发展对文化和环境的影响方面的案例，在分析案例的基础上提出应对策略。

推荐阅读

1.韩玉灵，等.口述历史：中国旅游业40年［M］.北京：旅游教育出版社，2019.

2.张城铭，翁时秀，保继刚.1978年改革开放以来中国旅游业发展的地理格局［J］.地理学报，2019，74（10）：1980-2000.

2 项目二 打造优质产品：旅游产品开发

项目概述

旅游产品是旅游业存在和发展的基础，是旅游经济活动的主体，旅游产品的品种、数量和质量直接关系到旅游业的兴衰和旅游经济的可持续发展。本项目通过旅游产品认知、旅游产品结构及优化、旅游产品生命周期以及旅游产品开发及策略四个任务的学习，让你能够在掌握旅游产品相关知识与技能的基础上，开发出适合旅游市场需求的产品。

项目导图2-1

项目二

项目目标

知识目标

- 了解旅游产品的内涵与构成；
- 熟悉旅游产品的类型与特性；
- 了解旅游产品结构的含义及关系类型；
- 了解旅游产品生命周期理论；
- 了解旅游产品开发的内容与原则。

能力目标

- 能够对旅游产品结构进行优化；
- 能够延长旅游产品的生命周期；
- 能够制定旅游产品开发策略。

素养目标

- 能够通过对旅游目的地的开发，培养学生的全局观、系统观，以及旅游审美能力；
- 能够通过旅游产品的开发，让学生树立“以人为本”的思想，培养学生的职业素养。

任务一 旅游产品认知

任务导入

于细微处见真情

几年前，某集团的副总裁到澳大利亚出差。当他住进丽思·卡尔顿酒店（Ritz Carlton Hotel）后，他打电话给该酒店客房服务部门，要求将浴室内原放置的润肤液换成另一种品牌的产品。服务人员很快满足了他的要求。事情并没有结束。三周后，当这位副总裁住进美国新墨西哥的丽思·卡尔顿酒店时，他发现浴室的架子上已经摆放着他所熟悉品牌的润肤液，一种回家的感觉在他心中油然而生……“凭借信息技术和多一点点的用心，丽思·卡尔顿酒店使宾至如归不再是口号”。丽思·卡尔顿酒店澳大利亚地区品质训练负责人琴·道顿说出了丽思·卡尔顿酒店成功的秘密。在丽思·卡尔顿酒店全球联网的电脑档案中，详细记载了超过24万个客户的个人资料。这是每一个顾客和丽思·卡尔顿酒店员工拥有的小秘密，使顾客满意在他乡。

资料来源 吉福林.经营管理案例［M］. 大连：大连海事大学出版社，1998.

思考：

（1）你是如何理解旅游产品的概念的？旅游产品的核心要素是什么？

（2）旅游产品分几个层次？每个层次对顾客有什么样的作用？

（3）从旅游产品的角度说明丽思·卡尔顿酒店成功的原因。

在旅游经济学中，旅游产品是一个非常基础的概念。要完整地解释旅游产品的含义，需要从不同的角度来认识和了解旅游产品。

一、旅游产品的定义

旅游产品是指旅游经营者为了满足游客在旅游活动中的各种需求，向旅游市场提供的各种物质产品、精神产品和旅游服务的组合。作为旅游经济的一个专门概念，旅游产品不是指旅游者在旅游过程中所购买的某一单项产品或服务，也不是指旅游者所购买的各种产品和服务的简单叠加，而是指在一次旅游活动中实现，并由一系列单项产品和服务有机组成的综合产品。这些单项产品和服务有机地联系、紧密地配合，不可分割。对这些单项产品和服务的消费，在时间上有明显的时序性，在空间上有明确的定点性。例如，先要有交通工具把旅游者运送到旅游目的地，然后才有旅游者在目的地的食宿和游览；旅游者一定要亲自到旅游点去，一定要身临其境才能产生旅游消费。因此，旅游产品的生产和消费完全依附于旅游活动。旅游活动开始，旅游产品的生产和消费随即开始；旅游活动结束，旅游产品的生产和消费也随之结束。科学地认识和理解旅游产品的含义，应从以下三个角度来把握：

（一）旅游产品是一个整体概念

从旅游经济理论的角度来看，旅游产品是一个整体概念，它是由多种产品组合而成的综合体。具体地讲，一条旅游线路就是一个旅游产品。在这条线路中，除了向旅游者提供各类旅游吸引物外，还包括沿线提供的交通、住宿、餐饮等保证旅游活动顺利进行的各种服务。例如，飞机上的一个座位，旅馆里的一间客房、一张床位、一顿美餐或在游览点内导游人员的一次讲解活动，都只是整体旅游产品中的单项产品或服务，也称单项旅游产品。每个单项旅游产品都是整体旅游产品的一个组成部分，这些单项旅游产品一般通过旅行社将其组合起来，形成能满足旅游者各种需要的整体旅游产品。通常，团队旅游者多数由旅行社安排参加包价旅游，即购买整体旅游产品；而散客旅游者或团队中的个别旅游者，则根据自己的特殊需要购买单项旅游产品。因此，旅游产品有整体旅游产品和单项旅游产品之分。整体旅游产品是满足旅游者旅游活动中全部需要的产品（或服务），如一条旅游线路、一个专项旅游项目。单项旅游产品则主要是指住宿产品、饮食产品及交通、游览、娱乐等单方面的产品（或服务）。

（二）旅游产品是一段旅游经历或旅游体验

从需求方面来看，即从旅游者的角度来看，旅游产品是指旅游者花费一定的时间、费用和精力所获得的一段旅游经历。这个经历包括旅游者从离开常住地开始，到旅游结束归来的全部过程中，对所接触的事物、事件和所接受的各种服务的综合感受。

旅游产品在旅游消费过程中可以看成一个整体旅游产品。旅游者眼中的旅游产品，不仅仅是其在旅游过程中所购买的饭店的一个床位、飞机或火车的一个座位，或是旅游景点的一次参观游览、导游的一次服务等，而是旅游者对所有这些方面的总体感受。旅游者在旅游过程中会产生各种不同的旅游需求，只有这些需求都得到满足时，旅游者的旅游效果才会达到最佳状态。如果其中的任何一项需求没有得到有效的满足，消费者的旅游感知都会受到一定程度的影响。换句话说，旅游者用货币换取的不是一件件具体的实物，而是一次旅游经历。在旅游产品的产、供、销全过程中，只有一丝不苟地按时、按地、按质、按量地组织好整个旅游产品的生产、销售及消费，保证整个旅游活动过程各个环节的衔接和配合，才能最佳地实现旅游产品的价值，使旅游者获得一次良好的旅游经历及感受。

（三）旅游产品是一种服务产品

从供给方面来看，即从旅游经营者角度来看，旅游产品是指旅游经营者凭借一定的旅游资源和旅游设施，向旅游者提供的、能满足其在旅游活动中所需要的各种产品和服务。通过旅游产品的生产与销售，旅游经营者达到营利的目的。不同的旅游企业，依托的旅游设施不同，凭借的旅游吸引物各异，因此它们向旅游者提供的是一项或数项旅游产品，以满足其在旅游过程中的一项或数项需求。

旅游服务是旅游行业的员工凭借旅游资源、旅游设施以及其他必要的劳动资料，在旅游活动过程中，为旅游者提供各式各样的劳务以满足旅游者的需求。必须指出的是，只有借助一定的资源、设施和设备，旅游服务才能得以实现。旅游产品最终表现为活劳动的消耗，即旅游服务的提供。不同的旅游企业提供的旅游产品即使相同，也可能在游客的心中产生差异。例如，同样一道菜，在不同的旅游饭店却有着不同的售价，原因之一就是旅游者在消费的过程中享受到了不同水平的服务；游览同样的一个景点，优秀的导游讲解会让旅游者赏心悦目，拙劣的导游解说则可能让旅游者索然寡味，道理也在于此。

二、旅游产品的构成

旅游产品是一个综合性的概念，从不同的角度来分析，其构成内容是不同的。

（一）旅游产品的营销构成

从市场营销的角度来看，旅游产品的构成包括核心产品、形式产品和延伸产品。

（1）核心产品。旅游核心产品是游客通过购买旅游产品所追求的核心利益或旅游产品所提供的基本效用。顾客购买某项产品并不是为了占有产品本身，而是为了得到产品实体提供的效用和利益，满足消费者的某种需要。大多数旅游产品由无形的服务组成，游客既不能占有也不能带走。旅游产品的核心层次是指通过旅游活动所追求的核心体验，而旅游产品的有形实体和无形服务都是服从于这种核心体验的。旅游核心产品表现为游客通过旅游活动所获得的种种“旅游感受”和“旅游经历”，以至于多年后还会津津乐道。例如，自然风光所带来的视觉冲击，民俗旅游后带来的独特文化体验，以及美食游所体验的愉悦。

由于游客需求的差异，旅游产品中旅游吸引物的差异，也带来了旅游者对旅游核心产品的差异。比如对以观光为主要目的的旅游产品，游客所追求的是旅游目的地景点给自己带来的“观赏和享用”；激流探险旅游产品带给游客的是旅游过程的“刺激性体验”；休闲度假游给游客带来的是一段身心彻底放松的愉悦性体验。总之，旅游核心产品向游客提供的是一段由具体生理和心理效用组成的“旅游体验”，主要满足游客“旅游感受”和“旅游经历”的需要。因此，旅游营销人员的根本任务在于向游客推销这种旅游体验。同样，它应是旅游产品的促销重点，特别是在激烈的市场竞争中与竞争者的旅游产品相比较时，更应如此。

（2）形式产品。旅游产品中的形式产品层次是指旅游企业向市场提供的旅游产品的具体构成项目和旅游服务的外在表现形式。旅游产品的形式产品层次表现为旅游产品呈现在旅游市场上的整体面貌和特征。旅游形式产品层次可以从以下方面加以认识：首先，它是旅游产品中的核心构成部分，旅游对象资源和旅游设施作为旅游吸引物所具有的特定形态、特征，如自然风光的特点、名胜古迹的要点描述等，从而体现出以旅游吸引力大小来衡量的旅游产品质量层次，而旅游产品的吸引力大小、质量高低又以旅游者的主观认识、理解和感受程度为主要标志。其次，以旅游对象资源和旅游设施为基础提供给游客的具体服务，也具有一定的形态、特征和质量，如旅游产品组合中住宿酒店的星级、饭菜的内容和质量标准、就餐环境，还有旅游从业人员的操作技能、衣着修饰、形态礼仪、语言表达、服务态度和精神风貌等。最后，旅游产品本身所具有的品牌也是有形产品的有机组成。旅游吸引物本身的吸引力、旅行社本身的知名度、构成该旅游产品的商业合作伙伴的信誉和口碑等，都构成了旅游产品的综合品牌效应。随着旅游生产竞争越来越激烈，旅游企业应该为自己的旅游产品设计品牌，塑造名牌，以区别于竞争者，实施名牌战略对提高竞争能力与市场占有率已日显重要。同样，旅游产品也需要包装，这种包装应该是一种“软包装”或称“市场形象包装”。

(3) 延伸产品。旅游产品中的延伸产品是游客在购买和消费旅游产品的过程中所获得的附加服务的总和。延伸产品附属于旅游的核心产品和形式产品，并共同为游客提供效用。旅游延伸产品的种类很多，可以按时间的进程分为售前服务、售中服务和售后服务。售前服务在游客成交前进行，除解答游客提出的各种问题外，还可针对游客本身的特殊需求，“一对一”地量身定做旅游产品，如专门设计一条旅游线路，提供旅游信贷、保险等服务，甚至可以对潜在游客进行旅游知识的培训，以帮助游客了解旅游产品和企业，最终达成交易。售中服务则在旅游过程中进行，根据游客的特殊需要提供一些个性化的服务，如对个别游客提供的专门的医护服务，特殊的语言翻译服务，老年和幼儿等特殊游客的专门照顾等。售后服务是旅游产品消费完成后的继续延伸服务，如在旅游消费结束后对游客身体状况进行测试，代购旅游纪念品，旅游照片的精修和视频的制作等。通过这些服务可以培养游客对企业的忠诚度，促进重复购买。

课堂互动 2-1

课堂互动 2-1

答案提示

根据旅行策划职业等级证书的要求，旅行策划人员在需求研判时，应首先分析定制旅游产品目标市场旅游者群体关注的核心利益，并据此构思产品的内容。

请问：什么是核心利益?它包括哪些内容?举例说明如何根据旅游者的核心利益构思旅游产品。

(二) 旅游产品的需求构成

从旅游需求的角度来看，旅游产品是由食、住、行、游、购、娱等多个产品要素组成的。根据游客对产品构成中不同部分的需求强度及变化情况差异，旅游产品可分为基本旅游产品和非基本旅游产品。

(1) 基本旅游产品。基本旅游产品是指游客在旅游活动中必须购买的、需求弹性较小的旅游产品，如住宿、交通、餐饮和游览等，其在游客的任何一次外出旅游中都是必不可少的。基本旅游产品的需求弹性较小，是旅游经济收益来源中较为稳定的部分。但从消费的角度来看，基本旅游产品存在一定的消费极限，必须通过提高饮食质量、增加服务内容、丰富经营档次来扩大旅游产品的收益。

(2) 非基本旅游产品。非基本旅游产品是指游客在旅游活动中不一定购买的且需求弹性较大的旅游产品，如旅游购物、医疗保健服务、修理服务、通信服务、美容服务等。

需要说明的是，基本旅游产品和非基本旅游产品的划分是相对的，二者在一定情况下可以相互转化。区分基本旅游产品和非基本旅游产品，有助于旅游经营者根据其需求弹性特点提供有针对性的服务，满足不同游客多样化的需求；也有助于游客在选择、购买旅游产品过程中，有计划地制订、调整自己的需求结构和消费结构，提高旅游活动的舒适度和满意度。

（三）旅游产品的供给构成

从旅游供给的角度看，旅游产品包括旅游吸引物、旅游设施、旅游服务和旅游可进入性四个要素。旅游资源是基础，旅游设施是依托，旅游服务是核心，可进入性是保障。

1.旅游资源

旅游资源是指自然界和人类社会中凡是能对旅游者产生吸引力，能被旅游产业所利用，并会产生经济效益、社会效益和环境效益的各种事物和因素。旅游资源的核心因素是它能对旅游者产生吸引力，只要旅游资源产生的吸引力足够强，能够引起旅游者的强烈兴趣，旅游者就可能因此产生旅游动机，进而形成需求。

在线课堂2-1

旅游资源三大核心吸引力

旅游资源是旅游者选择目的地的决定性因素，根据旅游资源的形成方式和表现形式，旅游资源可以划分为自然旅游游资源和人文旅游资源两大类。自然旅游资源包括气候、森林、河流、湖泊、海洋、温泉及火山等；人文旅游资源包括文物古迹、文化艺术、城乡风光、民族风情及建设成就等。

旅游资源是旅游吸引物的关键要素，能从不同层面来激发、满足游客的审美、休闲、娱乐、探险等需要，促使旅游行为的发生。发挥旅游资源的吸引功能，要求旅游目的地国家或地区根据自身旅游资源的状况，如旅游资源的类型、特色、知名度、品位等，遵循一定的原则，把旅游资源开发、组合成为特色鲜明、功能互补的旅游景区景点。此外，由于旅游资源是旅游业赖以存在和发展的基础，因此对旅游资源的开发利用必须合理和适度，应将游客的人数控制在资源和环境可以承受的范围，确保旅游资源永续利用，促进旅游业可持续发展。

2.旅游设施

旅游设施是完成旅游活动所必须具备的设施、设备和相关的物质条件，是旅游者到达旅游目的地和旅游业取得效益的基本条件，也是构成旅游产品的必备要素。旅游设施在旅游产品构成中不是确定游客流向的主要因素，但旅游设施不配套则会影响或阻碍旅游者对旅游吸引物的追寻。旅游设施一般分为专门设施和基础设施的两大类。

（1）专门设施。专门设施是指旅游经营者用于直接服务于旅游者的凭借物，通常包括游览设施、交通设施、餐饮设施、住宿设施等。游览设施指旅游点建设的供人们登临、游览、憩息的设施和设备。交通设施包括交通通道和交通工具两个方面，通道是指到达旅游目的地的路径，工具指运送方式和设备。餐饮设施指为旅游者提供餐食服务的场所和设备，包括餐馆、冷饮店、咖啡厅、饮食店等。住宿设施是旅游者在旅行途中的“家”，是能够提供多种服务功能的饭店、度假村、别墅等。

（2）基础设施。基础设施是旅游业乃至旅游目的地城镇赖以生存和发展的基础。其内容包括城镇（风景区）道路、桥梁、供电、供热、通信、给排水、排污、消防、环境保护和环境卫生，以及城街区美化、绿化、路标、路灯、停车场等。这些设施是为了满足城镇居民生产生活需要而提供的。这些基础设施不是直接对旅游者提供服务，但在旅游经营中它是直接向旅游者提供服务的旅游部门和企业必不可少的。可以说，上述专门设施如游览、交通、食宿等设施，都是建立在这些基础设施上面的，如果没有这些方面的措施和设备，上述专门设施的功能就不可能得到有效发挥。

3. 旅游服务

旅游服务是旅游产品的核心，旅游者购买并消费旅游产品，除了在餐饮和旅游活动中消耗的少量有形物质产品外，大量的是对接待服务和导游服务的消费。旅游产品所以能以一种混合体的形态出现，主要是由它的服务性质所决定的。旅游服务的内容可以从不同角度进行划分。

（1）从服务产品的产生过程划分，包括服务观念、服务技术和服务态度。服务所表现的是一种人与人的关系，因而服务观念是从事服务工作的前提。只有建立完整的合乎实际的服务观念，达到社会认知、自我认知和工作认知的协调一致，才可能具有积极主动的服务精神和服务态度。服务技术是从事服务工作的基础，高超而娴熟的服务技术会成为一种艺术表演，使表演者和欣赏者从中获得享受。因而服务技术水平的高低就成为评判服务质量的标准。服务态度是服务工作的外在集中表现，不仅表现出服务人员对旅游者的尊重和理解，而且表现出服务人员的气度修养和文明素质，因此是旅游者关注的焦点。

（2）从服务产品的静态角度划分，旅游服务包括服务设施、服务项目和服务价格三部分。服务设施是旅游服务的物质基础，其现代化水平决定了旅游服务能达到的水平和标准；服务设施的完善程度也从客观上影响和制约着旅游企业能否提供多功能的服务。服务项目是在服务设施基础上的扩大和深化，服务项目内容的多少决定了旅游企业是否能为旅游者提供方便、快捷和高效的服务形式和内容。服务价格是服务质量的货币形式，与服务质量有着可逆的线性关系，不同的价格反映了所提供的不同等级的服务，这是国际旅游业的通行原则。

（3）从旅游服务的具体内容来划分，旅游服务主要包括导游服务、酒店服务、交通服务和商品服务等。导游服务是指导游人员按照组团合同约定的内容和标准向游客提供的旅游接待服务；酒店服务是旅游饭店为旅游者提供的主要满足其饮食、通信、贸易洽谈等方面需要的综合性服务；旅游交通服务是为满足旅游者在旅游过程中克服空间摩擦，实现空间位移需要而提供的服务；商品服务是指旅游者在旅游过程中从旅游购物商店购买旅游生活用品和旅游纪念品时，旅游商店的服务人员提供的信息咨询、商品性能展示、商品包装、委托代办等服务。

4. 旅游可进入性

旅游可进入性是旅游产品构成中的基本因素之一，它不仅是连接旅游产品各组成部分的中心线索，而且是旅游产品能够组合起来的前提条件，具体表现为进入旅游目的地的难易程度和时效标准。旅游可进入性的具体内容主要包括以下几个方面：

（1）交通的通达条件。交通运输是进行旅游产品组合的必备条件，一个没有良好交通条件的旅游目的地是不可能吸引大量旅游者的。交通条件包括对外交通的工具种类，如车辆、飞机、船舶等；对外交通联系，如国际和国内交通的连接与方便程度等；区内地方交通的种类、数量、能力、布局以及区外交通和区内资源地连接的情况等。

（2）通信的方便条件。通信设施是旅游产品组合中不可缺少的必备条件，尤其是旅游产品技术组合中不可缺少的重要因素。与交通条件的先行作用一样，旅游产品中通信设施具备与否，其配套状况、规模、能力以及线路布置，都将直接影响旅游产品的质量及旅游业的投入产出效益。

在线课堂2-2

高铁对游客时空行为的影响

（3）手续的繁简程度。这包括出入境签证手续的难易、出入境验关程序、服务效率和频率、咨询信息等，这不仅影响到旅游目的地的客流量大小，而且对旅游产品的成本、质量、吸引力等都有重要的影响。

经济广角2-1　新晋热门地与新增免签地，来一场说走就走的旅行

携程和银联国际联合发布的《新旅游、新消费、新中产：2019年中国人出境旅游消费报告》显示，2019年中国人出境旅游消费依然世界第一，游客选择出境游度假产品到达全球158个国家，较2018年增加了17%，出境人次和消费额也创新高。

新晋的热门目的地与新增的免签目的地，让很多人在2019年解锁了不一样的美景。亚美尼亚和伊朗实行了免签政策；沙特阿拉伯开放了旅游签证；老挝、乌克兰、俄罗斯加里宁格勒实行电子签；爱尔兰实行5年多次签，日本放宽了签证条件……

说走就走的旅行，在签证条件改变的情况下，似乎已经不成问题。

2019年5月26日，中国与亚美尼亚签署了《关于两国政府互免持普通护照人员签证等多项双边协议》。12月17日亚美尼亚总统阿尔缅·萨尔基相在协议上签字，正式批准了该协议，将允许亚美尼亚和中国公民免签证在对方国家逗留长达90天。

作为历史悠久的传统基督教国家，亚美尼亚位于亚欧交界处。在这里，有被当地人称为“倾国之城”的首都埃里温；拥有1 000多级台阶的艺术中心、荒木美术馆等是“文艺青年”的打卡地；圣徒教堂、深坑修道院、加尼神庙等则是“朝圣一族”的心仪地点；还有以“高加索的明镜”著称的塞万湖。

同时，自2019年7月21日起，伊朗也对中国实行了免签政策，允许逗留时间为21天。

消息一出，很多人开始期待了解这个历史悠久的国家。界面旅行也曾报道过相关文章：伊朗对中国游客实行免签后，我们尝试用9种方式揭开它神秘面纱的一角。波斯帝国悠久的历史文化、当地绮丽的自然风光以及高性价比的购物都是“说走就走”的理由。在这里，萨德阿巴德王宫、德黑兰阿扎迪塔、国家博物馆、粉红清真寺、马哈尔卢盐湖、三十三孔桥……都成为热门目的地。

自2019年9月27日起，沙特阿拉伯正式对包括中国在内的49个国家的公民开放旅游签证申请，这是沙特阿拉伯首次对外国游客开放国门。签证规定允许每次入境停留3个月，有效期为1年，可以多次入境。

同样，自2019年7月9日起，老挝也开始提供电子签证服务，签发一次入境有效的旅游签证，包括个人签证和5人以内（含5人）的团体旅游签证。签证有效期60日，可逗留30日。同时，爱尔兰也为中国游客提供了5年多次入境签证。人们可体验19世纪爱尔兰诗人叶芝曾经赞誉过的地方。

值得一提的是，日本的签证也在2019年不断放宽条件。自1月4日起，个人单次签证、3年多次签证放宽条件；4月开始，个人单次签证将实施网上申请和放宽外籍劳动者签证条件；自8月13日起，可以从指定旅行社受理单次个人旅游签证的在线签证申请；自10月起，上海、浙江、江苏、安徽、江西开始全面实施网上申请赴日旅游签证，开放单次赴日电子签证。日本游今后也将继续发酵。

资料来源　底伊乐.这些2019年的旅行记忆将影响着未来的出游［EB/OL］.［2019-12-31］. https：//m.jiemian.com/article/3827100.html .

（4）当地社会的承受能力。这主要指当地社会公众对旅游开发的态度、社会公众舆论、社会治安状况、社会管理水平、人口密度、交通管理等状况，这些都是影响旅游目的地可进入性的重要因素。

三、旅游产品的类型

需求的多样化导致旅游产品丰富多样，旅游产品的类型可以按照不同的标准进行划分，主要划分方式有三种：

（一）按旅游产品存在的方式划分

根据旅游产品存在的方式，可以将旅游产品分为单项旅游产品、组合旅游产品和整体旅游产品。

1.单项旅游产品（产品“点”）

单项旅游产品是指游客在旅游活动过程中向不同的旅游经营者分别购买的有关食、住、行、游、购等某一方面的物品或服务。单项旅游产品的经营部门可以是不同的景区、航空公司、宾馆、旅行社等，它们围绕各自特定的目标开展独立的经营活动，提供特定的旅游服务，而游客可以根据自己的特殊需要随机购买。单项旅游产品现在有个很时尚的称谓，即“碎片化产品和服务”，因为现在游客对走马观花的旅游形式已经厌倦，他们更希望和当地有一个深度的交流，加之互联网时代为这种愿望提供了技术保障，传统旅行社与在线预订平台（OTA）目前都在做碎片化服务，因此单项旅游产品的销售占比越来越大。旅游经营者应顺应市场需求的变化趋势，从游客的角度来设计销售产品。

2.组合旅游产品（产品“线”）

组合旅游产品，又称旅游线路产品，是指旅行社根据旅游市场的需求，把多个单项旅游产品组合起来提供给游客，以满足其旅游过程中多方面的需要。例如，旅行社提供的综合包价旅游，是初次游客和中老年游客经常购买和消费的旅游产品形式。

3.整体旅游产品（产品“面”）

整体旅游产品，又称旅游目的地产品，是指某一旅游目的地能够提供并满足游客需求的全部物质产品和服务。这里的整体旅游产品是作为一个区域性的概念。它不仅包含该地区旅游经营者可以提供的全部单项旅游产品，还包含该地区旅行社能够提供的各种旅游线路产品。整体旅游产品可以分为观光、度假、康体、养生、会议、特种旅游产品等多种类型。区分整体旅游产品的不同种类，有利于正确把握旅游目的地的特色和优势，做好旅游目的地的宣传促销工作。在旅游市场上，与游客发生交换关系的主要是旅游目的地整体旅游产品中的单项部分和线路部分，而不是整体旅游产品本身。

（二）按游客出游目的划分

根据游客出游的目的，可以将旅游产品分为观光旅游产品、文化旅游产品、商务旅游产品、度假旅游产品、康体旅游产品、业务旅游产品、享受旅游产品和探险旅游产品等。

1.观光旅游产品

观光旅游产品是以满足旅游者观赏游览自然风光、城市风光、名胜古迹等需求为目的的旅游产品。这类旅游产品在世界许多国家又被称为“观景旅游”产品。传统的观光旅游产品种类很多，主要有自然风光、城市风光、名胜古迹等，部分观光旅游产品不仅仅是单纯的观光旅游产品，其文化内涵也很丰富。

2.文化旅游产品

文化旅游产品是以满足旅游者了解旅游目的地文化需求为目的的旅游产品。文化旅游产品种类繁多，其中主要有博物馆旅游、艺术欣赏旅游、民俗旅游、怀旧旅游、宗教旅游等。文化旅游产品通常蕴含着较为深刻而丰富的文化内容，产品吸引对象一般都具有相当高的文化素养和造诣。

3.商务旅游产品

商务旅游产品是以满足旅游者经营洽谈、会晤或交流信息等为目的的旅游产品。商务旅游的过程是商务旅游者花钱购买旅游产品和服务的综合消费过程。商务旅游产品通常具有下述特点：一是目的地选择取决于工作需要或由他人决定；二是商务旅游时间较短但比较频繁；三是商务旅游对当地环境影响很小。传统商务旅游产品仅能为商务旅游者提供客店及餐饮服务。随着现代旅游经济的发展，商务旅游产品还包括会议旅游、奖励旅游、大型商业性活动等，不仅商务旅游越来越频繁，商务旅游设施和服务也向现代化方向迅速发展，并为各类企业家、经营者、营销人员及经济工作者提供多方面的服务。

4.度假旅游产品

度假旅游产品是以满足旅游者休养和消遣需求为目的的旅游产品。度假旅游产品一般具有下述特点：一是度假旅游的地点相对固定；二是度假旅游更强调休闲和消遣；三是度假旅游在某一地区停留的时间较长；四是度假旅游者的重复性比较高；五是度假旅游者一般不需要导游。世界上深受度假旅游者喜爱的传统旅游产品有海滨旅游、乡村旅游、森林旅游；新兴出现的度假旅游产品有度假村或度假中心（度假区）、野营旅游等。度假旅游产品主要指度假地，成功的度假地应具备下述条件：一是自然景色优美；二是拥有令人满意的住宿设施；三是有良好的气候，最好可形成全季候旅游接待；四是要有完善的体育、娱乐设施；五是有便捷的交通、通信条件。

5.康体旅游产品

康体旅游产品指能够使旅游者身体素质得到不同程度改善的旅游活动。任何一种旅游活动都有益于旅游者的身心健康，康体旅游产品更是如此。作为新兴的旅游产品，康体旅游产品包括体育旅游和保健旅游两大类，体育旅游主要有滑雪旅游、高尔夫球、漂流、海滨滑水、探险等；保健旅游主要有健身旅游，疗养旅游，考察森林、湖泊、山地、花卉、鸟兽等。康体旅游者的康健动机较为突出，对旅游目的地有特殊的要求，旅游目的地通常需要具备一定的设施、器材和场地等条件。

6.业务旅游产品

近些年，世界上已有越来越多的旅游者开始由单纯休闲性的消极旅游转向积极旅游，即在外出旅游的同时，把学习和探求专业业务知识、技能作为旅游的主要目的，以满足求知的需求。当然，作为传统的观光旅游产品和文化旅游产品，一般都可以使旅游者开阔视野、增长知识，促进旅游者业务水平的提高。特别是商务旅游产品中的会议旅游、奖励旅游，其内容多数也是业务性很强的活动。如今，为满足旅游者的需求，出现了新兴业务旅游产品，其中主要有修学旅游、工业旅游、务农旅游、学艺旅游以及科技旅游、考察旅游等。这些旅游产品都可以满足旅游者某一方面的特殊需要，因此可称为特种旅游。

7.探险旅游产品

探险旅游产品指旅游者从未见过、听过或经历过，既标新立异又使人特别兴奋或惊心动魄的旅游活动。探险旅游产品一般具有以下特点：一是旅游目的地非同寻常；二是旅游活动中旅游者处于高度紧张和兴奋状态；三是能充分满足旅游者的好奇心；四是能使旅游者留下难忘的记忆。虽然世界各国的探险旅游出现时间不长，但是探险旅游产品的种类和项目繁多。目前，探险旅游产品主要有秘境旅游、海底旅游、火山旅游、沙漠旅游、惊险游艺旅游等。

（三）按旅游产品的创新程度划分

根据旅游产品的创新程度，可以将旅游产品分为改进型旅游产品、换代型旅游产品、完全创新型旅游产品和仿制型旅游产品。

1.改进型旅游产品

改进型旅游产品是指在原来旅游产品的基础上，对产品构成要素中的某些部分加以改进，以增加旅游活动内容，提高旅游服务质量，增强旅游产品吸引力，巩固和拓展客源市场。

2.换代型旅游产品

换代型旅游产品是指对现有旅游产品进行较大规模改造后的旅游产品。例如，旅游宾馆对原有的硬件设施进行更换，扩建新楼，增加服务内容，提高饭店档次等。旅行社对原有的旅游线路进行优化和更新，丰富旅游内容，优化旅游线路，提升旅游文化内涵，增强旅游活动的参与性与互动性，使旅游产品更富有生机和活力等。

3.完全创新型旅游产品

在线课堂2-3

多角度创新旅游产品

完全创新型旅游产品是指运用新技术、新方法、新手段设计生产出来的旅游产品。例如，新的酒店、新的景点、新的旅游线路、新的旅游项目和新的乐设施等。完全创新型旅游产品研发时间长，对资金和技术的要求较高，开发的风险较大。

4.仿制型旅游产品

仿制型旅游产品是指模仿市场上已有旅游产品的基本原理和结构而生产出来的

旅游产品。这种仿制型旅游产品包括国际市场已出现过，但国内市场尚属首次出现的产品。这类旅游产品常见的有仿历史古城、仿各类游乐园、仿大型建筑的微缩景观等。

四、旅游产品的特性

旅游产品作为一种以服务为主的综合性产品，其生产不同于一般物质产品。一般物质产品的生产过程是独立于消费过程之外的，而旅游产品的设计组合虽也独立于消费者之外，但其生产只有与消费过程相结合，完成对消费者的服务，才能算生产过程完成。因此，旅游产品除了具有一般物质产品的基本属性外，还具有自己独特的产品特征。

（一）旅游产品的无形性

虽然旅游产品的构成中确有一部分物质产品供应，如航班的机位、住宿的客房、餐饮、景点设施等，但服务性的产品供应如导游、接待服务等却占有很大比重，旅游线路、日程、节目的设计编排，更属于构成旅游产品的不可缺少的软件部分。因此，旅游产品的无形性首先表现为旅游产品的主体内容是旅游服务。只有当旅游者到达旅游目的地并享受到旅游服务时，才能感受到旅游产品的使用价值。而旅游者在选择旅游目的地时，一般见不到旅游产品的形体，在旅游者心目中只有一个通过媒介宣传和相关渠道介绍所得到的印象。其次，旅游产品的无形性还表现在旅游产品的价值和使用价值不是凝结在具体的实物上，而是凝结在无形的服务中。只有当旅游者在旅游活动中享受到交通、住宿、餐饮和游览娱乐的服务时，才认识到旅游产品使用价值的大小。也只有当旅游者消费这些服务时，旅游产品的价值才真正得以实现。旅游产品的这一特性表明，在大体相同的旅游基础设施条件下，旅游产品的生产及供应可以具有很大差异，因此旅游产品的深层开发和对市场需求的满足较多地依赖于“软开发”，即无形产品的开发，也就是提高旅游服务的质量和水平。

（二）旅游产品的综合性

旅游经营者出售给旅游者的旅游产品，通常是包括食、住、行、游、购、娱在内的综合性产品。因此，旅游产品的综合性首先表现在它是由多种旅游吸引物、交通设施、住宿餐饮设施、娱乐场地以及多项服务组成的综合性产品。这种综合性既体现为物质产品与服务产品的综合，又体现为旅游资源、基础设施和接待设施的结合。其次，旅游产品的综合性还表现为旅游产品的生产涉及众多的部门和行业。其中有直接向旅游者提供产品和服务的旅馆业、餐饮业、交通部门、游览点、娱乐场地以及旅行社等旅游企业和部门，也有间接向旅游者提供产品和服务的部门和行业，如工业、农业、商业、制造业、建筑业、轻工业、纺织业、食品业、金融、海关、邮电、文化、教育、园林、科技、卫生、公安等；既有物质资料生产部门，又有非物质资料生产部门；既有经济类部门，又包含非经济类的政府部门和行业性的组织等。这一特征表明，旅游产品作为一种综合性产品，其开发所涉及的因素较复杂，制约条件也较多。

（三）旅游产品的依存性

旅游产品的原料或资源投入中，有很大一部分属于公共物品。某些旅游吸引物如自然景观或人文景观，基本上属于公共物品，具有非排他性与一定程度的消费非竞争性，因而旅游产品对公共物品具有较强的依存性，没有良好的基础设施和相关条件，旅游产品的生产和供给会十分困难。首先，旅游产品构成中的许多景观是自然存在或历史遗留的，并由政府投资进行建设与保护，因而是一种公共物品，任何旅游者都可以自由观赏，任何旅游经营者都可以将其作为自己销售的旅游产品的一部分而获利。其次，旅游产品构成中的基础设施是全社会共同享有的，这些基础设施以服务于社会各个行业的公益性目的而存在，旅游产品在其组合过程中只是部分地利用或暂时性利用，并不排斥其他行业或部门对公共基础设施的利用。当然，并非所有的旅游吸引物都是公共物品，如企业以营利为目的而投资兴建的某些景点就不是公共物品，某些可供游人观赏的景观也并非都具有公共物品的消费非竞争性，因为这些景点本身会受到游客容量限制，从而使其具有一定的竞争性。

（四）旅游产品的同一性

旅游产品是一种特殊的最终消费品，它满足的是人的精神文化需求，因而旅游产品具有生产与消费的高度同一性。首先，与物质产品的生产相比较，旅游产品是一种经过深度加工的高附加值产品，原来分散存在于各个行业的不同产品，经过旅游经营者的设计、开发、组合与销售，大大提高了其原有价值，所附加的多数为劳务性价值。其次，旅游产品只有进入消费过程才能实现其价值。由于旅游产品生产与消费的时空同一性，必须有现场消费的旅游者，旅游产品才开始生产，旅游者一旦离开生产立即终止。因此，旅游产品生产不像物质产品生产那样可以暂时贮存起来，旅游产品的同一性决定了旅游产品不仅不能贮存，而且一旦旅游消费结束，旅游产品就自然解体，因而旅游产品是一种最终消费品。

（五）旅游产品的替代性

虽然现代旅游消费越来越成为人民大众的基本生活消费，但它毕竟不同于基本物质生活消费，它会受到政治、经济、社会等各方面复杂因素的影响，表现为较高的需求弹性和替代性。首先是旅游产品与其他商品之间存在互相替代关系，旅游产品的价格同其他商品价格的不同变化，会引起旅游产品需求量的变化。例如，旅游产品的价格下降，而当地娱乐业价格不变，这意味着旅游需求量将增加而娱乐业的需求量将减少。其次是旅游产品本身也具有很强的替代性。外出旅游是为了获得一种新鲜的体验，不同的旅游目的地各有千秋，消费者选择的余地很大，选择亦带有随机性，这就导致不同旅游目的和不同类型的旅游产品相互替代性很强。实践表明，旅游产品的需求价格弹性、需求收入弹性和交叉弹性都比较高，从而使旅游产品经营具有较大风险，同时竞争也很激烈。

（六）旅游产品的脆弱性

旅游产品的脆弱性是指旅游产品价值的实现要受到多种因素的影响和制约。这是由旅游产品的综合性、无形性和不可贮存的特点决定的。旅游产品各组成部分之间要保持一定的质和量的比例，提供各组成部分产品的部门或行业之间也必须协调发展，否则就会对整体旅游产品产生不利影响。

从外部环境来看，旅游产品的供求会受到诸多外部因素的影响。例如淡旺季分布不均会导致旅游需求出现季节性变化；地震、疾病流行、战争、政治危机等各种意外情况，不论是在目的地（国）或客源地（国）出现，都会明显影响旅游供求，如“9·11”事件对美国旅游业的影响，新冠肺炎疫情给世界旅游业带来的消极作用，中东危机给地区旅游业带来的致命打击等都说明了这一点。有时甚至是目的地民众对发展本地旅游业的态度也会对旅游产品供求造成影响。

因此，旅游目的地必须强化危机意识，加强危机管理，这样当各种危机出现才都能够应付自如，确保将危机对旅游产业发展所造成的损失降到最小，使旅游业能够尽快恢复常态。

课堂互动2-2

课堂互动2-2

答案提示

2020年2月29日，一份来自百程旅行网的《关于公司决定关闭公司启动清算准备的通知》（简称《通知》）引发热议，《通知》显示，鉴于新冠肺炎疫情的暴发，旅游业受到了前所未有的打击，现有资金不能维系公司继续运转，为此，公司决定关闭并启动清算准备，请员工提前做好自谋出路的准备。请你针对新冠肺炎疫情给旅游业带来的严重影响提出应对策略。

任务二　旅游产品结构及优化

任务导入

多彩冬游产品组成春节文旅盛宴

春节临近，很多民众开始规划假期出游行程。随着冬季旅游升温、冬游产品不断丰富，大众冬季出游选择越来越多，尤其是在春节假期，无论是去冰天雪地的北方，还是去温暖如春的南方，都有丰富的旅游产品可供选择。

为进一步满足游客需求，文化和旅游部在吉林长春启动了“心灵四季·美丽中国”2020年全国旅游推广活动。此次启动仪式以“冬游中国·精彩生活”为主题，围绕冬季旅游市场展开了一系列推广和交流活动。

冰雪产品是冬季旅游热点，也是此次启动仪式的亮点之一。每个地方的冰雪都有自己的故事：在内蒙古，游客可以用镜头捕捉“泼水成冰”的瞬间，在雪地里吃火锅，在敖鲁古雅密林深处拜访猎户人家；在新疆，游客可以雪中游天山，信马阿勒泰，听哈萨克族大叔弹一曲冬不拉，跟维吾尔族姑娘跳一段手鼓舞；在黑龙江，游客可以漫步中央大街，在圣·索菲亚教堂飘雪的夜色中唱起《下雪哈尔滨》，或者畅游牡丹江林海雪原；在吉林，游客可以看雾凇奇观、赏峡谷雪景，在长白山脚下泡一泡温泉，喝一碗参鸡汤；在辽宁，游客可以体验温泉，走进瑞雪纷飞的乡村，炖上一锅山货，看一场诙谐幽默的二人转；在北京，游客可以登上长城，走进故宫，漫步胡同；在河北，游客可以在崇礼滑雪后参加狂欢活动，尽情释放自己。

随着文旅融合深入推进，博物馆热成为近几年旅游市场的一大亮点。此次启动仪式上开辟专门板块，展示了博物馆旅游的精彩内容——走进博物馆，可以一步千里、一眼千年，可以和诗仙李白一起仗剑闯天下，和诗圣杜甫一起骑马走天涯；可以到徐霞客纪念馆"走遍"万水千山，可以看看古人如何滑雪、嬉冰；可以走进丝绸之路博物馆，来一场说走就走的丝绸之路之旅；可以走进万里茶道沿线博物馆，站在中国、神游欧洲……跟着博物馆去旅行、跟着博物馆去学习，将为大众的春节假期增添新的内涵和乐趣。

"中国有多大，冬季旅游就有多精彩"是启动仪式上的一句宣传语。广大游客既可以到北方滑雪嬉冰，也可以到南方享受温暖。

此次活动期间，中国休闲旅游推广联盟代表还推介了度假休闲旅游产品——阳光海南，蓝天碧海、椰林沙滩的美景让人身心愉悦，海南国际旅游岛欢乐节历时一个月，天天有惊喜；七彩云南，自然风光、民族风情兼备，大理的风花雪月，西双版纳的"植物王国"，罗平的万亩油菜花海，令人流连忘返；"冬游广西"优惠力度空前，绿水青山、悠长山歌正期待八方来客；活力广东，粤式早茶、欧式建筑、迎春花市，尽显岭南特色；"清新福建"同样精彩，平潭岛开满各种鲜花，鸳鸯溪留住了越冬候鸟，霞浦滩涂景色绝美……避寒度假之旅可谓处处精彩。

当天，现场还邀请到非遗传承人展示技艺。现场的精彩推介，为冬季旅游营造浓厚氛围，为春节假期带来市场预热。春节文旅盛宴值得期待。

资料来源　李志刚.多彩冬游产品组成春节文旅盛宴——"心灵四季·美丽中国"2020年全国旅游推广活动启动仪式侧记［N］．中国旅游报，2020-01-16（2）．

思考：

（1）根据旅游产品结构的关系，你认为我国丰富的南北冬游产品之间是一种什么关系。

（2）在旅游产品结构优化方面，南北两地应该做好哪些方面的工作？

旅游产品包含着十分丰富的内容，为了方便对旅游经济活动的分析和研究，保证旅游产品各部分按比例供应，保证旅游活动的顺利实施，我们有必要对旅游产品的结构进行分析。

一、旅游产品结构的含义及比例关系

旅游产品结构是指各类旅游产品之间及其内部的比例关系。它是旅游经济结构的重要组成部分。

旅游产品结构的比例关系比较复杂，主要表现为以下三个方面：

1.不同功能的产品和服务的比例

不同行业提供不同的旅游服务，它们分别满足游客旅游过程中的不同需要。例如，如果旅游饭店在某个时期客房床位数不足，游客的旅游活动就会发生困难；同样，交通运力不足，游客的旅行也会受阻。反之，如果饭店接待能力与交通运力在某个时期过剩，饭店和交通运输部门就可能出现亏损。总之，无论哪一种情况都会阻碍旅游经济的健康运行。因此，组成旅游产业的各行业所提供的产品和服务在数量上要有一个合理的结构比例。

2. 相同功能的产品和服务的比例

同一行业虽然向游客提供性质相同的旅游服务，但同种旅游服务仍然包含了许多不同的类别。例如，旅行社向游客提供的服务，既有综合性旅游产品，也有单项旅游产品。旅行社销售的旅游线路，也有许多条可供选择。又如，星级饭店可分为五星、四星，三星、二星和一星，它们在服务规格、档次上存在差别。同样，交通运输与旅游景点也可各自细分为不同的类别。因此，同一行业向游客提供的不同类别的旅游服务之间也应有合理的结构比例。

3. 旅游行业与其他相关行业间的比例

与旅游业直接相关的行业有轻工业、商业、邮电通信业与文化娱乐业等，它们也为旅游者提供产品和服务，满足旅游者在旅游过程中的需要。尽管其需要程度对不同的旅游者来说差异较大，但是，它们也应与旅游业提供的产品和服务保持一定的结构比例关系，这样才能保证旅游经济的运行顺利畅通。

二、旅游产品结构的关系类型

旅游产品结构的关系是指旅游产品各组成成分之间的相互关系。旅游产品结构的相互关系主要有互补关系和互代关系。

（一）互补关系

旅游产品结构的互补关系，是相对旅游需求而言的旅游产品各构成部分之间的相互依存、相互促进、共同发展的关系，也就是功能不同的旅游产品组成成分之间相互依存、共同发展的关系。这种关系体现在两个方面：一是各个功能不同的组成成分，如食、住、行、游、购、娱等，每一部分都是以其他部分的生存和发展为前提，按比例协调发展的。二是各个功能不同的组成成分之间在经营成果上相互影响。一个部分收入的增加会带来其他部分收入的增加，一个部分收入的减少会造成其他部分的收入也减少；一个部分成为旅游发展的“瓶颈”，那么其他部分的收入和接待游客的数量增长便会受到阻碍。

旅游产品的互补关系，是由旅游需求的综合性决定的。从互补关系可知，旅游产品的各个组成部分必须齐备，共同组成一个完整的产品。同时，这也要求提供各单项旅游产品的行业、部门和企业按比例协调发展，除了要搞好本行业、本企业的经营，还要其他行业和企业相互配合、互通信息，共同塑造一个良好的旅游产品形象，增强旅游产品的招徕能力和竞争力。

（二）互代关系

旅游产品结构的互代关系，是相对旅游需求而言的，是指旅游产品每一构成部分内各成分之间的相互替代或代用关系，也就是功能相同或相近的旅游产品的组成成分之间相互替代的关系。例如，提供交通服务的有汽车、火车、飞机、轮船等交通工具，其经营企业之间就存在着互代关系，尤其是高速公路、高速铁路以及高速轮船的发展更加深了这种关系；提供住宿服务的星级的宾馆、招待所、度假村等也存在着互代关系，尤其是档次、规模、服务水平及价格差不多的时候，这种互代关系表现得尤为明显，互代关系在提供相同服务的企业之间表现为竞争性。这就要求各旅游企业不能盲目追求建设与别的企业雷同的设施、提供相同的单项旅游服务，而应当提供功能不同的、档次各异的服务，或者说要求旅游产品在数量上、质量上、档次上有计划按比例协调发展，保证旅游产品结构的合理性；同时，也要求各旅游企业重视经营管理工作，改进服务质量，提升企业信誉和形象，提供有特色的旅游服务，避免过度竞争。

（三）互补关系和互代关系的转化

旅游产品构成的各部分之间的互补关系，不是绝对的，旅游产品各部分内的组成成分之间的互代关系也不是绝对的、一成不变的。旅游经营者可以根据旅游需求的发展变化和自身条件，促使两种关系互相转化。

1.互补关系向互代关系转化

这种转化是由旅游需求的多样化和旅游企业经营的多样化促成的。在市场经济条件下，旅游企业为了获得竞争优势，必须不断地调整自己的经营范围，为游客提供方便、快捷、经济的服务。当旅游企业向游客提供多样化的一条龙服务时，互补关系就会变为互代关系。例如，甲企业提供住宿服务，乙企业提供交通服务，它们之间是互补关系。现在甲企业的经营范围扩大了，也提供接待游客的交通服务，这样甲、乙企业之间的关系就成了互代关系。若乙企业扩大经营范围，提供住宿服务，同样甲、乙企业之间也可转化成互代关系。在实际情况中，这种转化的实例有很多。因此，旅游企业的多种经营和集团化经营是互补关系向互代关系转化的主要途径。

2.互代关系向互补关系转化

当供给小于需求时，提供相同单项产品的旅游企业之间可以互相帮助，以解燃眉之急。例如，某两个宾馆，在其中一个宾馆超额预订且客人都到的情况下，可以把客人介绍给另一家宾馆，这时二者的关系就变成了互补关系。同样，一般而言，旅游交通中的铁路、航空、公路、水路运输之间是互代关系，但经营者达成协议，开展联运业务，可使本来的互代关系转化为互补关系。中国沿海各省的旅游度假产品具有许多相似性，是一种互代关系，现在各省联合开发出各具特色的度假产品，安排合理统一的旅游线路，同时联合促销，推向国内国际旅游市场，互惠互利，共同发展，这样互代关系即可转化为互补关系。

课堂互动2-3

如何看待旅游产品互代关系与互补关系的转化？

课堂互动2-3

答案提示

三、旅游产品结构优化

改革开放以后，经过近40年的发展，我国旅游产品结构基本上做到了内容丰富、形式多样，摆脱了很多弊端，结构逐步趋向合理。但与市场需求多样性、个性化的趋势相比，与国际旅游市场相比，还有很大的提升空间。为达到旅游产品结构的优化，应当抓紧做好以下五个方面的工作：

1.加强宏观调控，科学规划旅游资源开发

旅游主管部门在旅游资源开发中要加强规划引导，开发中要突出特色、突出品位、突出“精品”，通过科学规划，使区域内的旅游景区、景点与各项旅游服务接待设施之间在数量上、质量上供求一致，增加协调性；通过宏观调控手段，尽可能避免重复建设，特别是大面积克隆产品的出现，要避免近距离重复建设而导致的社会资源的巨大浪费。

2.推进新技术在旅游领域的应用

在线课堂2-4

透过故宫看智慧旅游

新技术带来了新的社会经济模式，也带来了新的社会生活模式和旅游消费模式。以“互联网+”为代表的新技术的发展要求旅游企业创新旅游经营管理模式和旅游服务形式，以适应知识经济社会人们的旅游偏好、价值观念，满足游客求新、求奇、求乐、求刺激、求方便快捷等方面的心理需求。互联网时代，高科技改变着消费的内容，也改变着消费的形式，从而为人们带来了新的旅游产品，如高科技在主题公园的应用，高度逼真的虚拟环境将可能成为独具魅力的旅游产品。

3.丰富旅游产品的文化内涵

旅游产品品位的高低与旅游产品中的文化含量有着十分紧密的关系。要提升旅游产品的档次，增强旅游产品的感染力，优化旅游产品结构，必须要重视文化旅游产品的深度开发和文化旅游产品体系的建设。文化旅游产品指的是以地域文化为内容，通过各种文化载体，以各种形式提供给游客消费的旅游产品。文化旅游产品体系包括观赏型的景观文化旅游产品和参与、体验型的文化旅游产品。前者包括历史文化旅游产品（如文物、古迹等）和民俗文化旅游产品（如民族服饰、民族节庆、民间传说等）；后者包括风情文化旅游产品（如宗教风情、田园风光、都市风情等）和艺术文化旅游产品（如表演艺术、造型艺术、语言艺术、综合艺术等）。在文化旅游产品的开发中，要注意产品中文化内涵的积淀和文化内涵向游客的传递，通过各种途径向游客传递其深刻的文化内涵。

4.重视旅游产品的升级换代

随着旅游产业的发展，旅游市场的不断成熟，旅游市场需求呈现多样性、个性化的趋势。单一的旅游产品结构体系已不能适应旅游消费需求的更新和发展。旅游产品的升级换代主要从两个层面展开：一是由单一产品结构向多层次产品结构转换，以满足日益多样化的旅游消费需求；二是原有产品本身要不断提升档次，丰富产品的内涵，不断开发特色旅游项目。只有那些文化内涵丰富、富有浓郁地方特色和民族风情、参与性强的旅游产品，才能满足日益个性化的旅游消费需求。

5.构建旅游产品销售的新体系

改善旅游产品的销售体系，建立适应市场经济要求的团体、家庭、散客并举的销售模式与接待系统。随着游客素质的不断提高，外部约束条件的降低和旅游供给的增加，旅游的方式正由团队主导型转向散客主导型。旅游企业的销售体系也要努力适应旅游市场的变化趋势，改变传统的“重团体、轻散客”的产品销售模式。

行业感悟 2-1

完善旅游产品供给体系　开启高质量发展新局面

旅游业被列为五大幸福产业之首。充分发挥旅游为民、旅游富民、旅游利民、旅游乐民的积极作用，一个重要前提就是，加快旅游业供给侧结构性改革，加大优质旅游产品供给力度，努力解决旅游产品“好不好、满意不满意”的问题，不断增强人民群众的幸福感、获得感。《“十四五”旅游业发展规划》对此作出了全面部署。在完善旅游产品供给体系上，一方面从战略高度上提出，抓好统筹谋划，促进优质旅游产品体系丰富和供给创新机制优化；另一方面从战术深度上提出，抓好执行落实，推动先进的发展理念和扎实的工作举措密切结合。这不仅体现了旅游为民、成果共享，高度重视满足不同群体的个性化需求，着力推出更多定制化产品，开发更多互动性项目，而且强调要在国家级旅游休闲城市和街区的打造过程中，平衡好本地居民休闲生活与外地游客旅游度假的需要，要在规范乡村旅游发展中建立健全利益联结机制，提升农民的参与度和获得感。同时，充分考虑疫情防控、人民需要、行业发展等多种因素，为解决长期以来制约旅游产品供给高质量发展的热点、难点问题作出了战略安排，为有效推动旅游产品创新、旅游体验优化、旅游效益提升指明了方向，既有战略高度又有战术力度，必将在实现旅游强国目标、满足人民美好生活需要中发挥积极和重要作用。

资料来源　厉新建.完善旅游产品供给体系　开启高质量发展新局面［N］. 中国旅游报，2022-02-17（3）.

任务三　旅游产品生命周期

任务导入

旅游产品“玻璃栈道”的生命周期

近年来，全国都在风靡一款旅游产品，许多知名旅游景区都陆续跟风推出了这一产品——“玻璃栈道”。玻璃栈道作为旅游产品，其生命周期主要是针对营销领域而言的。

玻璃栈道（含玻璃桥、玻璃观景平台）是由钢化玻璃凌空高架在悬崖峭壁上形成的，具有旅游观光、体验等功能。玻璃栈道让游客感觉刺激、惊险，位于其上观景时，风景一览无余，是很多景区热捧的对象。

国内最早的玻璃栈道修建于2001年，修建景区为江西三清山。三清山玻璃栈道的设计较为简单，整个栈道基于水泥栈道支出部分，形成长3米、宽1.2米的玻璃观景平台。

自三清山修建玻璃栈道后，在很长时间内，玻璃栈道在国内知名度都较低，其发展十分缓慢。直到2007年，建于美国大峡谷的玻璃走廊向公众开放，这座被誉为“21世纪世界奇观”的空中走廊迅速引起世界的关注。随后在2009年，江西抚州大觉山修建了国内第一条玻璃栈道——太空步廊。

玻璃栈道开始打响知名度源于修建于2010年的张家界天门山玻璃栈道和2014年修建的河北白石山玻璃栈道。天门山玻璃栈道被称为“东方之路”，可与举世闻名的美国大峡谷玻璃走廊“天空之路”媲美，以惊险、刺激著称；而白石山玻璃栈道是目前国内最长、最宽、海拔最高的玻璃栈道。这二者都是基于5A级旅游景区的资源背景兴建，拥有全方位揽阔的旅游风景，为景区带来了巨大的流量。

白石山玻璃栈道2014年9月15日正式营业，9月21日（周日）入山游客已达2万人，还有五六千名游客因景区运力等问题被挡在山门外，而当日国内一线山岳型景区的游客量也才1万余人，可见当时玻璃栈道的流量潜力。

2015年是玻璃栈道成长最关键的一年，这一年张家界大峡谷玻璃桥震惊了旅游界。那时玻璃吊桥还处于争议阶段，张家界通过现场抡起大锤砸玻璃、汽车驶过玻璃吊桥且安稳无事这两个重大逆差事件来宣传玻璃吊桥的安全性，张家界玻璃吊桥一炮而红。这不仅促成了张家界景区的走红，而且实实在在地带动了玻璃吊桥在全国红红火火的修建。

玻璃栈道经过近7年的成长，从模仿美国大峡谷的玻璃走廊起，到江西抚州大觉山玻璃栈道、天门山玻璃栈道、白石山玻璃栈道的陆续修建，直到张家界玻璃吊桥的事件营销炒作后，玻璃栈道才开始快速地被市场接受。

张家界玻璃吊桥轰动全国后，各地景区如火如荼大力修建玻璃栈道，玻璃栈道逐渐成为中国游客最喜欢的旅游项目之一。玻璃栈道这款旅游产品也开始走向成熟，不论是技术层面的安全性，抑或是游客接收量，都有了质的飞跃。以至于像北京平谷区京东石林峡景区，2016年景区建成415平方米玻璃观景台，随后游客量激增，从过去的全年不到10万人增加到目前年游客量70万人。

近年来，抖音、快手等App的大火，也带动了景区玻璃栈道的持续火爆。2019年博看文旅工作室发布的《旅游发展与投资趋势报告》指出：“2018年是网红景区年，在诸多的网红景区中有一大批是依靠网红项目带火的，其中最火的就是玻璃桥项目。”

目前，全国已有20个省区至少250多条玻璃栈道。国内玻璃栈道数量庞大，形成遍地开花的局面，而在此情形下，许多关于玻璃栈道的疑问或反思也渐渐涌现。虽然这些或许还不足以说明玻璃栈道已完全进入衰退期，但对蜂拥而上千篇一律的玻璃栈道产品不失为一种警示。

2018年《民生周刊》杂志社大数据中心发表的《全国玻璃栈道景区游客网络评价报告》指出，虽然近年来玻璃栈道异常火爆，但游客的差评率却较高，差评意见主要是玻璃栈道收费贵、服务意识差、过于拥挤等，玻璃栈道的整体体验感在不断降低。

2019年博看文旅工作室发布的《旅游发展与投资趋势报告》也指出：“诸多玻璃桥项目的上马，使得人们已经对于这个项目习以为常。网红项目是以精准市场、快速引爆、大量聚集、迅速兑现为基本投资原则的，一旦项目不能够迅速兑现，它的衰落就势在必然了。”

资料来源　佚名.浅析旅游产品“玻璃栈道”的生命周期［EB/OL］.［2019-07-16］. https://www.sohu.com/a/327169358_817965.

思考：

（1）玻璃栈道旅游产品现在进入生命周期的哪个阶段？

（2）你如何看待该产品未来的发展前景？

产品生命周期是指一个产品从它进入市场开始到最后撤出市场的全部过程，这个过程大体要经历导入、成长、成熟、衰退的周期性变化。旅游产品也是如此，即有其导入期、成长期、成熟期、衰退期四个阶段的生命周期变化。了解旅游产品生命周期以及每个阶段的特点，有助于旅游企业在旅游产品所处的不同阶段采取不同的经营策略，并及时开发更新换代产品，保证企业经营的连续性。

一、旅游产品生命周期阶段

旅游产品生命周期是指一个旅游产品从开发出来投放市场到最后被淘汰退出市场的整个过程。一条旅游线路、一个旅游活动项目、一个旅游景点等，都将经历这一由兴至衰的过程。

旅游产品生命周期的各个阶段通常是以销售额和所获利润的变化来衡量的；同时，处于不同生命周期阶段的旅游产品也有着不同的特点（如图2-1所示）。

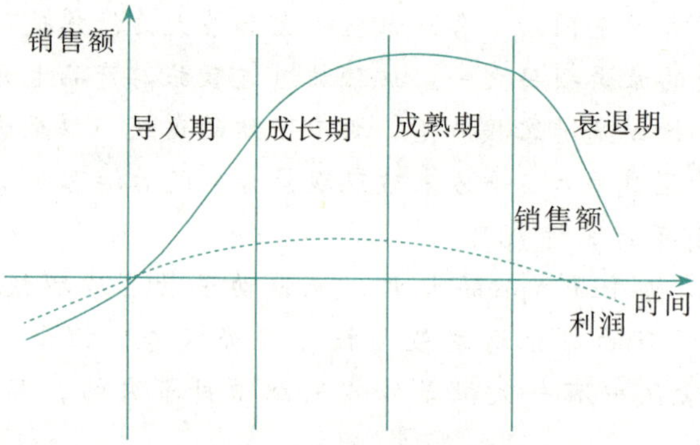

图2-1 旅游产品生命周期

（一）旅游产品的导入期

在导入期，旅游新产品正式推向旅游市场，具体表现为新的旅游景点、旅游饭店、旅游娱乐设施建成，新的旅游线路开通，新的旅游项目、旅游服务推出。在这一阶段，产品尚未被旅游者了解和接受，销售量增长缓慢而无规律；旅游企业的接待量很少，投入费用较大，经营成本较高；企业为了使旅游者了解和认识产品，需要做大量的广告和促销工作，产品的销售费用较大。在这个阶段，旅游者的购买很多是实验性的，几乎没有重复购买，企业也通常采取试销方式，因此企业往往销售水平低，利润极少，甚至亏损。但是在此阶段，市场上一般还没有同行的竞争。

（二）旅游产品的成长期

在这一阶段，旅游景点、旅游地开发初具规模，旅游设施、旅游服务逐步配套，旅游产品基本定型并形成一定的特色，前期宣传促销开始体现效果。这时，旅游产品在市场上拥有一定的知名度，产品销售量迅速增长；旅游者对产品有所熟悉，越来越多的人尝试使用这一产品，重复购买的选用者也逐步增多；企业的广告费用相对减少，销售成本大幅度下降，利润迅速上升。在这一阶段，其他旅游企业看到产品销售很好，就有可能组合相同的产品进入，市场上开始出现竞争。

（三）旅游产品的成熟期

在产品的成熟期内，潜在顾客逐步减少，大多属于重复购买的市场。旅游产品的市场需求量已达饱和状态，销售量达到最高点；在前期销售量可能继续增加，在中期销售量处于不增不减的平稳状态，在后期销售量的增长率趋于零，甚至会出现负增长。利润增长也将达到最高点，并有逐渐下降趋势。很多同类旅游产品和仿制品都已进入市场，扩大了旅游者对旅游产品的选择范围，市场竞争十分激烈，而且有来自更新产品的替代性竞争，差异化成为竞争的核心。

（四）旅游产品的衰退期

旅游产品所处的衰退期一般是指产品的更新换代阶段。在这一阶段，新的旅游产品已进入市场，正在逐渐代替老产品。旅游者或丧失了对老产品的兴趣，或由新产品的兴趣所取代。原来的产品中，除少数名牌产品外，市场销售量日益下降。市场竞争突出地表现为价格竞争，价格被迫不断下跌，利润迅速减少，甚至出现亏损。

分析旅游产品生命周期的意义在于：一是任何旅游产品都有一个有限的生命，大部分旅游产品都经过一个类似S形的生命周期；二是生命周期阶段的时间长短因旅游产品的不同而不同；三是旅游产品在不同生命周期阶段，利润高低不同；四是处于不同生命周期阶段的旅游产品，需采取不同的营销组合策略；五是针对市场需求及时进行旅游产品的更新换代，适时撤退或改造过时的旅游产品以免遭受损失。

经济广角2-2　　旅游地生命周期理论

旅游地生命周期概念最早是由克里斯塔勒（W.Christaller）在研究欧洲的旅游发展时提出的。但目前被学术界公认并广泛应用的旅游地生命周期理论是由加拿大学者巴特勒（R.W.Butler）提出的。Butler根据产品生命周期的概念，将旅游地生命周期分为六个阶段，即探索期、参与期、发展期、巩固期、停滞期、衰落或复苏期。

探索期：这是旅游地发展的初始阶段，特点是旅游地只有零散的游客，没有特别的设施，其自然和社会环境未因旅游的产生而发生变化。

参与期：随着旅游者人数的增多，旅游逐渐变得有规律，本地居民开始为旅游者提供一些简便的设施。随着这个阶段的到来，广告开始出现，旅游市场范围已基本可以被界定出来，旅游季节也逐渐形成，有组织的旅游开始出现，迫使地方政府、旅行机构增加和改善旅游设施及交通状况。

发展期：在大量广告和旅游者的口碑宣传下，一个成熟的旅游市场已经形成，外来投资骤增，本地居民提供的简陋膳宿设施逐渐被大规模、现代化的设施取代，旅游地自然面貌的改变已比较显著。

巩固期：游客增长率下降，但游客总量将继续增加并超过常住居民的数量。旅游地大部分经济活动与旅游业紧密联系在一起，为了扩大市场范围和延长旅游季节，广告无所不在。常住居民，特别是那些没有参与旅游业的常住居民会对到来的大量游客及其为游客服务而修建的设施产生反感和不满意。

停滞期：在这个阶段，游客量达到最大，旅游环境容量已趋饱和或被超过，环境、社会和经济问题随之而至。旅游地在游客中建立起的良好形象已不再时兴，旅游市场很大程度上依赖于重游游客、会议游客等。接待设施过剩，为保持游客规模需要付出大量的努力。

衰落或复苏期：在衰落期，旅游地市场衰落，无论是吸引范围还是游客量，已不能和新的旅游地相竞争。随着旅游业的衰落，房地产转卖率很高，旅游设施逐渐被其他设施取代，更多的旅游设施因旅游地对游客的吸引力下降而消失。一方面，本地雇员和居民能以相当低的价格购买旅游设施，因此本地居民介入旅游业的程度大大增加。宾馆可能变为公寓、疗养院或退休住宅。最终，原来的旅游地可能变为名副其实的"旅游贫民窟"或完全失去旅游功能。另一方面，旅游地也可能进入复苏期，要进入复苏期，旅游地吸引力必须发生根本的变化。达到这个目标有两种途径：一是增加人造景观吸引力，但如果相邻具有竞争力的旅游地也如法炮制，这种吸引力就会下降；二是发挥未开发的自然和人文旅游资源的优势，重建市场。

资料来源　刘宝霖.基于旅游地生命周期理论的青岛红岛全域旅游发展研究［D］. 青岛：青岛大学，2020.

二、旅游产品生命周期的变异

一般旅游产品都经历过导入、成长、成熟、衰退的生命周期，但也有很多的旅游产品会产生变异形态。其中，有两种主要的变异形态较为典型，即时尚旅游产品的生命周期和延伸旅游产品的生命周期。

（一）时尚旅游产品的生命周期

时尚旅游产品的生命周期只有两个阶段，即快速增长阶段和显著暴跌阶段。时尚旅游产品一般具有以下特点：

（1）一般传播媒介可能愿意用大量时间或空间对时尚旅游产品加以宣传，如目前的生态旅游、漂流旅游等，许多电视、杂志、报纸等会主动加以宣传，不需要旅游企业付费做广告。

（2）时尚旅游产品常常随着产品推出前的大量宣传而到来，因此生命周期中没有明显的缓慢增长的推出阶段，往往一开始就呈现出高速增长态势。

（3）在时尚旅游产品的目标市场中，没有明显的选择行为，如早期选用者、中期选用者、晚期的大多数消费者等，整个市场的选择都是在产品推出后的短时期内发生的。

（4）时尚旅游产品营销组合的目标是快速进入市场，同时产品常常被一个分界很清楚的市场选取，这一市场通常是一个特殊的年龄群体。

（5）大多数时尚旅游产品是非基本旅游产品，其消费者常常自以为与其他人相比有显著的差异性或特殊性。

（二）延伸旅游产品的生命周期

这类产品有一个延伸的成熟阶段，这一延伸的成熟阶段也称为饱和阶段。在饱和阶段，高度的重复购买，造成一个稳定的销售额，最后可能会在市场的全部购买中找到一个持久的销售地位。很多旅游产品会呈现出延伸产品的生命周期形态。其中主要包括：

（1）大众旅游产品。它是指那些为人民群众经常使用的旅游产品，在某种程度上已成为必需品，如欧美人把度假就视为必需品。

（2）风行旅游产品。它是指那些在市场上影响广泛且吸引力较大的产品，如中国长城、秦始皇陵兵马俑的观赏游览等，就风行于市场而经久不衰。

（3）功能性旅游产品。它是指那些具有普遍功能的产品，如饭店的餐饮服务能够满足游客食的需求而具有较高的重复购买率。

（4）多效用旅游产品。它是指那些具有多种用途而能满足多方面或多层次需求的产品，如旅游饭店等就具有持久的重复购买率。

（三）影响旅游产品生命周期变异的因素

旅游产品的生命周期之所以会发生变异，是因为受到多方面因素的影响，这些因素归纳起来主要有外部因素和内部因素两大类。外部因素是指影响旅游产品在市场上发展状况的外部条件，具体包括政治、经济、社会、竞争及一些偶发因素，甚至旅游接待国或某一旅游客源国发生诸如地震、火灾、水灾等自然灾害或爆发战争，都会冲击旅游产品的供给与需求，从而影响旅游产品生命周期的变异。内部因素是指旅游业内部的可控因素，主要包括资源特点、设施与服务因素、管理因素等，如新建的饭店、新开发的资源，由于管理不善，设备破坏严重，秩序杂乱无章，服务质量下降等，都会对旅游者产生排斥作用，影响旅游产品的销售及旅游产品生命周期的延伸，从而导致旅游产品过早进入衰退期。

三、延长旅游产品生命周期的经营策略

由于旅游产品也存在生命周期，因此旅游企业通过对产品生命周期客观规律的认识，运用各种经营策略，延长旅游产品的成熟期，使企业获得最佳效益。延长旅游产品生命周期的策略概括起来有以下几种：

（一）旅游产品改进策略

旅游产品改进策略，是通过对成熟期的旅游产品作出某些改进以吸引新老旅游者。产品改进可从旅游产品的质量、功能、形态等方面进行。例如，提高服务质量、改进旅游设施和设备、增设新的旅游服务项目、开辟新的旅游景观等。每进行一个方面的产品改进，相当于刺激出一个新的需求热点，从而使旅游产品的成熟阶段得以延长。例如，西班牙首都马德里市区游，过去主要靠著名的东方宫和几个广场等名胜古迹吸引旅游者，后来新增添了“星期日娱乐”项目，每逢星期日上午，在市内六个古董市场出售古董、古玩，供游客观赏和选购，下午则观看斗牛、赛马、足球赛等，从而使马德里市区对旅游者具有极大的吸引力而经久不衰。

（二）旅游市场开拓策略

旅游市场开拓策略，就是为成熟期的旅游产品寻找新的顾客，开发新的市场。具体做法有两种：一是开发旅游产品的新用途，即在原产品功能的基础上开发新的旅游功能，使老产品焕发新的生命力。例如，某度假区在原接待度假游客的基础上，开发健康、娱乐等旅游项目，使度假区具备新的功能，以此吸引更多的旅游者。二是开辟新市场，即为原有旅游产品寻找新的使用者，使产品进入新的细分市场。例如，中国某些观光旅游产品在欧美市场上已无较大潜力，保持这一产品生命力的有效途程就是为观光旅游产品寻找新的市场，通过开发新加坡、泰国、韩国、马来西亚等市场，使中国的观光旅游产品再度掀起新潮。

经济广角 2-3　　盘锦开启全域旅游新模式

正值严冬，“稻作人家”民俗村里，来自省内外的游客络绎不绝；中国最北海岸线上，1月14日开幕的穿越冰凌挑战赛吸引了韩国、俄罗斯等国外选手报名参加……从一季游到四季游，从景点独芳到全域绽放，盘锦旅游产业厚积薄发、红红火火。

盘锦地处辽河入海口，整个城市面积80%为湿地所覆盖。这里既有全球最大的红海滩和绿苇荡，也是北国著名的鱼米之乡。站在全国首批全域旅游示范区创建城市的国家平台上，盘锦市将旅游产业供给侧结构性改革作为引领服务业升级、带动群众创新创业的重要抓手，以更加宽广的视野谋划全域旅游升级，助推美丽乡村建设，助推全域经济发展。

精心培育旅游市场主体。盘锦市坚持以重大旅游项目投资建设为牵动，力促金帛海岸、红海滩廊道、辽河口旅游区、二界沟渔村、广厦艺术街等一批旅游项目提质升级，提高产业综合竞争力。

在优化旅游供给体系方面，持之以恒地以创新带动市场需求。盘锦市加大旅游与文化、体育、农业、商贸等产业的融合，把“旅游+”和“+旅游”落到实处，既破解了冬季旅游瓶颈，又拉动了全域旅游的迅速发展。从二界沟开海节、春季插秧节、观鸟季、红海滩帆船帆板赛、国际马拉松赛，到冬季稻草艺术节、辽河口冰凌穿越挑战赛，这些活动均已成为旅游与相关产业深度融合的经典范例。在旅游产品设计开发过程中，盘锦市尤其注重打造本土化、差异化的旅游产品，挖掘“辽河口文化”内涵，为全域旅游增添了令人回味的文化魅力。

此外，盘锦市积极推进机制体制创新，通过成立文旅集团，设立市级文旅基金，撬动旅游项目以多种形式进行融资，助力全域旅游产业不断提质升级。

风光有大美，乡村有魅力。全域旅游已经使旅游产业成为拉动盘锦市经济发展和城乡居民持续增收的重要途径和有效载体。

资料来源　边晗，汤龙.盘锦开启全域旅游新模式［EB/OL］.［2017-01-18］. https: //www.chinaxiaokang.com/chengshi/2017/0118/160229.html.

（三）旅游市场营销组合策略

旅游市场营销组合策略，是对产品、促销、渠道和定价四个因素的组合加以合理的改进和重组，以刺激销售量的回升。例如，提供更多的服务项目，改变分销渠道，增加直销、广告，或在价格上加以调整等，以刺激销售量，吸引更多的旅游者。

（四）旅游产品升级换代策略

延长旅游产品生命周期的一项根本途径是使旅游产品根据市场不断涌现出的新需求，不断地实现旅游产品的升级换代，做好旅游产品开发工作。例如，对观光旅游产品来说，理想的情况是，当第一代观光产品进入成长期后，第二代观光产品就逐步进入开发建设阶段。这样第一代观光产品进入成熟期后，第二代观光产品就进入了成长期。依此类推，使观光产品的生命周期得以延长。

任务四　旅游产品开发及策略

任务导入

甘肃推出冬春季十大主题旅游产品

甘肃从农民出游需求出发，设计了“慢游、静修、颐养”三大主题旅游线路，并推出了十大主题旅游产品，满足广大农民多样化、个性化的出游需求。

甘肃省文化和旅游厅介绍，甘肃将主打“冰雪牌”和“田园牌”，推出冬春慢游欢乐冰雪之旅、冬春生态田园颐养之旅、冬春慢游摄影采风之旅、冬春慢游丝路驿站之旅、冬春慢游多彩民俗之旅、冬春丝路文化修学之旅、冬春河西走廊自驾之旅、红色圣地研学之旅、甘肃冬春美食之旅、冬春边塞观演之旅十大冬春主题旅游产品。

这些旅游产品是立足于甘肃丝绸之路旅游黄金段的定位和甘肃的冬春旅游资源优势设计的，涵盖了甘肃冬春季冰雪奇观、历史文化、自然风光、民俗活动等各方面。这是为了让广大农民群众饱览祖国的大好河山和优秀文化，在食、住、行、游、购、娱的旅游活动中，改变“猫冬”的习惯，养成积极健康的生活方式。

资料来源　刘能静.甘肃推出冬春季十大主题旅游产品［EB/OL］.［2018-12-17］. https://baijiahao.baidu.com/s?id=1620061287014055229&wfr=spider&for=pc.

思考：

（1）旅游产品的开发包括哪些内容？甘肃省旅游产品的开发属于哪一类？

（2）旅游产品开发策略有哪些？甘肃省旅游产品的开发策略有什么特点？

旅游产品是旅游经济的核心，所有的旅游活动都是围绕旅游产品而展开的。随着旅游市场的发展，旅游企业必须不断开发新的旅游产品迎合旅游市场的新需求。因此，旅游产品开发是每一个旅游经营者必须面对的问题。

一、旅游产品开发的内容

旅游产品开发是根据市场需求，对旅游资源、旅游设施、旅游人力资源及旅游景点等进行规划、设计、开发和组合的活动。它包括两个方面的内容：一是旅游目的地的规划和开发；二是旅游线路的设计。

（一）旅游目的地的规划和开发

旅游目的地是旅游产品的地域载体。一个特定的地区要成为旅游目的地，必须具备三个条件：一是要拥有一定数量的旅游资源，这种旅游资源可以满足旅游者某些旅游活动的需要；二是要拥有各种与旅游资源性质相适应的地面旅游设施和交通条件，旅游者可以借助这些设施从不同的地区顺利地到达旅游地并利用这些设施在该地停留；三是该地区具有一定的旅游需求流量。可见，旅游目的地是一种集旅游资源、旅游活动项目、旅游地面设施、旅游交通和市场需求于一体的空间复合体。

旅游目的地开发是在旅游经济发展战略指导下，根据旅游市场需求和旅游产品特点，对区域内的旅游资源进行开发，建造旅游吸引物，建设旅游基础设施，完善旅游服务，落实区域旅游发展战略的具体技术措施等。因此，旅游目的地开发就是在一定地域空间上开展旅游吸引物建设，使之与其他相关旅游条件有机结合，成为旅游者停留、活动的目的地。

任何一个旅游目的地在开发之前，原则上都应当编制旅游目的地总体规划。它是以区域旅游发展规划、社会经济发展规划、国土规划等为依据，综合研究旅游资源、客源市场和旅游发展条件，分析旅游目的地客源市场，确定旅游目的地主题形象、性质、环境容量及接待规模，划定旅游目的地用地范围及空间布局，统筹安排旅游目的地内各项建设用地和交通组织，合理配置各项旅游目的地服务设施、基础设施、附属设施和管理设施建设内容，提出开发实施战略，处理好发展与近期建设的关系，指导旅游的合理发展。其目的是确保旅游资源的优化配置，实现最佳利用价值，确保设计的旅游产品与实际旅游市场需求的一致性，确保旅游目的地的各项事业与区域社会、经济和环境协调发展。

旅游目的地开发通常可分为以下五种形式：

1.以自然景观为主的开发

这类开发以保持自然风貌的原状为主，但需要进行道路、食宿、娱乐等配套旅游设施建设，以及环境绿化、景观保护等。这类形式的开发必须以严格控制建设量和建设密度，不冲淡和破坏自然景观为前提，使人工造景建筑与自然环境协调一致。

2.以人文景观为主的开发

这类开发主要凭借丰富的历史文化古迹和现代建设成就，进行维护、修缮、复原等工作，使其具有旅游功能，如具有重要历史文化价值的古迹、遗址、园林等。这类开发一般需要高额的投资和维修费用。

3.在原有资源和开发基础上的创新开发

这类开发主要是利用原有资源和开发基础的优势，进一步扩大和新添旅游活动内容和项目，以达到丰富特色、提高吸引力的目的。

4.非商品性旅游资源的开发

非商品性旅游资源一般是指少数民族地方的民族风情、传统风俗、文化艺术等，虽然它们是旅游资源但还不是商品，本身并不是为旅游而产生，也不仅仅为旅游服务。对这类开发需要进行广泛的横向合作，与有关部门共同挖掘、整理、改造、加工和组织经营，在此基础上形成各种旅游产品。

5.利用现代科学技术成果进行的开发

这是运用现代科学技术所取得的一系列成就，经过精心构思和设计，创造出颇具特色的旅游活动项目，如未来世界等。现代科技以其新颖、奇幻的特点，融娱乐、游艺、刺激于一体，大大开拓和丰富了旅游活动的内容与形式。

（二）旅游线路的设计

旅游线路是旅游产品组合的重要形式之一，是旅游市场竞争的产物。许多旅游企业为了在日趋激烈的市场竞争中占据一席之地，充分发挥旅游资源的群体优势，将一些跨地区的旅游产品联合起来，形成一个比较完整的综合性旅游产品出售给旅游者，即一条旅游线路。这条旅游线路包含了旅游者从开始到结束旅游活动所需要的全部旅游产品。因此，旅游线路是指旅游企业根据客源市场的需求情况，将一定地区范围内的旅游资源产品、旅游交通产品、旅游食宿与娱乐产品、购物产品等多项旅游产品，按照特定的目的与方式联系起来而形成的一种综合旅游产品形式。旅游线路设计就是分析、选择、组合各种旅游产品的过程。

旅游线路设计对旅游市场营销有着非常重要的影响，旅游线路设计的水平直接影响旅游市场营销的效果。因为线路设计的优劣决定着产品在市场上的影响力与吸引力，从而决定了旅游者的购买量。对旅游者而言，旅游线路便于其更有针对性地选择旅游活动，有计划地安排旅游活动的有关事宜，如旅游时间、旅行交通方式、旅游费用等。对旅游企业或旅游区域而言，旅游线路有利于其有效地控制旅游流量，防止超负荷，也有利于其发挥旅游设施的效用，减少设施闲置造成的浪费。

旅游线路通常由两大部分构成：一是旅游线路的节点。节点是指具有相对完整旅游意义的区域，多指旅游城市或比较大的旅游景区。它反映了旅游线路的核心内容，属于旅游活动的“静态”部分，体现了旅游线路的等级、类型、特色，是旅游线路的主体，是精华所在。二是旅游线路节点之间的连接线路与连接方式。它担负着旅游者地域空间的转移，属于旅游“动态”部分。连接线路是指铁路、公路、水运、空运的交通网络。连接方式是指采用的交通运输工具。

旅游线路的种类可以从不同角度进行划分。

（1）按旅游线路的性质，可以分为普通观光旅游线路和特种专项旅游线路。

（2）按旅游线路的游程天数，可以分为一日游线路与多日游线路。

（3）按旅游线路使用的主要交通工具，可以分为航海旅游线路、航空旅游线路、内河大湖旅游线路、铁路旅游线路、汽车旅游线路、摩托车旅游线路、自行车旅游线路、徒步旅游线路，以及几种交通工具混合使用的综合型旅游线路等。

（4）按旅游线路使用对象的不同性质，可以分为包价团体旅游线路、自选散客旅游线路、家庭旅游线路等。

二、旅游产品开发的原则

在旅游产品的开发过程中，无论是对旅游地的开发，还是对旅游线路的设计，都首先要对市场需求、市场环境、投资风险、价格政策等诸多因素进行深入分析。通过对这些因素的分析和比较，可生产一系列设计方案和规划项目，再选择其中既符合旅游者的需要又符合目的地的特点，且具有竞争力的方案和项目进行开发。因此，对旅游产品的开发必须遵循以下原则：

（一）市场导向原则

旅游产品的开发必须从资源导向转换到市场导向，牢固树立市场观念，以旅游市场需求作为旅游产品开发的出发点。没有市场需求的旅游产品开发，不仅不能形成有吸引力的旅游目的地和旅游产品，而且会造成对旅游资源的浪费和生态环境的破坏。

树立市场观念，一是要根据社会经济发展及对外开放的实际状况，进行旅游市场定位，确定客源市场的主体和重点，明确旅游产品开发的针对性，提高旅游经济效益；二是要根据市场定位，调查和分析市场需求和供给，把握目标市场的需求特点、规模、档次、水平及变化规律和趋势，从而形成适销对路的旅游产品；三是针对市场需求，对各类旅游产品进行筛选，进行加工或再创造，然后设计、开发和组合成具有竞争力的旅游产品，并推向市场。

总之，树立市场观念，以市场为导向，才能使旅游产品开发有据有序、重点突出，确保旅游产品的生命力经久不衰。

行业感悟 2-2 **铁路部门以“游客思维”打造旅游新体验**

所谓“游客思维”，就是在产品开发时，要围绕游客的需求来开发旅游产品，目的是为旅游者营造一场独特且难忘的旅游体验。近年来，铁路部门紧紧围绕游客的需求，根据旅客出行规律，着力打造列车旅游新体验，让旅客出行更美好。

节假日增开周末线、高峰线，满足人们回家、走亲访友的基本需求。节假日的到来给忙于工作的人们带来了放松、休息的机会。而中国五千年文化源远流长，自古以来就是百善孝为先；佳琴易寻、知音难觅。这时我们便不自觉地想起了远方的亲人和好友，想着在假日里和家人、朋友一起谈人生、谈理想、叙旧等。为了满足人们的这一需求，铁路部门科学计划、统筹安排、精准调配，各个部门协调运作加开节假日旅客列车，最大限度保障人们能够前往心仪的目的地。

适时增开著名景点、旅游胜地的旅游专列，满足人们对说走就走、边走边游、惬意生活的需求。铁路部门为解决人们想一路游的心情，专门开行旅游专列为其出行提供方便。“赏花踏青旅游专列”“红色旅游专列”“研学旅行专列”“乡村旅游专列”等主题旅游产品不仅受到旅客好评，而且带动了地方消费增长。从此，说走就走、边走边游的想法，购买一张旅游专列的火车票便能够实现，因为从你所在的城市出发，火车途经的站点都是著名旅游景点，一趟旅游列车，串起了一路美景、美食和美好心情。

有规律地增开夜间高铁，满足人们对夕发朝至美好旅途的需求。曾几何时，我们希望如果晚上睡一觉，大清早就能够到达自己想到达的城市、见到自己心心念念想见到的人那该多好啊！如今，这个美好愿望铁路部门帮你现实了。铁路部门在高铁能实现“千里江陵一日还”的时候，更进一步为民着想，增开夜间高铁动卧满足人民对美好旅途的向往。

铁路部门产品开发中的“游客思维”，体现了“以人为本”的理念，通过更优质的服务、更精准的调配来满足人们的美好出行。铁路部门的做法，是习近平总书记“人民至上”理念在工作中的具体表现，彰显了企业责任担当和为民服务的初心，让游客的出行更舒心，让旅客的体验更美好！

资料来源 唐欢．“一日一图”，精心打造旅客美好旅途［EB/OL］．［2022-04-13］．http：//www.cermn.com/art434465.aspx.

（二）效益观念原则

旅游业作为一项经济产业，在其开发过程中必须始终把提高经济效益作为主要目标；旅游业又是一项文化事业，因而在讲求经济效益的同时，还必须讲求社会效益和环境效益。也就是说，要从旅游开发的总体水平考虑，谋求综合效益的提高。

树立效益观念，一是要讲求经济效益，无论是旅游地的开发，还是某条旅游线路的组合，或是某个旅游项目的投入，都必须先进行项目可行性研究，认真进行投资效益分析，不断提高旅游目的地和旅游线路投资开发的经济效益；二是讲求社会效益，在旅游目的地开发规划和旅游线路产品设计中，考虑当地社会经济发展水平，考虑政治、文化及地方习惯，考虑人民群众的心理承受能力，形成健康文明的旅游活动，并促进地方精神文明的发展；三是要讲求生态环境效益，按照旅游产品开发的规律和自然环境的可承载力，以开发促进环境保护，以环境保护提高开发的综合效益，从而形成保护—开发—保护的良性循环，创造和谐的生存环境。

（三）产品形象原则

旅游产品是一种特殊商品，是以旅游资源为基础，对构成旅游活动的食、住、行、游、购、娱等各种要素进行有机组合，并按照客源市场需求和一定的旅游线路而设计组合的产品。因此，拥有旅游资源并不等于拥有了旅游产品，而旅游资源要开发成旅游产品，还必须根据市场需求进行开发、加工和再创造，从而组合成适销对路的旅游产品。

树立产品形象观念，一是要以市场为导向，根据客源市场的需求特点及变化，进行旅游产品的设计；二是要以旅游资源为基础，把旅游产品的各个要素有机结合起来，进行旅游产品的设计和开发，特别是要注意在旅游产品设计中注入文化因素，增强旅游产品的吸引力；三是要树立旅游产品的形象，充分考虑旅游产品的品位、质量及规模，突出旅游产品的特色，努力开发具有影响力的拳头产品和名牌产品；四是要随时跟踪分析和预测旅游产品的市场生命周期，根据不同时期旅游市场的变化和旅游需求，及时开发和设计适销对路的旅游新产品，不断改造和完善旅游产品，从而实现旅游业的持续发展。

三、旅游产品开发策略

（一）旅游目的地开发策略

旅游目的地开发最直接的表现形式就是景区景点的开发建设。一个旅游目的地要进行旅游产品开发，首先必须凭借其旅游资源的优势，或保护环境，或筑亭垒石，或造园修桥，使之成为一个艺术化的游赏空间，让原有风光更加增辉添色，更符合美学欣赏和旅游功能的需要。旅游目的地开发策略根据人工开发的强度及参与性质可分为以下几种：

1.资源保护型开发策略

对罕见或出色的自然景观或人文景观，要求完整地、绝对地进行保护或维护性开发。有些景观因特殊的位置而不允许直接靠近开发，它们只能作为被观赏点加以欣赏，其开发效用只能在周围景区的开发中得以体现。对这类旅游目的地的开发，其要求就是绝对的保护或维持原样。

2.资源修饰型开发策略

对一些旅游目的地，主要是充分加以保护和展现原有的自然风光，允许通过人工手段，适当加以修饰和点缀，使风景更加突出，起到“画龙点睛”的作用。例如，在山水风景的某些地段小筑亭台；在天然植被风景中调整部分林相（林业术语，指各种植物群）；在人文古迹中配以环境绿化等。

3.资源强化型开发策略

这类开发是指在旅游资源的基础上，采取人工强化手段，烘托优化原有景观景物，以创造一个新的风景环境与景观空间。例如，在一些自然或人文景点上进行园林造景，修建各种陈列馆和博物馆，以及各种集萃园和仿古园等。

4.资源再造型开发策略

这类开发不以自然或人文旅游资源为基础，仅是利用其环境条件或设施条件人工再创造景点，另塑景观形象。例如，在非资源点上兴建民俗文化村、微缩景区公园等。

（二）旅游线路开发策略

旅游线路开发以最有效地利用资源、最大限度地满足旅游者需求和最有利于企业竞争为指导，遵循旅游产品开发的原则，充分运用以下组合策略：

1.全线全面型组合策略

全线全面型组合策略，即旅游企业经营多种产品线，推向多个不同的市场。例如，旅行社经营观光旅游、度假旅游、购物旅游、会议旅游等多种产品，并以欧美市场、日本市场、东南亚市场等多个旅游市场为目标市场。企业采取这种组合策略，可以满足不同市场的需要，扩大市场份额，但经营成本较高，需要企业具备较强的实力。

2.市场专业型组合策略

市场专业型组合策略，即向某一特定的市场提供其所需要的产品。例如，旅行社专门为日本市场提供观光、修学、考古、购物等多种旅游产品；或者以青年市场为企业的目标市场，开发探险、新婚、修学等符合青年需求的产品。这种策略有利于企业集中力量对特定的目标市场进行调研，充分了解其各种需求，开发满足这些需求的多样化、多层次的旅游产品。但由于目标市场单一、市场规模有限，企业产品的销售量会受到限制，因此在整个旅游市场中所占份额较少。

课堂互动2-4

结合大学生群体的旅游消费特点，思考如何开发满足其需求的旅游产品。

课堂互动2-4

答案提示

3.产品专业型组合策略

产品专业型组合策略，即只经营一种类型的旅游产品来满足多个目标市场的同一类需求。例如，旅行社开发观光旅游产品推向欧美、日本、东南亚等市场。因为产品线单一，所以旅游企业经营成本较低，易于管理，可集中企业资金开发和不断完善某一种产品，进行产品的深度加工，树立鲜明的企业形象。但是，采取这种策略使企业产品类型单一，增大了旅游企业的经营风险。

4.特殊产品专业型组合策略

特殊产品专业型组合策略，即针对不同目标市场的需求提供不同的旅游产品。例如，对欧美市场提供观光度假旅游产品，对日本市场提供修学旅游产品，对东南亚市场提供探亲访友旅游产品；或者经营探险旅游满足青年市场的需要，经营休闲度假旅游满足老年市场的需要等。这种策略能使旅游企业有针对性地开发不同的目标市场，使产品适销对路。但是，采取此种策略需要进行周密的调查研究，投资较多，成本较高。

项目测试

一、单选题

1.旅游产品是以（　　）形式存在的。

A.品牌　　B.沟通

C.广告　　D.服务

2.以下选项中，不属于旅游产品中核心产品的内容是（　　）。

A.对于观光旅游产品，游客所追求的是旅游目的地景点给自己带来的“观赏和享用”

B.激流探险旅游产品带给游客的是旅游过程的“刺激性体验”

C.休闲度假旅游产品给游客带来的是一段身心彻底放松的愉悦性体验

D.对个别游客提供的专门的医护服务，或特殊的语言翻译服务

3.（　　）是旅游吸引物的关键要素。

A.旅游者　　B.旅游产品

C.旅游资源　　D.旅游服务

4.旅游经营者应顺应市场需求的变化趋势，从（　　）的角度来设计销售产品。

A.政府　　B.游客

C.企业　　D.景区

5.旅游产品的互补关系，是由旅游需求的（　　）决定的。

A.综合性　　B.差异性

C.替代性　　D.同一性

6.下列选项中，不属于旅游产品成长期的市场特点是（　　）。

A.旅游景点、旅游地开发初具规模　　B.旅游设施、旅游服务逐步配套

C.旅游产品基本定型并形成一定的特色　　D.旅游产品的市场需求量已达饱和状态

7.旅游线路设计的目标是（　　）。

A.选择最佳路径　　B.注意劳逸结合

C.景观丰富多样　　D.追求最佳效果

8. 任何一个旅游目的地在开发之前，原则上都应当编制旅游目的地（　　）。

A. 总体规划　　B. 发展战略

C. 开发计划　　D. 开发定位

9. 以下选项中，不属于旅游产品开发的原则是（　　）。

A. 市场导向原则　　B. 效益观念原则

C. 产品形象原则　　D. 资源导向原则

10. 旅行社以青年市场为目标市场，开发探险、新婚、修学等符合青年需求的产品。这属于旅游线路开发的（　　）。

A. 全线全面型组合策略　　B. 市场专业型组合策略

C. 产品专业型组合策略　　D. 特殊产品专业型组合策略

项目测试 2-1

单选题

二、多选题

1. 以下选项中，属于基本旅游产品的有（　　）。

A. 住宿　　B. 交通

C. 餐饮　　D. 购物

2. 可进入性是旅游产品构成中的基本因素之一，可进入性的具体内容主要包括（　　）。

A. 交通的通达条件　　B. 通信的方便条件

C. 手续的繁简程度　　D. 当地社会的承受能力

3. 旅游产品结构的相互关系主要有（　　）。

A. 互补关系　　B. 互代关系

C. 利益关系　　D. 技术关系

4. 旅游产品结构的优化需要做（　　）工作。

A. 加强宏观调控，科学规划旅游资源开发

B. 推进新技术在旅游领域的应用

C. 丰富旅游产品的文化内涵

D. 重视旅游产品的升级换代

5. 延长旅游产品生命周期的营销策略主要有（　　）。

A. 旅游市场营销组合策略　　B. 旅游市场开拓策略

C. 旅游产品改进策略　　D. 旅游产品升级换代策略

项目测试 2-2

多选题

三、判断题

1. 单项产品和服务的消费，在时间上有明显的定点性，在空间上有明确的时序性。（　　）

2. 核心产品是指旅游者购买产品的基本需求效用和利益。（　　）

3. 时尚旅游产品的生命周期包括导入期、成长期、成熟期和衰退期。（　　）

4. 市场开拓策略就是为成熟期的旅游产品寻找新的顾客，开发新的市场。（　　）

5. 旅游业是一项文化事业，因而在讲求经济效益的同时，必须讲求社会效益和环境效益。（　　）

项目测试 2-3

判断题

四、简答题

1. 小马国庆节准备到云南去旅游，她到山西商务国旅门市部去咨询，李经理接待了她。李经理问："你到云南是度假，还是观光呢？"接着给出三条旅游线路。

A线路：昆明—大理—丽江双飞6日游

B线路：丽江古城双飞6日游

C线路：西双版纳—昆明—丽江四飞8日游

小马表示，她只想订双飞机票和酒店，其他事项由自己做主。

请问：在上述信息中，哪些是单项旅游产品？哪些是组合旅游产品？哪些是整体旅游产品？

2. 旅游产品作为一种体验性极强的产品，产品附加值的竞争意义尤其重大。在2019年12月举办的中国国际旅游交易会上，国内首个省级文旅IP"云南云"亮相。"云南云"作为旅游整体IP形象，整合了腾讯文化业务与云南的旅游资源，是全域旅游与品牌化结合的新探索。

项目测试2-4

简答题

请思考：消费升级之下，该如何提升旅游产品价值？

实战演练

1. 现在市场上出现许多网红旅游产品，但大多数网红旅游产品的生命周期都很短，你认为应该如何延长网红旅游产品生命周期。

2. 北京故宫博物院通过成功的IP塑造成为网红之后，也带动着国内其他博物馆奋力往前追赶。通过文创产品、娱乐营销、IP打造等方式，借助新渠道、新媒体，一贯高冷的博物馆开始吸引越来越多的游客前来打卡。在文旅融合时代，各地博物馆应该如何适应时代的需求开发受欢迎的文旅产品？

3.《"十四五"旅游业发展规划》提出："坚持标准化和个性化相统一，优化旅游产品结构、创新旅游产品体系。"列举了旅游产品的创新方向：世界级旅游景区和度假区、国家的旅游休闲城市和街区、乡村旅游、红色旅游、自驾车旅居车旅游、冰雪旅游、研学实践活动、邮轮游艇旅游、低空旅游。结合你所在的省份，说明这些旅游产品的创新情况。

推荐阅读

1."十四五"旅游业发展规划（国发〔2021〕32号）.

2. 黄宝辉.旅行策划（中级）[M]. 北京：高等教育出版社，2022.

3. 訾谦.高铁旅游，让诗和远方近在眼前 [N]. 光明日报，2020-10-08（5）.

4. 刘博士.高标准推进文旅深度融合 [N]. 光明日报，2021-02-05（8）.

5. 韩梦蕾."IP+旅游"模式下如何打造创新旅游产品 [J]. 商场现代化，2017（21）.

3 项目三 发现市场规律：旅游需求与供给

项目概述

旅游需求和旅游供给是旅游产品生产和交换过程中的一对重要经济范畴。旅游需求是社会经济发展的产物，是旅游经济活动的前提；旅游供给则是旅游需求的伴生物，有需求必然有供给。本项目把旅游需求与供给结合起来，着重阐述旅游需求与供给的概念、特征及影响因素，揭示旅游需求与供给的内在规律及弹性，探讨旅游供求的矛盾运动及平衡的调控方法。

项目导图3-1

项目三

项目目标

知识目标

- 了解旅游需求、供给的定义及特点；
- 熟悉旅游需求、供给的影响因素；
- 掌握旅游需求、供给规律；
- 掌握旅游需求、供给弹性；
- 了解旅游供求矛盾运动及调控手段。

能力目标

- 能够计算旅游需求、供给弹性；
- 能够结合旅游供求矛盾进行供求调控。

素养目标

- 能够结合我国旅游需求的增长情况，使学生明白这是中国特色社会主义道路发展的结果，践行社会主义核心价值观，坚定道路自信；
- 能够通过我国旅游供给情况，使学生感知祖国的锦绣河山，坚定民族文化自信，通过红色旅游产品供给，培养学生的爱国情怀；
- 能够通过旅游供求矛盾，使学生树立唯物辩证观。

任务一　旅游需求

任务导入

找准旅游需求，彰显全域旅游特色

2019年，上海全域旅游工作取得阶段性成果。黄浦区、松江区全力推进旅游规划全域覆盖、旅游产业全面融合、旅游要素全域配套，取得明显成效，成功创建首批国家全域旅游示范区；聚焦“建筑可阅读”，黄浦、静安、徐汇、长宁、虹口、杨浦6个中心城区设置二维码的老建筑从400余处增至1 300余处，开放建筑从近百处增至1 088处，推出87条建筑微旅行线路和百余种文创产品，初步实现能读、能听、能看、能游，前10个月累计接待游客1 358万人次。

乡村民宿服务品质获得提升，浦东、金山、奉贤、青浦、嘉定、崇明等区的60家乡村民宿获得“准生证”，全市评出五星级民宿8家、四星级民宿11家、三星级民宿11家，同时还组织开展“乡村民宿体验周”、在线旅游平台专题推介等活动。“一部手机游上海”的正式上线创新了“大数据+智能化+互联网”的公共服务模式，汇集了旅游、美食、会展、文化、购物、体育、医疗、科教、交通等资源，实现了一站式、便捷化服务，成为展示上海形象的新窗口、新名片。

上海市的主要做法有：找准旅游需求的切入点，彰显全域旅游特色，挖掘更多能体现国际风范、彰显中国元素、具有上海特色的文化旅游产品，讲好中国故事和上海故事；提高旅游产品的参与度和体验度，让更多游客感受到愉悦、乐趣；通过体制创新、产品创新、服务创新，来实现“食、住、行、游、购、娱”的高水平供给；不断提高旅游服务水平，特别是提高旅游公共服务能级，在旅游咨询、旅游厕所、旅游导览系统建设上精益求精；积极提高旅游文创产品的研发能力，打造“上海礼物”等旅游纪念品；开发旅游咨询二维码，在各类历史建筑、名人故居、旅游景点实施应用。

资料来源　黄艺芹.找准旅游需求，彰显全域旅游特色［N］. 中国文化报，2019-12-11（7）.

思考：

（1）旅游需求的产生条件有哪些？上海市是如何找准旅游需求的？

（2）旅游需求有哪些特点？上海市的旅游特色符合哪些特点？

需求是指消费者在某一时期内和一定市场上按照某一价格愿意并且能够购买的某商品或劳务的数量。需求是产生人类一切行为的原动力。当人们产生对休闲、度假、游览、观光等旅游欲望时，则意味着人们将产生旅游需求。旅游需求是旅游市场形成的基础，缺乏旅游需求，旅游经济活动运行的市场基础就不牢固，旅游产品价值实现就会遇到障碍，因此要实现旅游经济活动运行的良性循环，必须时刻关注旅游需求及其变化趋势，激发更多的现实旅游需求，引导和创新与旅游需求相适应的旅游产品和服务。

一、旅游需求的概念

旅游需求是人们为了满足外出旅游的欲望而产生的对旅游产品的需求量。从旅游经济的角度来看，旅游需求是指在一定时期内、一定价格水平上，旅游者愿意并能够购买的旅游产品的数量，即某一价格水平下所有旅游者对旅游产品需求数量的总和。简而言之，旅游需求就是旅游者对旅游产品的需求。旅游需求的必要条件有：旅游者愿意购买和旅游者具有支付能力。正确理解这一概念，必须掌握好以下几点：

（一）旅游需求表现为旅游者对旅游产品的购买欲望

旅游需求作为旅游者的一种主观愿望，其表现为旅游者对旅游活动渴求满足的一种欲望，即对旅游产品的购买欲望，这是激发旅游者的旅游动机及行为的内在动因。但旅游需求并不是旅游者实际购买的旅游产品数量，它只表现为对旅游产品的购买欲望，这种购买欲望能否实现则取决于旅游者的支付能力及旅游经营者提供旅游产品的数量。

（二）旅游需求表现为旅游者对旅游产品的购买能力

购买能力是指人们在其收入中用于旅游消费支出的能力，即旅游者的经济条件。旅游者的经济条件，通常用个人可支配收入来衡量。在其他条件不变的情况下，个人可支配收入越多，人们对旅游产品的需求就越大。此外，一定的旅游产品价格也是影响旅游者购买能力的重要因素。因此，旅游者对旅游产品的购买能力，不仅表现为旅游者消费旅游产品的能力及水平，而且是旅游者的购买欲望转化为有效需求的重要前提条件。

（三）旅游需求表现为一种有效需求

由于旅游消费是一种异地特定时期内的消费活动，具有不同于一般产品消费的异地性和时限性，因此定义旅游需求时必须加入时间因素。据此，旅游需求可分为有效或现实的旅游需求和受抑制的旅游需求。有效或现实的旅游需求，是指具有一定支付能力和闲暇时间的人们在一定时期内，愿意按照一定旅游价格购买的旅游产品的数量；受抑制的旅游需求，是指那些因各种原因在一定时期内不能或暂缓购买旅游产品的需求状态，它又分为潜在旅游需求和延缓旅游需求。延缓旅游需求，是指那些已具备旅游基本条件，但由于主客体方面的原因而推迟的旅游需求。例如，在主体方面，人们可能因家中有患病成员或幼小子女而不能出游；在客体方面，旅游目的地供给条件不足或发生流行病等也会使人们出游的时间推后。在旅游市场中，有效的旅游需求是指既有购买欲望，又有支付能力的需求，它反映了旅游市场的现实需求状况，因而是分析旅游市场变化和预测旅游需求趋势的重要依据，也是旅游者制定经营策略的出发点。凡是只有旅游欲望而无支付能力或者只有支付能力而无旅游欲望的需求均称为潜在需求。前一种潜在需求只能随社会生产力的发展和人们收入水平的提高，才能逐渐转换为有效需求。后一种潜在需求则是旅游经营者应开发的重点，即通过有效的市场营销策略，如广告、宣传、人员促销等，使其能够转换为有效的旅游需求。

二、旅游需求的特征

旅游需求是人类需求的重要组成部分，它既有人类需求的一般特征，又具有不同于人类一般需求的特殊性。由于旅游需求是人们消费需求中的一种高层次需求，因此旅游需求具有区别于其他需求的以下特征：

（一）旅游需求的整体性

旅游需求的整体性是指旅游者对旅游产品需求的整体性，其与旅游产品的整体性是密切相关的。从提供者角度来说，旅游产品具体表现为一条旅游线路，在这条线路上，食、住、行、游、购、娱等多种服务均提供并构成一个整体，以满足游客的需求。从游客购买的角度来说，旅游产品是通过一次旅游而得到的经验和体验。旅游需求的整体性要求旅游产品提供者必须合理组织和安排整个旅游活动，注重全过程的服务质量，提高游客满意度。

（二）旅游需求的多样性

旅游需求的多样性是指人们在选择旅游地、旅游方式、旅游等级、旅游时间和旅游类型等方面存在差异性。不同的游客，由于在职业、年龄、性别、受教育程度、社会地位、消费习惯和旅游偏好等方面不尽相同，因此其旅游需求也是多种多样的。旅游活动是人们为了满足需求，暂时外出以改变生活方式和生活场所的一种形式。由于人们的需求是多样的，因此旅游需求也表现为一种多样性的需求。人们可能为了好奇、学习而旅游；可能为了身体健康、治疗疾病而旅游；可能为了公务、经商、洽谈业务而旅游；可能为了躲避压力而旅游；也可能为了满足冒险、刺激、浪漫生活而旅游，等等。总之，由于人们的个性不同、生活条件不同、经济收入不同，以及所处社会环境的影响，产生了各种各样的旅游需求。旅游供给者设计开发旅游产品时，要结合企业的特点，考虑需求的多样性，使自己的产品具有差异化，从而更好地满足目标市场的需求。

（三）旅游需求的指向性

旅游需求的指向性包括旅游需求的时间指向性和旅游需求的地域指向性。

旅游需求的时间指向性是指旅游需求在时间上具有较强的季节性，这种季节性来源于两个方面：在旅游客源地方面，不同的国家或地区有不同的社会风俗习惯和休假制度，闲暇时间的空间分布会有较大的区别；在旅游目的地方面，受风俗习惯及自然条件的限制，旅游目的地的人文及自然吸引物在不同季节往往表现出截然不同的吸引力，有些吸引力自身的存在与否可能有一定的季节性。旅游客源地和旅游目的地的双重作用会形成旅游需求的时间指向性，表现为旅游目的地的旅游者流量呈现出旅游淡季、平季和旺季的差别。

旅游需求的地域指向性是指旅游需求在空间上具有较强的冷热性，这种冷热性来自两个方面：从旅游客源地来说，旅游需求的地域分布表现为旅游者流向的地域集中性，即多数游客流向风景名胜地区和文化特色显著地区；从旅游目的地来说，旅游需求在地域上表现为旅游热点地区和旅游冷点地区并存，即多数到访游客往往集中在交通发达、旅游设施安全、旅游吸引物知名度高的地区。

因此，旅游目的地国家或地区应根据“淡旺季”“冷热点”的不同特点作出合理安排，努力挖掘淡季和温冷点的市场需求，使供给和需求在季节和地域上向均衡化方面发展。

（四）旅游需求的可诱导性

旅游需求是高层次的需要，旅游消费是人们在满足了基本生活条件后的高层次消费，并且这种消费具有一定的时尚性，通过诱导可以激发人们旅游消费的欲望。旅游产品的消费是旅游者到旅游地的消费，旅游产品主要是服务产品，而服务具有无形性和不可转移性，并且旅游者在购买之前对旅游产品缺乏全面的了解，因此容易受个人情感、广告宣传、亲朋好友的口碑等因素的影响。旅游地、旅游企业可以通过各种旅游营销活动，激发旅游需求，创造旅游需求，诱导旅游需求。

（五）旅游需求的高弹性

尽管旅游业发展很快，旅游活动越来越普遍化，但旅游需求毕竟还没有成为人们生活中的基本需求。对多数游客而言，旅游仍是一种高层次的闲暇消遣性活动。政治社会环境、自然经济环境和任何主观因素的变化都会引起旅游需求的变化。同时，旅游产品具有较强的替代性，如果某一市场发生变化，游客就可以选择另一市场出游，如国际旅游市场发生变化，游客可以转向国内旅游市场。正是由于游客对各种因素变动的反应极其敏感，从而决定了旅游需求具有高弹性。

三、旅游需求的产生条件及影响因素

（一）旅游需求的产生条件

旅游需求的产生条件包括主观条件和客观条件两个方面。

1.主观条件

旅游动机是旅游需求产生的主观条件。人类在自身的生存和发展中过程产生了各种各样的需要，其中就包括旅游的需要。美国心理学家马斯洛认为人们的需求有五个层次，即生理需求、安全需求、社交需求、自尊需求和自我实现需求。随着低层次需求得到满足，人们就会追求高层次的需求，而为满足高层次社交、自尊及自我实现的需求，就会激发人们的旅游需求。例如，探亲访友、考察学习、疗养度假、旅行观光、揽胜探奇等。从心理学的角度来看，人们在旅游需求的驱使下会进一步产生旅游动机，进而产生旅游的具体行为；从经济学的角度来看，人们首先要有旅游的需要，然后才能进一步产生购买旅游产品的意愿，进而做出购买旅游产品的行为。因此，无论从哪一个角度来看，任何与旅游相关行为的发生，都必须以旅游需要的存在为前提。也就是说，如果没有对旅游活动的需要这一心理动力，旅游需求是不可能产生和实现的。旅游需要一旦被人们意识到，便会以动机的形式表现出来。因此，从这个意义上来说，旅游动机是旅游需求产生的主观条件。

2.客观条件

现代旅游需求的产生，既有主观因素，也有客观条件。从客观上来讲，旅游需求是科学技术进步、生产力提高和社会经济发展的必然产物。其中，可支配收入的提高、闲暇时间的增多及交通运输条件的现代化是产生旅游需求的三个要素。

（1）可支配收入的提高是产生旅游需求的前提条件。可支配收入，是指人们从事社会经济活动而得到的个人收入扣除所得税的余额，是人们可以任意决定其用途的收入。可支配收入的高低受多种因素的影响，居民所在国或地区的经济社会的整体发展水平直接影响着人们的可支配收入。另外，人们的职业及其家庭结构也是一个重要因素。随着社会经济的发展，人们的收入增加、生活水平不断提高，消费层次和消费结构也发生着很大的变化，导致人们对旅游的需求日益增长。一般来讲，在可支配收入一定的条件下，人们用于衣、食、住、行及其他方面的支出比例基本不变。但是，随着可支配收入的增加，人们用于衣、食、住、行等方面的支出就会相对减少，而用于其他方面的支出则相对增加。因此，可支配收入的提高不仅是产生旅游需求的前提，而且对旅游的出行距离及内容等也具有决定性的影响。

经济广角 3-1　收入对旅游的影响

马蜂窝旅游网发布了一份《旅游账单2.0：全球旅游消费报告2019》（以下简称《报告》），对国民在全球范围内的旅游消费进行了深入的分析和解读。

《报告》中指出，2018年全国人均可支配收入增长6.5%，与此同时恩格尔系数降至28.4%，包括旅游消费在内的服务消费持续提升。旅游正在成为国民日常生活中不可或缺的一部分。数据显示，63%的国民每年在旅游上的花费超过万元。从消费占比来看，56%的国民旅游花费占生活总消费的20%以上。

经济收入水平的提升不仅体现在消费结构的变化上，还体现在对年轻人的影响上。数据显示，70后第一次出国游的平均年龄在30岁，处于已经工作并有了一定经济条件的阶段。而95后第一次出国游的平均年龄在18岁，处于刚上大学的阶段。

另外，文化旅游深受游客喜爱，已成为新的旅游趋势，旅游演艺、博物馆、人文气息浓厚的景点等成为年轻游客间新的热门项目。

资料来源　佚名.马蜂窝旅游账单2.0：全球旅游消费报告2019［EB/OL］.［2019-08-16］. https：//www.sohu.com/a/363425964_100176301.

（2）人们闲暇时间的增多是产生旅游需求的必要条件。旅游活动必须花费一定的时间，没有时间就不能形成旅游行为，因而闲暇时间是构成旅游活动的必要条件。旅游需求量与闲暇时间呈正向变化。闲暇时间对旅游需求量的影响以人们的可自由支配收入达到一定水平为前提。在其他条件具备的前提下，人们的闲暇时间越多，对旅游产品的需求量就越大；闲暇时间越少，旅游需求量就越小；闲暇时间不足或没有闲暇时间，旅游需求量也就无从谈起。一般来说，人们的闲暇时间可分为以下基本类型：每日工作之余的闲暇时间、周末的闲暇时间、法定假期、带薪假期。支撑旅游需求的闲暇时间主要是周末的闲暇时间、法定假期、带薪假期。随着社会生产力的发展和劳动生产率的提高，人们用于工作的时间相对减少，闲暇时间则不断增多，特别是许多国家和企业推行带薪休假制度，使人们的闲暇时间越来越多。有的国家或地区年休假日高达140天，占全年1/3的时间。于是，人们不仅产生短期休闲旅游，以度过美好的周末，而且逐渐增加远程旅游及国际旅游，到世界各地游览、观光，到风景名胜区消闲度假。因此，闲暇时间的增加是产生旅游需求必不可少的条件。

（3）交通运输的现代化是旅游需求产生的“催化剂”。任何旅游活动都离不开一定的交通运输条件，特别是远程旅游及国际旅游，更讲求交通运输条件的舒适和方便。现代科学技术的进步，为人类提供了便利的交通运输条件，从而促进了旅游需求的产生和旅游业的发展。现代航空运输业的发展，极大地缩短了旅游的空间距离；大型民航飞机、高速公路、空调客车、高速列车等交通运输的现代化，促使旅游者在旅游活动过程中的空间移动更加舒适、方便和安全。这不仅有效地刺激了人们的旅游需求，“催化”了人们的旅游行为，而且缩短了旅途时间，减少了途中的劳累及单调，进一步加快了国际旅游业的发展，使旅游业进入一种全球化发展的新趋势。

经济广角 3-2　　智慧交通让“远方”更易抵达

足不出户就能查询最优出行方案、购票选座；旅游途中，动动手指就能找到厕所、停车场……这些都是智慧化交通为游客带来的便捷。大交通网络的日益完善，让“远方”变得更容易抵达。

《“十四五”旅游业发展规划》提到，优化重点旅游区域机场布局，规划建设一批对沿线旅游发展具有重要促进作用的干线铁路、城际铁路和资源开发性支线铁路，强化交通网“快进慢游”功能。“交通体系的进一步完善对文旅行业最明显的影响就是让出游更便捷、更高频。这对中西部地区的影响尤为明显。”驴妈妈旅游网相关负责人表示，中西部空间辽阔，高铁降低了游客出行的时间成本，出游舒适性也更好。由此，可以带动游客将更多时间花在目的地景区、餐饮等消费上，增加过夜消费，进一步优化了旅游结构。此外，像杭黄高铁、成贵高铁、合福高铁等沿线都是最美风景线，不但让沿线以往知名景区客流增大，一些相对不知名的景区、村庄也进入游客视角，成为打卡点。

《“十四五”旅游业发展规划》对交通智慧化和完善大交通网络都有涉及。记者了解到，旅游企业在智慧交通方面的探索主要集中在利用技术优势便利游客出游方面。

资料来源　佚名.旅游和交通融合，旅游企业的机会有哪些？[EB/OL].[2022-03-21]. https://www.sohu.com/a/531575389_121106869.

总之，不论是主观因素还是客观条件，它们都是激发人们旅游需求的动因。因此，分析这些因素和条件，不仅可以知道旅游需求产生的内在必然性，还可以分析和预测旅游需求的发展及变化趋势。

（二）影响旅游需求的因素

旅游需求除了受到收入水平、闲暇时间及交通条件的直接作用外，还受其他因素的影响，其他影响旅游需求的因素包括三个方面：一是旅游客源地的推力因素；二是旅游目的地的拉力因素；三是旅游客源地与目的地之间的互动因素。

1.旅游客源地的推力因素

旅游客源地推力又称旅游市场引发力，它与旅游需求量的大小成正方向变化，推力越大，需求量越大；反之，则相反。旅游客源地的推力因素主要包括以下方面：

（1）客源地经济状况、趋势及对国民收入的影响。客源地经济状况及其发展趋势不仅影响当期旅游需求量的多少，更重要的是影响居民对未来收入的预期，进而影响未来旅游需求量的变化。

（2）政府对国民旅游的态度和政策。国民旅游包括居民国内旅游和国际旅游。政府对国民旅游的态度和政策直接影响到国内和国际旅游市场需求量的大小。

（3）人口数量、结构与偏好。在旅游偏好比例既定的静态情况下，总人口数越大，旅游需求量也越大。随着社会生产力的发展，人们的生活水平不断改善，参加旅游的人数也越来越多。从国际旅游比较中可以看出，一个国家人口数量越大，则参与国际旅游的人数越多，对旅游产品的需求量也相应增多。

人口结构是指人口的年龄、性别、职业、文化水平等。从人口年龄的构成来看，不同年龄的人对旅游有不同的需求。一般青少年精力充沛，渴望外出旅游，但往往受经济收入不多的限制；中年人虽然也精力旺盛，且有工资收入及带薪假日，但又受家庭拖累；老年人既有经济收入，又无家庭拖累，有较多的旅游需求，但又常常受身体健康条件的限制。从人口性别上来看，一般男性旅游者的人数比女性旅游者要多。但随着社会经济的发展，女性的出游率也在不断上升。从职业构成来看，由于人们的工作性质不一样，因此人们的收入水平、闲暇时间及公务出访机会也不一样，从而旅游需求类型、等级、旅游时间及距离也会不同。通常，公务员、企业家、商务人员及自由职业者出差的机会较多；科技人员、教师及医务人员进行学术交流的机会较多。人口素质也同旅游需求密切相关。通常，旅游者的文化素养及受教育程度直接影响旅游需求的变化。一方面，旅游产品是一种综合性的产品，这要求旅游者必须具备一定的文化知识，才能够对各种旅游名胜古迹、旅游方式、旅游内容作出合理选择；另一方面，受过教育且文化素养较高的人，一般社会地位较高，因此对世界各地情况了解的愿望也更强烈，从而刺激产生了更多的旅游需求。

旅游偏好是指旅游者趋向于某一旅游目标的一种心理倾向。它是建立在对目标对象评价和认知的基础上的。旅游目标包括旅游目的地、各种旅游吸引物、旅游者旅游过程中涉及的交通工具、饭店、旅行社、出行方式等，这种倾向取决于人们对该旅游目标所持态度的稳定性和对该旅游目标所拥有的信息量和信息种类的多少。

另外，人口分布的城乡状况也对旅游需求产生影响。在旅游偏好动态的情况下，城市化程度越高，接受旅游新观念的趋势就越明显。城市化程度对旅游需求的影响主要体现在出游率和出游消费等级上。一般来讲，城市居民要求旅游的数量要比农村多得多。这是因为城市居民收入一般比乡村居民较高，具有产生旅游需求的经济基础。同时，城市人口较稠密，环境质量较差，迫使城市居民外出旅游以寻求环境的调节。此外，城市发达的交通条件、灵敏的信息及其他条件，也使城市居民的出游率较农村高得多。

2.旅游目的地的拉力因素

旅游目的地拉力又称旅游市场吸引力，它与旅游需求量的大小成正方向变化。旅游目的地的拉力因素主要包括以下方面：

（1）旅游供给因素。目的地的旅游供给状况在很大程度上决定着旅游需求能否实现以及能够在多大程度上实现。从旅游目的地的角度来看，目的地的旅游供给状况还决定着旅游需求的规模、类型和结构。在影响旅游需求的旅游供给因素中，首要是旅游吸引物的赋存状况，它是目的地发展旅游业的核心依托。旅游吸引物的丰富程度、类型、质量状况等对旅游目的地的旅游吸引力起着决定性作用。观光型旅游产品具有全球性吸引力，度假型旅游产品具有区域性吸引力，人造景观（及游乐型）旅游产品具有地区性吸引力。旅游吸引力的强弱还取决于以旅游吸引物为依托开发而成的旅游产品与旅游者需要能否有效耦合。只有树立以资源为基础，以市场为导向的指导思想，明确吸引物与旅游产品的区别，明确资源优势与旅游经济优势的区别，致力于合理的产品开发，才能不断提高目的地的吸引力，更好地引导和刺激旅游的增长。

（2）其他供给因素。影响旅游需求的其他供给因素还包括目的地政府的旅游政策、政治状况、旅游设施完善程度、旅游交通条件、旅游服务水平、旅游促销能力和目的地居民友好态度等。

3.旅游客源地与目的地之间的互动因素

（1）两地之间的经济距离。经济距离是指旅游者从客源地到目的地往返的旅行时间和交通费用的综合，是衡量旅游目的地的旅游吸引力的重要指标。

在旅游市场上，随着旅游客源地与目的地之间经济距离的逐渐加大，旅游需求量会呈现逐渐递减的变化趋势，这就是旅游需求的距离衰减规律。

（2）两地之间的文化距离。文化距离是指客源地与目的地之间以语言为主要特征的文化差异程度，主要包括语言差异、生活习惯差异、社会文化差异等。一方面，客源地与目的地之间的文化距离可以满足人们的好奇心，文化的差异构成旅游的推动力；另一方面，这种文化距离也可能使人产生不安和恐惧，成为旅游行动的障碍。

（3）货币汇率。汇率是反映两个国家货币之间的比价。如果目的地国的货币相对客源国贬值了，则意味着该国旅游价格下降了，从而可能增加来自特定国家的国际旅游需求；如果目的地国的货币相对客源国升值了，则意味着该国旅游价格相对上涨了，从而可能减少来自特定国家的国际旅游需求。

（4）通货膨胀程度。通货膨胀通过改变相对价格来影响旅游需求。汇率不变的情况下，目的地发生通货膨胀，意味着旅游价格上升，需求减少。当一个旅游目的地的通货膨胀程度高于其他目的地国时，将在旅游价格横向比较中处于劣势，从而影响对潜在旅游者的价格吸引力。

（5）政治因素。国际旅游需求的实现需要有一个良好的外部环境，其中最重要的就是政治环境，它包括客源国与目的地国各自的政治环境以及客源国与目的地国之间的政治关系。客源国的政局稳定，政府对出境旅游限制少将有助于出境旅游需求的产生与实现；目的地国政局稳定，社会治安良好，政府对发展旅游业大力支持等也将有助于提高目的地国的旅游拉力。若两国政治关系良好，则旅游往来也会相应繁荣，反之亦然。

行业感悟 3-1　**多因素影响，旅游行业需求旺盛**

改革开放四十多年来，我国旅游业发生了天翻天覆地的变化，这是中国共产党领导下坚持中国特色社会主义道路的发展结果，从居民收入的增长到城镇化进程加快，从高铁的发展到私家车的普及，从休假制度的落实到消费观念的转变，再加上政府各项旅游政策的出台，多因素影响，让我国旅游行业需求旺盛，迎来行业快速发展态势。

收入增长，旅游需求旺盛。居民收入的增加推动了旅游需求的增加，收入是旅游需求的基础，只有当收入达到一定程度，人们对旅游的需求才会产生。

城镇化进程加快打开旅游需求市场空间。城镇居民的可支配收入高于农村居民的可支配收入。从旅游人次和旅游消费来看，城镇居民的旅游人次超过农村居民的旅游人次。我国人口基数庞大，城镇居民消费能力远高于农村居民，未来随着城镇化进程加快，城镇居民数量持续增加，旅游消费需求市场空间将会被进一步打开。

交通便利，降低出行成本，有助于释放周边旅游需求。交通网络的完善，改善了出行交通堵塞的状况，提升了人们开展国内周边游、周边出境游的意愿。目前，国内周边游以高铁和汽车为主要出行方式，其中高铁又是较受欢迎的出行方式，私家车数量稳定增长，周边自驾游也成旅游热点。

休假制度的落实使旅游时间得到保障。两天半的周末休假制度逐步推广，加上带薪休假制度的落实，人们周末休闲时间得到保障，也推动了周边旅游的发展。

旅游服务业是第三产业，随着“来一场说走就走的旅行”等消费观念的宣传，乘着政策的东风，旅游行业将迎来快速发展阶段。

资料来源 佚名.多因素考虑，我国旅游景区行业需求旺盛［EB/OL］.［2018-03-14］. http://www.leadingir.com/trend/view/703.html.

四、旅游需求规律

旅游需求的产生和变化受多种因素的制约和影响，但对旅游需求具有决定性影响的因素主要是旅游产品价格、可支配收入及闲暇时间。

（一）旅游需求量与旅游产品的价格呈反向变化

旅游产品价格是决定和影响旅游需求的基本因素。在影响旅游需求的其他因素不变的情况下，旅游需求量总是随旅游产品价格的涨落而发生相应的变化。当旅游产品价格上涨时，旅游需求量就会下降；当旅游产品价格下跌时，旅游需求量就会上升。根据旅游需求量与价格的关系，可以在坐标图上绘出旅游需求价格曲线（如图3-1所示）。

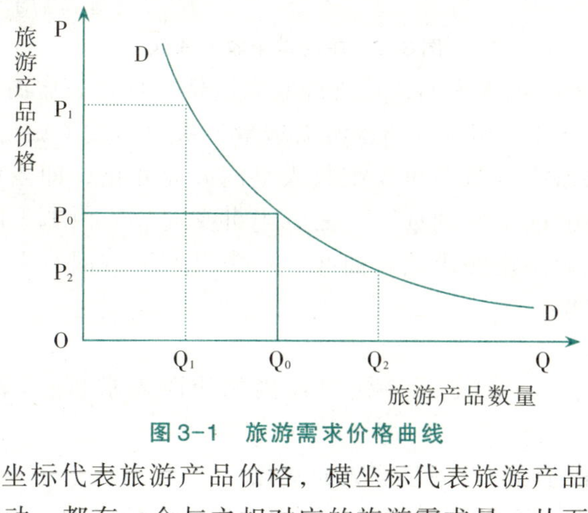

图3-1 旅游需求价格曲线

在图3-1中，纵坐标代表旅游产品价格，横坐标代表旅游产品数量，在坐标图中旅游产品价格的任一变动，都有一个与之相对应的旅游需求量，从而形成了旅游需求价格曲线（D—D）。该曲线表明：旅游需求量与旅游产品价格呈负相关关系，即当旅游产品价格从P_0下降到P_2时，旅游需求量从Q_0上升到Q_2；当旅游产品价格从P_0上涨到P_1时，旅游需求量从Q_0下降到Q_1，因此旅游需求价格曲线是一条自左上向右下倾斜的曲线。此关系用函数式可以表示为：

$Q_d = f(P)$

式中：Q_d表示一定时间内的旅游需要量；P表示该时期内旅游产品的价格；f表示二者之间的函数关系。

导致旅游需求量与旅游产品价格反方向变动的现象可以用替代效应和收入效应来解释。替代效应强调了一种商品价格变动对其他商品相对价格水平的影响，而收入效应强调了一种商品价格变动对实际收入水平的影响，旅游需求量与旅游价格之间的反向变动关系正是这两种效应共同作用的结果。

（二）旅游需求量与可支配收入呈同方向变化

人们的可支配收入与旅游需求也有着密切的联系。因为旅游需求是一种有效需求，而有效需求必须是具有支付能力的需求。如果人们仅有旅游欲望而无支付能力，是不可能形成有效需求的。通常，人们的可支配收入越多，对旅游产品的需求量就越大。因此，可支配收入同旅游产品之间存在正相关关系，图3-2就是旅游需求收入曲线。

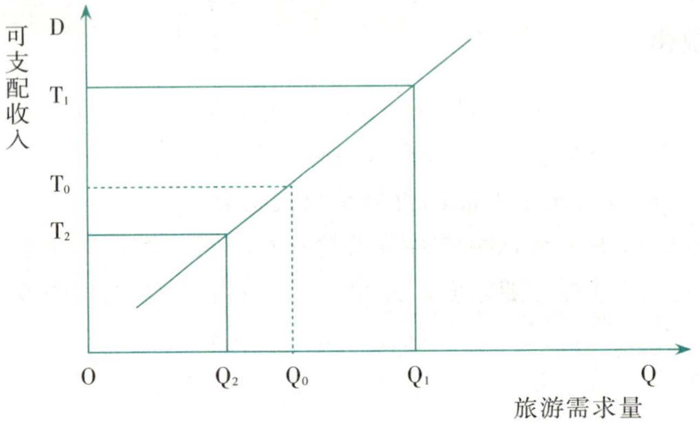

图3-2 旅游需求收入曲线

在图3-2中，纵坐标代表人们的可支配收入，横坐标代表旅游需求量，可支配收入的任一变化，都有一个与之相对应的旅游需求量，从而形成了旅游需求收入曲线（D—D）。该曲线表明：旅游需求量与可支配收入呈同方向变化，即当可支配收入由T_0上升到T_1时，旅游需求量由Q_0上升到Q_1；反之，当可支配收入由T_0下降到T_2时，旅游需求量由Q_0下降到Q_2，因此旅游需求收入曲线是一条自左下方向右上方倾斜的曲线。此关系用函数式可以表示为：

$I = f(Q)$

式中：I表示可支配收入；Q表示一定时期内的旅游需求量；f表示二者之间的函数关系。

（三）旅游需求量与闲暇时间呈同方向变化

旅游产品的消费是一种特殊的消费，必须占用一定的时间。尽管人们的闲暇时间并不属于经济的范畴，但它同旅游需求也具有密切的联系。闲暇时间不仅对旅游需求的产生具有决定性作用，而且直接影响着旅游需求量的变化。当人们的闲暇时间增多时，旅游需求量就相应增加；当人们的闲暇时间减少时，旅游需求量就相应减少。因此，旅游需求同闲暇时间的关系就像旅游需求同可支配收入的关系一样，也呈同方向变化。如果在坐标图中绘出旅游需求闲暇时间曲线，则是同旅游需求收入曲线相类似的曲线。

因此，旅游需求规律可以概括为：在其他因素不变的情况下，人们对某一旅游产品的需求量随着该产品价格的变动呈反方向变化，随着人们可支配收入和闲暇时间的变动呈同方向变化。旅游需求规律可以用函数式表示为：

$Q_d=f(P;I;T\cdots)$

式中：Q_d表示某种旅游需求；P表示某种旅游产品价格；I表示可支配收入；T表示闲暇时间。

（四）旅游需求水平受其他影响因素而变动

上述讨论是在假定其他相关因素不变的情况下，分析旅游需求量与某一影响因素之间的对应变动关系。如果这些相关因素发生改变，需求曲线在坐标图上的位置就会发生移动，但需求曲线本身不会发生变化。也就是说，当其他相关因素发生变化时，旅游需求量与旅游产品价格、可支配收入、闲暇时间之间的关系依然成立。这种在旅游产品价格既定的条件下，由于其他因素的变动而引起的旅游需求变化，称为旅游需求水平的变化。

以旅游需求与旅游产品价格关系为例，这种变动关系如图3-3所示。在图3-3中，当可支配收入增加时，在旅游产品价格P_0不变的情况下，就会增加旅游需求量，从而引起旅游需求曲线D—D右移到D_1—D_1，并使旅游需求量由Q_0增加到Q_1；反之，当可支配收入减少时，在旅游产品价格P_0不变的情况下，就会减少旅游需求量，从而引起旅游需求曲线D—D左移到D_2—D_2，并使旅游需求量由Q_0下降到Q_2，这种变化就表现为旅游需求水平的变化。

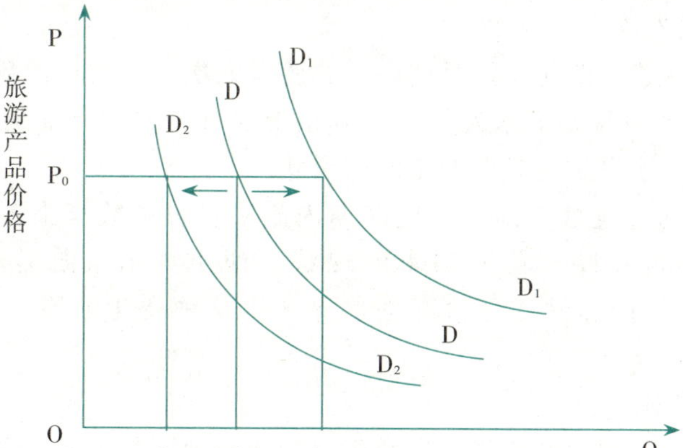

图3-3 旅游需求曲线的变动

五、旅游需求指标体系

旅游需求指标反映了一定时间、地区和条件下旅游需求的现状和发展前景，是衡量旅游需求发展情况的尺度。旅游需求指标的种类很多，可根据具体的研究目的加以选择和设计，在旅游统计中常用的指标主要有旅游者人数、旅游者消费、旅游者过夜数、旅游出游率、旅游重游率。

（一）旅游者人数

旅游者人数指标反映的是旅游目的地国家或地区在一定时期内接待的国内外旅游者的数量。旅游者人数指标又可细分为两个指标：

（1）旅游者人数，即旅游目的地国家或地区在一定时期内所接待的旅游者总人数。

（2）旅游者人次，即一定时期内，到达某一旅游目的地国家或地区的旅游者人数与平均旅游次数的乘积，旅游者人次一般会高于旅游者人数，因为同一旅游者有可能多次到同一目的地游览。

旅游者人数指标可以用来反映旅游目的地现有旅游产品吸引市场需求的能力，同时也可用来衡量各地区旅游业的发达程度。一般情况下，旅游目的地旅游业的发达程度与该地区的旅游者人数成正比例关系。

（二）旅游者消费

（1）旅游者消费总额，即旅游者在一定时期内，在旅游目的地国家或地区旅游过程中支出的货币量。国外旅游者的消费总额就是旅游目的地国家或地区的外汇收入，但往返于客源地区与目的地之间的国际交通费用，一般不纳入国际游客的消费总额中。

（2）旅游者人均消费额，即一定时期内旅游者在目的地的旅游消费总额与旅游者人次之比。通过这个指标，人们可以了解旅游者在旅游目的地消费支出的变化情况。

（3）旅游消费率，即一定时期内一个国家或地区的出国旅游消费总额与该国家或地区的居民消费总额或国民收入的比值。这个指标可以反映一定时期内某一国家或地区的居民对出国旅游的需求程度。

（三）旅游者过夜数

（1）旅游者过夜数，即在一定时期内，旅游者人次与人均过夜数之积。因为单凭旅游者人次指标难以说明旅游需求发展的实际情况，如果同时把旅游者停留时间考虑进去，便能更全面地反映出某一时期的旅游需求状况。

（2）旅游者人均过夜数，即在一定时期内旅游者过夜数与旅游者人次的商数。该指标从平均数的角度反映了旅游需求的现状，便于揭示旅游需求的变化趋势。旅游经营者可根据这一指标的变化情况去追寻产生这种变化的原因，并据以确定相应的对策。

（四）旅游出游率

在国际旅游中，旅游出游率指标反映了一国或一地区产生旅游需求的能力。

（1）旅游总出游率，即一定时期内一个国家或地区出国旅游人次与总人口数的比率，用公式表示为：

$$\text{旅游总出游率}=\frac{\text{出国旅游人次}}{\text{总人口数}}\times 100\%$$

该指标能反映该国家或地区旅游需求的强度，可以作为旅游目的地选择目标客源市场的依据。

（2）旅游净出游率，即一定时期内一个国家或地区出国旅游人数与总人口数的比率，用公式表示为：

$$旅游净出游率=\frac{出国旅游人数}{总人口数}\times 100\%$$

该指标能反映该市场旅游产品的需求特点，也可以作为旅游目的地选择目标客源市场的重要依据。

（五）旅游重游率

旅游重游率是指一定时期内一个国家或地区的出国旅游人次与出国旅游人数之比。在国际旅游中，该指标反映的是一定时期内，一国或一地区居民出国旅游的频率，用公式表示为：

$$旅游重游率=\frac{出国旅游人次}{出国旅游人数}\times 100\%$$

该指标能反映旅游市场的需求密度和开发潜力。

任务二 旅游供给

任务导入

湖南促进文化和旅游消费出实招

评选湖南十大文旅小镇，举办湖南阳光娱乐节，启动“送客入村”旅游扶贫项目，推出“爱上湖南”旅游精品线路……2019年以来，为引导和扩大文化和旅游消费，湖南文化和旅游系统频出实招，收效显著。

长沙市在丰富文化和旅游消费产品供给上，以“基本文旅消费有保障，多元文旅消费有选择，高端文旅消费有供给”的“三有”为目标：坚持“三间”发力，让“夜间经济亮起来，乡间经济火起来，网间经济红起来”；坚持“三区”联动，让“文化园区支撑更强劲，旅游景区引流更有力，历史街区特色更鲜明”；坚持“三创”推进，通过文化创意、科技创新、品牌创建，对文化和旅游资源进行创造性转化和创新性发展。

郴州市依托发达的公路路网，将各地区的特色旅游景区景点串联起来，编制建设不同路径的自驾游网格化精品线路20余条，沿途大力发展特色民宿、风情小镇、历史文化村落、养生休闲山庄、农家乐等乡村生态休闲旅游，把普通农家变成旅游胜地，打造了一批特色乡村、特色农业休闲体验线路和景点。

邵阳市通过举办“六月六山歌节”、绥宁苗族四月八姑娘节、洞口乌饭节、隆回瑶族讨僚皈等特色活动，有效促进和带动了文旅消费，形成了“文化搭台、经济唱戏”的效应。同时，大力推动文艺精品进景区，引导文化和旅游场所增加参与式、体验式消费项目，精心培育旅游演艺精品项目，打造实景演出，激发游客旅游的兴趣和热情，增加对旅游地文化的认同感，体验和消费更多文化产品。邵阳市还积极鼓励旅游行业协会和骨干地接旅行社开发设计特色旅游线路产品，已开发出自驾车、旅居车旅游线路6条、体育旅游线路3条、森林旅游线路3条、康养旅游线路5条、研学旅游线路10条、红色旅游线路4条。

集文化演艺、影视、文旅体验、非遗展示中心等于一体的文旅消费综合街区——怀化市鹤城区的“锦绣MALL”，集旅游接待服务、文化展示、非遗民俗风情体验区、旅游商品展贸区等于一体的品牌旅游街区——万达商业街，集特色餐饮、民宿于一体的芷江县索子街……“当前，怀化市正大力培育建设集文创商店、特色书店、小剧场、文化娱乐场所等多种业态的文旅消费聚集区，推出文旅融合夜游和假日产品，拉动经济发展。”怀化市文化旅游广电体育局党组书记姚团说。

以“快乐在线·夜游常德”作为夜游产品主题，围绕“城市游、桃花源”两大板块，常德市突出“观赏、休闲、体验、美食、购物”五大特点，打造了老常德美食购物游、沅江两岸夜晚风情游、常德河街民俗游、柳叶湖夜间灯光秀、桃花源寻梦夜游五大精品夜游品牌。

郴州鼓励旅游景区在保证安全、避免扰民的情况下开展夜间游览服务。在昆曲宣传、非遗活化等方面苦下功夫，为夜间文化演出注入更多郴州元素，打造更多大众喜闻乐见的文旅产品。在郴江河沿线、爱莲湖、裕后街、五岭广场等地因地制宜探索开发水秀、主题光影秀、声光电大型演出等夜游项目，打造独具特色的城市夜景，探索制定出台刺激夜间经济发展的优惠政策，引导“夜游”项目提质升级。

目前，永州市正在策划组织一批戏曲、相声、歌剧、音乐等主题鲜明的“夜永州”文化休闲活动，打造中小型、主题性、特色类的文化和旅游演艺产品。而在国家文化消费试点城市长沙，夜间经济的延时消费渐成常态，24小时书店、餐厅、便利店增多，电影院、KTV、网吧、酒吧的午夜场消费火爆。雨花非遗馆推出的全国首个非遗夜市，更满足了人们赏非遗、学非遗、玩非遗、购非遗、吃非遗的需求。

资料来源　张玲.湖南促进文化和旅游消费出实招［N］. 中国文化报，2019-11-29（4）.

思考：

（1）湖南省在丰富旅游产品供给方面有哪些经验可以借鉴？

（2）各地在丰富旅游产品供给方面应该注意哪些问题？

旅游供给是旅游市场繁荣、旅游需求得以满足的基本保障。了解和掌握旅游供给及供给规律，有助于旅游企业根据旅游供给的特点及要求，及时有效地向旅游市场提供充足的旅游产品。

一、旅游供给的概念

供给，是指厂商在一定条件下愿意并且能够提供某种产品的数量。从旅游经济的角度看，旅游供给是指在一定时期和一定价格水平下，旅游经营者愿意并且能够向旅游市场提供的旅游产品数量。正确认识和理解旅游供给的概念，必须掌握好以下几点：

（一）旅游供给以旅游需求为前提条件

旅游需求是旅游供给的基本前提条件，旅游生产经营单位和部门必须以旅游者的需求层次和需求内容为客观要求，建立起一整套适应旅游活动需要的旅游供给体系，保证提供旅游活动需要的全部内容。因为一方面，人类的需求总是以一定的物质作为基础的，旅游供给的资源和设施就是旅游需求的物质基础；另一方面，旅游是一种社会生产活动，旅游供给要以旅游需求作为立足点和依据。在提供旅游产品的时候，要对旅游需求的动向、内容和层次进行必要的调查研究和预测，结合制约旅游供给的其他条件制订计划，组织旅游产品生产，最终达到实现旅游供给的目的。

（二）旅游供给必须是旅游经营者愿意出售并有可供出售的旅游产品

虽然旅游需求决定了旅游供给的方向、数量和质量，但这仅仅是一种前提条件。要真正体现旅游供给，旅游经营者必须愿意出售并有可供出售的旅游产品。这种旅游供给同旅游需求一样，是相对于旅游产品的价格而言的，即在特定的价格下，总有特定的旅游产品供给量与之相对应，并随着价格的变动而相应变动。同时，旅游产品的供给不仅仅是单个旅游产品数量的累加，而且综合地反映了旅游产品的数量多少、质量高低。因此，要提高旅游供给，不能只抓旅游产品的数量，更重要的是提高旅游产品的质量，要在独特的自然与人文旅游资源的基础上，注重提高服务质量和旅游设施水平，这样才能增加有效供给，更好地满足市场的需求。

（三）旅游供给包括基本旅游供给与辅助旅游供给两大类

基本旅游供给，是指一切直接与旅游者发生联系，使旅游者在旅游过程中亲身接触和感受的旅游产品，它包括旅游资源、旅游设施、旅游服务和旅游购物等，是旅游供给的主要内容，也是旅游业的基本内容。辅助旅游供给，是指为基本旅游供给体系服务的其他设施，也称旅游基础设施，包括供水、供电、供气、污水处理、供热、电信和医疗系统，以及旅游区地上和地下建筑，如机场、码头、道路、桥梁、铁路、航线等各种配套工程。其特点是除了为旅游者提供服务外，还为非旅游者提供服务。基本旅游供给与辅助旅游供给的划分具有约定俗成的相对性。例如，旅游区内的交通常常划入基本旅游供给范围，而旅游区以外且到达旅游区必须经过的交通则划归辅助旅游供给。

二、旅游供给的特点

旅游供给是一种特殊的产品供给，具有自身的特殊性。这种特殊性是由旅游产品的特性所决定的，主要表现在以下几方面：

（一）旅游供给的关联性

由于旅游需求是一种综合性需求，涉及游客在旅游过程中的食、住、行、游、购、娱等各个方面的需求，单靠某一个旅游企业的供给是无法满足的，需要多个行业、多个部门协同完成。因此，旅游供给与社会各行业、各部门之间有着广泛的关联性。与旅游业直接相关的行业有轻工业、商业、邮电通信业与文化娱乐业等，它们也为游客提供产品和服务，为游客所需要。

在旅游经济活动中，旅游产业和其他相关产业之间存在着广泛的、复杂的和密切的经济技术联系。据统计，每完成一次旅游供给直接涉及的行业有十几个，间接涉及的行业有70个左右，关联度之高为现有各产业部门之首。

（二）旅游供给的低弹性

影响旅游供给的因素是多方面的，主要有自然条件、历史条件、社会经济发展状况及科学技术的发展水平等。在这些因素中，很难找到一个因素，由于它的变动使旅游供给在短时间内发生较大改变。旅游资源大都是历史和自然的产物，而某些旅游设施要增加，不仅需要大量的资金投入和必要的科技手段，其建设也需要一定的时间周期。可见，相对于旅游需求的高弹性，旅游供给表现为低弹性。

（三）旅游供给的持续性

一般的物质产品，当它被生产出来并出售给消费者之后，产品的所有权便发生了转移，当该类产品再次被需要时，生产者需要重新生产才能供给。旅游产品的供给却不同，旅游产品即使被游客使用过，所有权也不会发生转移。无论是景区景点建设，还是宾馆饭店设施，一旦建成就能在较长一段时间内保持持续的供给，有的甚至可以永续利用。但是旅游产品一旦遭受破坏，则较一般物质产品要严重得多。因为一般物质产品生产工厂的破坏可通过另建新厂来恢复供给，而旅游景点的破坏可以使该种旅游供给能力永久丧失。

（四）旅游供给的产地消费性

地域的固定性是旅游产品供给的一大特点，相当部分的旅游产品在空间上是不可移动的，它的供给只能是在固定空间上的供给。游客要消费这些产品，就只能通过空间移动，到旅游供给地进行消费。这使旅游产品的生产、规划、供给与一般产品存在很大的区别。一般产品的供给，物流环节是要重点考虑的内容，而旅游产品的供给，要考虑怎样通过各种营销手段吸引游客前往。此外，景区景点的环境容量和承载力也是要明确的问题，它决定着未来旅游供给的数量和水平。

三、旅游供给的影响因素

在旅游经济中，凡是使旅游供给增加或减少的因素都可视为旅游供给的影响因素。在一定时间内，旅游供给可以不发生变化，但并不能说明影响因素没起作用，通常情况是影响旅游供给增加和减少的因素相互作用并刚好抵消。旅游供给影响因素表现的形式十分广泛，有系统内的，也有外部环境的；有直接的，也有间接的；有可控的，也有不可控的；有确定的，也有随机的；有单一的，也有综合的；有自然的，也有社会的；而且会根据系统的层次逐一细分。要全面分析众多的影响因素是不可能的，在实际工作中，对旅游供给的影响因素主要有以下几方面：

（一）旅游资源及环境容量

旅游资源是旅游产品开发的基础，是影响旅游供给的基本因素。资源状况会给旅游供给造成两个方面的影响：一是旅游供给的方向和内容；二是旅游供给的数量和规模。旅游资源是旅游产品的主要内容，一个国家或地区可以提供什么样的旅游产品，首先是由这个国家或地区可供开发的旅游资源状况决定的。因此，一个国家或地区旅游资源的种类、特色和品位等，决定了一个国家或地区旅游供给的主要内容。

经济广角3-3 **黑龙江推出系列冰雪旅游产品**

近年来，黑龙江围绕建设全国首选冰雪旅游目的地和国际冰雪旅游度假胜地的目标，深入推进冰雪旅游与冰雪文化、冰雪运动等领域深度融合，打造了一批冰雪旅游知名目的地和冰雪旅游精品线路，让“冷资源”成为“热产业”。

黑龙江是中国最早开发冰雪、运营冰雪的省份，是中国现代冰雪旅游产业比较发达的地区。得天独厚的冰雪资源、独具匠心的冰雪艺术、美不胜收的冰雪风光为黑龙江赢得了“冰雪之冠”的美名。

黑龙江省文化和旅游厅以“冬奥在京张，冬游来龙江”为旅游口号，策划推出3大冰雪旅游主题产品、5座冰雪旅游城市、5大冰雪旅游节庆、6条冰雪旅游线路、15个冰雪旅游必到必游地，用冰雪给游客带来无限惊喜。

通过推出涵盖冰雪艺术、高山滑雪、雪地温泉、冰雪民俗等12项冰雪旅游项目的冰雪观光、冰雪体验、冰雪文化3大冰雪旅游主题产品，揭秘冰雪世界终极奥义；通过推出冰城哈尔滨、雪城牡丹江、冰雪森林之都伊春、中俄双子城黑河、神州北极漠河五座魅力冰雪旅游城市，打造冰雪旅游颜值天花板；通过推出第38届中国·哈尔滨国际冰雪节、第19届亚布力滑雪节、第11届中国伊春森林冰雪欢乐季、2021大庆雪地温泉节、第6届五大连池冬捕节五大燃情节庆活动，提升龙江冰雪旅游热度；通过推出6条冬游主题线路、15个冰雪必到必游地、148个冰雪旅游目的地，解锁冰雪旅游新玩法，推动黑龙江旅游再上新台阶。

游客通过欣赏浪漫的冰雪美景、进行极致刺激的冰雪体验、观赏精彩绝伦的冰雪演艺，开启一次刺激、欢愉、难忘的冰雪之旅。

资料来源 佚名.冰雪龙江 今冬可期——黑龙江推出系列冰雪旅游产品［EB/OL］.［2021-10-22］. https://baijiahao.baidu.com/s?id=1714313564204658727&wfr=spider&for=pc.

此外，由于旅游资源是在一定的自然和社会条件下形成的，具有一定的空容量，即一定的环境容量，因此旅游资源的开发利用并不是无限的。对旅游资源的合理利用，需要把游客的活动控制在旅游资源和环境能够承载的范围内。从这点来看，旅游资源的环境容量决定了旅游供给的规模和数量。旅游需求过量、旅游环境超载，不仅会损坏资源和设施，还会引起当地居民的不满，影响旅游供给的质量，甚至给旅游地带来众多的社会问题，削弱旅游产品的吸引力。

（二）旅游产品和相关产品的价格

旅游供给直接受旅游产品价格的影响。如果旅游产品价格提高，则旅游经营者在同样的成本投入中可获得更多的利润，因而会刺激旅游经营者增加旅游供给量；反之，如果旅游产品价格下降，则会导致旅游经营者的利润减少，进而降低旅游产品的供给量。因此，旅游供给的规模和数量直接受到旅游产品价格变化的影响，并与旅游价格呈相同方向变化。

旅游产品的供给量除了受自身价格变化的影响外，还会间接地受其他相关产品价格变化的影响。例如，如果飞机票涨价，而旅游目的地的旅游价格不变，则意味着旅游产品的相对价格降低了，相对利润也随之减少，于是必然引起社会要素资源的重新配置，进而影响到旅游产品供给量的变化。

（三）旅游生产要素的价格

生产要素价格的高低直接关系到旅游产品成本的高低。旅游产品是一个包含食、住、行、游、购、娱多种要素在内的综合性产品，各种要素价格的变化必然影响到旅游产品供给的变化。在旅游产品价格不变的情况下，若各种要素价格提高了，则必然使旅游产品的成本增加而利润减少，导致旅游产品供给量也随之减少。反之，若各种要素价格降低，则使旅游产品成本降低而利润增加，旅游产品供给量也随之增加。因此，旅游生产要素价格也直接对旅游供给产生着重要的影响作用。

（四）社会经济发展水平

旅游业不仅是一项综合性的经济产业，也是一项依赖性很强的产业。因为旅游业的健康发展离不开社会生产力的发展，它需要在社会经济发展的基础上为旅游业提供必需的物质条件，才能形成旅游的综合接待能力，才能提供一定数量和质量的旅游产品。如果社会经济发展水平低，就不能保证旅游供给所需的各种物质条件。因此，社会经济发展的状况和水平不仅为旅游供给提供了各种物质基础，而且在一定程度上决定着旅游产品的供给数量和质量。

（五）科学技术发展水平

科学技术是第一生产力，是推动社会经济发展的强大动力，也是影响旅游供给的重要因素之一。科学技术进步为旅游资源的有效开发提供科学手段，为形成具有特色的旅游产品提供科学方法，为保护旅游资源、实现旅游资源的永续利用提供科学依据，为旅游者提供具有现代化水平的完善的接待服务设施，为旅游经济发展提供科学的管理工具和手段。

经济广角3-4　　智慧旅游让旅游更轻松

限量、预约、错峰……在刚刚过去的“五一”假期，新疆各地景区充分发挥智慧旅游平台的作用，既落实落细了常态化疫情防控措施，又有效提升了游客的体验度和满意度。

“线上实名制分时预约系统让我们的应对、管理更科学有效。”5月6日，阿勒泰喀纳斯智慧旅游有限责任公司副总经理叶雨晴说。

2020年4月30日下午，喀纳斯景区线上实名制分时预约系统显示，5月1日游客数量将有较明显增长，虽然并未达到游客最大承载量的30%，但该景区还是针对客流量进行了引流——按比例将游客错峰安排到喀纳斯、禾木、白哈巴3个景区。同时与有关部门协调，第二天加派人员、车辆进入重点区域工作。当天，该景区游客超过3万人次，因分流合理、引导有效，景区秩序井然，没有出现游客聚集，游客满意度很高。

叶雨晴介绍，该景区从4月20日起实行“新疆人游新疆”散客及团队同时线上实名制分时预约，游客可提前3天通过景区官方微信公众号“喀纳斯景区”、喀纳斯原行网和美团、携程等各大OTA平台线上预约购票。购票时需提前选择入园时段，每个时段的剩余票数会在购票端显示，游客可根据每个时段的余票情况，合理规划安排入园时间。

“五一”期间，新疆各大景区严格落实疫情防控措施，其中实施分时段预约制度是重要工作之一，智慧旅游平台大显身手：实行线上、线下预约方式进入景区，同步控制进园人数。在线上通过购票网站和景区微商城预订那拉提景区门票，当游客人数达到游客最大承载量的30%时，暂停售票，发布预警信息，同时引导游客前往花海那拉提等景点；乌鲁木齐天山大峡谷景区通过景区微信公众号“新疆丝路南山旅游文化有限公司”进行预约购票，达到限量时，采取“一出一进”的方式进行限流。

“实施分时段预约制度，引导游客间隔入园、错峰旅游，可以有效将流量管控的关口前置，变被动的现场分流为主动的行前计划和引导，避免游客出行时间过于集中，既做好了疫情防控工作，也减少了游客排队等候时间，避免了因人多造成的游客旅游体验度下降，提高了游客的满意度。”那拉提景区管委会营销中心主任车华说。

“通过‘一部手机游天池’，可以实时查看景区情况。”天山天池景区管委会宣传教育法规处处长刘文艺介绍，通过这一智慧旅游平台，游客还可以订购门票、享受优惠，并通过观看景区实时情况，科学规划出游。在景区游览的游客还可以通过该平台收听景区讲解。“这让景区管理更科学、游客旅游更便捷，也为景区未来发展提供了科学依据。”刘文艺说。

现在，新疆的智慧旅游平台受到越来越多游客的青睐。截至2020年5月5日，上线仅6天的“一部手机游新疆”平台注册会员近12万人。“五一”假期，该平台主站点景区景点、主题线路、攻略游记玩法等栏目及各地州市站点旅游惠民活动的访问量达26万人次。

资料来源 任江.智慧旅游让旅游更轻松［N］. 新疆日报，2020-05-08（A03）.

（六）旅游经济发展的方针和政策

政府的经济政策既包括国家的经济政策，也包括地方政府的经济政策。经济政策是国家及地方政府根据国民经济发展的内在要求，调整产业结构和产业组织形式，从而提高供给总量，并使供给结构能够有效地适应需求结构要求的政策措施，是政府对经济进行宏观调控的重要机制。旅游目的地国家或地区的政府对旅游业的认识、观念及所制订的各项有关政策和措施，对发展旅游业具有重要的影响和作用。这些政策和措施主要包括税收政策、金融政策、投资政策，价格政策、人才政策等。政府的态度和政策，不仅对一个国家或地区旅游供给的总量有宏观调控作用，而且直接影响到旅游供给的方向、品种和质量。

四、旅游供给规律

从以上分析可以看出，旅游供给的变化受多种因素的影响和制约，不同的因素对旅游供给的变化具有不同的影响，并形成一定的规律性，概括起来主要有以下几方面：

（一）旅游供给量与旅游产品价格呈同方向变化

旅游产品价格不仅是决定旅游需求的基本因素，也是决定旅游供给的基本因素。旅游供给规律的基本内容是：在其他因素不变情况下，某旅游产品的供给量与该旅游产品的价格呈同方向变化。即在其他条件不变的情况下，旅游产品价格上涨，必然引起旅游供给量增加；旅游产品价格下跌，必然引起旅游供给量减少。根据这种规律性，设纵坐标代表旅游产品价格，横坐标代表旅游供给量，S—S 代表旅游供给曲线。在图 3-4 中，旅游产品价格的任一变动，都有一个与之相对应的旅游供给量，并形成旅游供给曲线 S—S。该曲线反映了旅游供给量与旅游产品价格同方向变化的客观规律性。当旅游产品价格为 P_0 时，有相对应的旅游供给量 Q_0；当旅游产品价格从 P_0 上涨到 P_1 时，旅游供给量由 Q_0 上升到 Q_1；当旅游价格从 P_0 下跌到 P_2 时，旅游供给量由 Q_0 下降到 Q_2。因此，旅游供给曲线是一条自左下向右上倾斜的曲线。

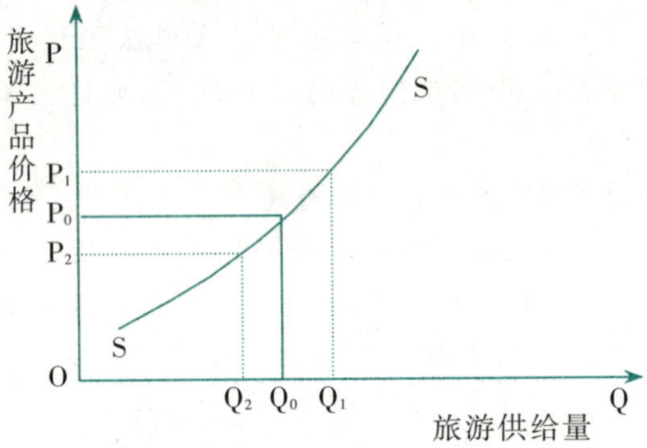

图 3-4 旅游供给曲线

（二）旅游供给能力在一定条件下的相对稳定性

旅游供给量与旅游产品价格的同方向变化并非无限制的，事实上由于旅游供给的特点及有关影响因素的作用，旅游供给能力在一定条件下是既定的，从而决定了旅游供给量的变动是有限的。所谓旅游供给能力，就是在一定条件下（包括时间和空间等），旅游经营者能提供旅游产品的最大数量。由于旅游供给的不可累加性及环境容量的限制，决定了旅游供给在一定时间、一定空间条件下，其供给量必然受到旅游供给能力的制约。一旦达到旅游供给能力，即使旅游产品价格再高，旅游供给量也是既定不变的。在图 3-5 中，当旅游供给量小于 Q_0 时，旅游供给量将随旅游产品价格变化而同方向变化；当旅游供给达到 Q_0，即达到旅游供给能力时，无论价格如何变化，即价格从 P_1 提高到 P_2，旅游供给量都不会发生变化。

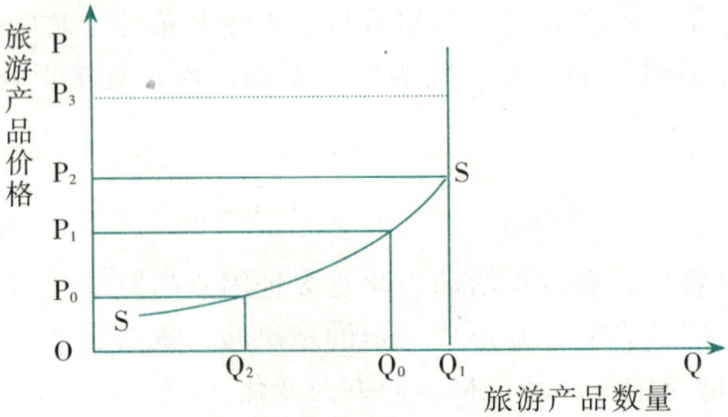

图 3-5 受旅游供给能力限定的旅游供给价格曲线

（三）旅游供给水平受其他因素影响而变动

旅游供给变化不仅受旅游产品价格变动影响，也受其他各种因素的影响。在旅游产品价格既定的条件下，由于其他因素的变动而引起的旅游供给变动，称为旅游供给水平的变动。例如，在图3-6中，当生产要素价格下降，必然引起旅游产品成本下降，从而在既定生产条件下会增加旅游供给，并引起旅游供给曲线由S—S右移到S_1—S_1；反之，当生产要素价格上升，必然引起旅游产品成本提高，导致旅游供给下降，使供给曲线由S—S左移到S_2—S_2。这时，尽管旅游产品价格保持不变为P_0，但旅游供给量已发生变化，分别由Q_0上升到Q_1或下降到Q_2。

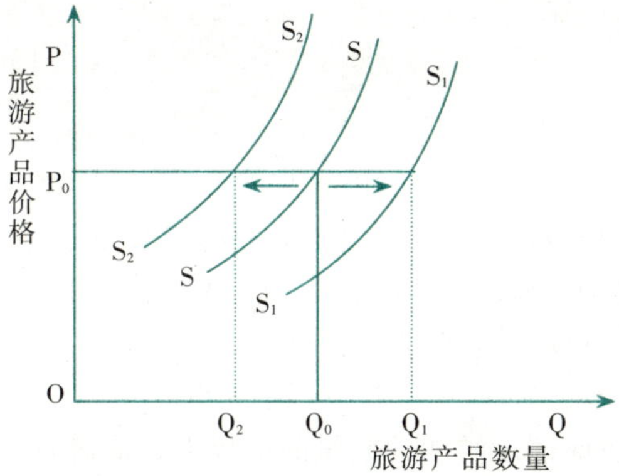

图3-6　旅游供给曲线的变动

五、旅游供给指标体系

旅游供给指标是衡量旅游地旅游供给能力及其发展情况的尺度，是对一个地区旅游供给情况进行量化的依据。一般可将旅游供给指标分为两大类：现实接待能力指标和旅游供给发展潜力指标。

（一）现实接待能力指标

1.旅游设施总接待能力

旅游设施总接待能力是指一个旅游地基本旅游设施在同一时间内所能接待的游客人数。其主要量化指标有：目的地与客源地之间以及目的地内部交通工具及设施的承载量；旅游总量；餐座总量；目的地内主要游览点和娱乐场所的游客容量等。目的地的旅游设施接待能力受基本设施中供给能力最小的设施量的制约。

2.单位时间旅游设施接待能力

单位时间旅游设施接待能力是指一定时间内目的地旅游设施所能接待的游客人数。这一指标与总接待能力指标存在一定的区别。在一定时期内，其量的大小既与目的地的设施总接待能力有关，又与游客在目的地的逗留时间、对各类设施使用情况及接待设施本身的比例有关。该指标的测定较为困难，可根据以往的经验数据加以分析确定。

3.旅游服务接待能力

旅游服务是旅游供给的重要内容，旅游服务接待能力与目的地旅游服务人员的数量及劳动效率有关。服务人员的数量可以统计出来，劳动效率可以通过人均接待游客人数、人均创收、人均创利等指标进行衡量。

（二）旅游供给发展潜力指标

1.生态环境容量

旅游地的生态环境容量指标是指接待游客或容纳旅游活动的数量极限。超过这一极限，旅游活动将对旅游地的生态环境产生不利的影响。游客进入旅游目的地后，他们在食、住、行等各方面的消费都会直接或间接地产生废水、废气和固体垃圾，对环境造成负面的影响和破坏。因此，人们可以通过分析游客所产生的污染物同环境的自净能力、人工治理污染能力之间的关系，大致测算出旅游目的地的生态环境容量。其计算公式为：

$$C_e = \frac{\sum_{i=1}^{n} N_i S + \sum_{i=1}^{n} Q_i}{\sum_{i=1}^{n} P_i}$$

式中：C_e为旅游地日生态环境容量（所能容纳的游客数量上限）；N_i为旅游地单位面积对i种污染物的日自净能力；S为旅游地总面积；Q_i为旅游地每天人工处理i种污染物的能力；P_i为平均每个游客每天产生污染物的数量。

2.旅游资源容量

旅游资源容量是指在保证旅游活动质量的前提下，旅游资源所能容纳的最大游客人数或旅游活动量，也是旅游资源可持续利用的底线。对旅游资源容量的测算，一般有面积法和线路法两种方式。

面积法是基于旅游景区的空间面积和人均游览空间标准计算日容量的方法（人均游览空间标准，世界旅游组织有规定）。其计算公式为：

$$C_{r1} = \frac{S_a}{S_b} \times R$$

式中：C_{r1}为旅游景区日容量；S_a为旅游景区游览面积，单位为m^2；S_b为旅游景区人均游览空间标准，单位为m^2/人；R为游客周转率（每天开放时间/平均游客滞留时间）。

线路法是基于旅游景区游览线路的长度和人均游览距离标准计算日容量的方法。其计算公式为：

$$C_{r2} = \frac{2L}{I} \times R$$

式中：C_{r2}为旅游景区日容量；L为旅游景区游览线路总长，单位为m；I为旅游景区人均游览距离标准，单位为m/人；R为游客周转率（每天开放时间/平均游客滞留时间）。

3.游客心理容量

游客心理容量是指游客在旅游途中能够获得的舒适感和满意度的极限游客接待量。这一指标可以通过对游客的问卷调查加以测定，也可以直观估计，还可以参考国际标准。

4.社会经济容量

旅游地的社会经济容量指标是指一定时间内由旅游地社会经济发展程度所决定的、

能够接纳的最大游客人数和旅游活动量。超过这个限量，就会引起当地居民对游客和旅游活动的反感，带来一系列社会问题，甚至可能导致当地居民和外来游客的对立和冲突。对旅游地社会经济容量的测定一般通过测算目的地的住宿能力或食品供应能力来进行。其计算公式为：

$$C_b = \frac{\sum_{i=1}^{n} F_i}{\sum_{i=1}^{n} D_i}$$

式中：C_b为旅游地社会经济容量；F_i为第i类食物或住宿设施的日供应能力；D_i为平均每天每个游客对i类食物或住宿设施的消费量。

需要说明的是，一个旅游地所具有的容量规模并不意味着该地已经具备了同样的现实接待能力，它只是说明旅游地可能提供的最大旅游供给数量。一个旅游地能够接待的游客数量，取决于旅游供给发展潜力指标中最小的那一个。

任务三　旅游供求弹性

任务导入

景区如何走出“门票收入下降”转型阵痛期？

2019年3月14日，国家发改委发出《关于持续深入推进降低重点国有景区门票价格工作的通知》，要求更大范围推进重点国有景区门票降价。在此情况下，不少景区门票收入纷纷下降。在桂林旅游、丽江旅游、黄山旅游发布的2019年上半年财报中，净利润均出现下滑。此外，张家界虽然并未发布上半年财报，但在上半年预报中也提示了预计净利润下降。值得一提的是，在这些半年报中，均提到了受景区门票价格下降影响的因素。

丽江旅游财报显示，2019年上半年，公司营收为3.18亿元，同比下降7.07%；净利润为9 804万元，同比下降了17.53%。在该公司财报中，还直接给出了业绩下滑的原因，其中便包含主营业务索道运输收入下降。据了解，在丽江旅游业务构成中，与门票直接相关的索道运输业务占比达到49.89%，而2019年上半年，该项营收直接下滑22.43%。据悉，在国有景区门票降价的改革潮中，丽江旅游下调了包括玉龙雪山景区门票以及相关的玉龙雪山景区大索道、云杉坪索道、牦牛坪索道的价格。而在2019年的成绩单中，丽江旅游备受冲击。

据了解，丽江旅游在下调门票、索道等一系列业务价格后，试图以印象演出、餐饮、酒店等业务收入进行弥补。虽然丽江旅游游客人数有所上涨，不过其带动的演出、酒店、餐饮等板块的营收并不足以弥补门票及索道价格下调带来的影响。

丽江旅游2019年上半年财报显示，丽江旅游3条索道共计接待游客210.17万人次同比增长21.92%，在游客人数增长的同时，也给演出带来了收益，其印象演出收益更是直接增加2 500万元，由原来14.83%的营收占比提高到目前的23.85%。不过，这并不足以抵消索道运输收入下降5 000万元的损失。此外，丽江旅游餐饮、酒店的营收也没有因为游客人数的增加而增加，相反餐饮还出现了下降。

资料来源 关子辰.获利变难 景区遭遇门票经济转型阵痛［EB/OL］.［2019-09-02］. https://3w.huanqiu.com/a/9CaKrnKmAJ8/9CaKrnKmAJ8.

思考：

（1）旅游景区门票需求价格弹性与需求交叉弹性如何？

（2）国家发改委降低国有景区门票价格的目的是什么？

（3）在旅游需求旺盛的情况下，如何控制景区的游客量？

影响旅游供求的因素很多，任何一个因素的变化都会引起供给和需求的变化。了解旅游需求与供给弹性，有助于认识弹性与收入之间的关系，以便制定科学合理的政策。

一、弹性的一般概念

在经济学中，弹性主要用来表明两个经济变量变化的关系。具体讲，当两个经济变量之间存在函数关系时，一个变量对另一个变量的反应，其大小可以用弹性系数来表示，它等于两个变量变动的百分率之比。

弹性的计算公式为：

$$E=\frac{Y/\Delta Y}{X/\Delta X}=\frac{Y}{X}\times\frac{\Delta X}{\Delta Y}$$

式中：E表示弹性，因为式中的分子、分母都是百分数，并无单位，所以E也只是一个数值，没有单位，故称弹性系数，它反映了因变量对自变量变化反应的敏感程度；Y表示因变量；X表示自变量；ΔY表示因变量增量；ΔX表示自变量增量。

弹性一般可分为点弹性和弧弹性。点弹性是指当自变量变化很小时（即在某一点上）而引起的因变量的相对变化。上述公式实际上就是点弹性的计算公式。弧弹性是指自变量变化较大时，取其平均数衡量因变量与自变量的相对变化量。其计算公式如下：

$$E_a=\frac{Y_1-Y_0}{(Y_1+Y_0)/2}\div\frac{X_1-X_0}{(X_1+X_0)/2}$$

式中：E_a表示弧弹性系数；X_0，X_1表示变化前后的自变量；Y_0，Y_1表示变化前后的因变量。

点弹性与弧弹性的重要区别在于：点弹性是指因变量相对于自变量某一点上的变化程度；而弧弹性则是指因变量相对于自变量某一区间上的变化程度。

二、旅游需求弹性

旅游需求弹性是指旅游需求对影响因素变化的敏感性，即旅游需求量随其影响因素的变化而相应变化的状况。旅游需求弹性具体包括：旅游需求价格弹性、旅游需求收入弹性和旅游需求交叉弹性。

（一）旅游需求价格弹性

旅游需求价格弹性是指旅游需求量对旅游产品价格的反应及变化关系。根据旅游需求规律，在其他条件不变情况下，旅游产品价格的上涨或下降，会导致旅游需求量出现相应的减少或增加。为了测量旅游需求量随旅游产品价格的变化而相应变化的程度，必须正确计算旅游需求价格弹性系数。所谓旅游需求价格弹性系数，是指旅游产品价格变化的百分数与旅游需求量变化的百分数的比值。其计算公式如下：

点弹性公式：

$$E_{dp}=\frac{(Q_1-Q_0)/Q_0}{(P_1-P_0)/P_0}$$

弧弹性公式：

$$E_{dp}=\frac{Q_1-Q_0}{(Q_1+Q_0)/2}\div\frac{(P_1-P_0)}{(P_1+P_0)/2}$$

式中：E_{dp}表示旅游需求价格弹性系数；P_0，P_1表示变化前后的旅游产品价格；Q_0，Q_1表示变化前后的旅游需求量。

由于价格与需求量呈反向关系，因而旅游需求价格弹性系数为负值。根据旅游需求价格弹性系数E_{dp}的绝对值大小，通常可区分为三种情况。

（1）当$|E_{dp}|>1$时，表明旅游需求量变动的百分比大于旅游产品价格变动的百分比，这时称旅游需求富有弹性。如果旅游需求是富有弹性的，其需求曲线向上的斜率较大。在实际中表明旅游产品价格提高，旅游产品需求量将减少，但减少的百分比大于价格提高的百分比，从而使旅游总收益减少；相反，如果价格下降，则需求量增加，但增加的百分比大于价格下降的百分比，从而使旅游总收益增加。

（2）当$|E_{dp}|<1$时，表明旅游需求量变动的百分比小于旅游产品价格变动的百分比，这时称旅游需求弹性不足。如果旅游需求是弹性不足的，则其需求曲线上的斜率就较小。在实际中则表明旅游产品价格提高，需求量将减少，但减少的百分比小于价格提高的百分比，从而使旅游总收益增加；相反，如果价格下降，需求量将增加，但增加的百分比小于价格下降的百分比，从而使旅游总收益减少。

（3）当$|E_{dp}|=1$时，表明旅游需求变动的百分比与旅游产品价格变动的百分比相等，这时称这种旅游需求价格弹性为单位弹性。如果旅游产品的需求价格弹性属于单位弹性，则旅游需求价格的变化对旅游经营者的收益影响不大。

一般而言，生活必需品需求价格弹性小，而奢侈品及高档商品的需求价格弹性较大。尽管旅游活动已步入大众化的发展趋势，但是旅游活动对大多数工薪阶层而言，仍属较高层次的消费。因此，旅游需求价格弹性系数的绝对值往往大于1，这说明旅游价格的变动会引起旅游需求量更大的变动，而且不同的旅游目的地、不同的旅游产品或功能不同的各种单项旅游产品，其需求价格弹性也不尽相同。在旅游产品中，旅游需求价格弹性系数的上述三种情况都存在。在制订各种旅游产品价格策略时，应注意各种策略对不同旅游产品需求的不同影响。

经济广角 3-5　　门票定价策略

根据游客对各景区不同的需求价格弹性，我们可以得到以下三种门票定价策略及相应的价格调整范围：第一，当景区旅游需求价格富有弹性时，景区门票适度降低将引起需求量更大幅度的提高。此时旅游企业应该采取“薄利多销”的定价策略，通过降低价格来刺激需求，增大利润，这类产品多属于观光类旅游产品。第二，当景区旅游需求缺乏弹性时，景区门票价格适度提高将引起需求量较小幅度的减少。此时旅游企业可以采取“厚利限销”的定价策略，这类产品多为商务旅游景点、遗址类等。第三，当景区需求价格具有单位弹性时，景区门票价格增加或降低一个百分点将引起销售量同比增加或者降低，在不考虑其他影响因素的情况下，由价格变化引起的总收益的变化将完全被由销量引起的总收益的变化中和。此时，景区门票价格可以不进行调整。各景区可根据自身发展特点、当地环境等因素进行分析，结合需求弹性理论，采用符合自身实际情况的定价策略。

资料来源　邵婧博.浅析需求弹性理论在旅游产品定价中的应用——以万峰林景区为例[J]. 营销界，2021（26）.

（二）旅游需求收入弹性

旅游需求不仅对旅游价格的变化具有敏感性，对人们可支配收入的变化也有灵敏反映。旅游需求收入弹性，是指旅游需求量对人们可支配收入的反应及变化关系，而旅游需求收入弹性系数，则是指人们可支配收入变化的百分比与旅游需求量变化百分比的比值。用计算公式表示如下：

$$E_{di}=\frac{(Q_1-Q_0)/Q_0}{(I_1-I_0)/I_0}$$

式中：E_{di}表示旅游需求收入弹性系数；Q_0，Q_1为变化前后的旅游需求量；I_0，I_1为变化前后的可支配收入量。

由于旅游需求量随人们可支配收入的增减而相应增减，因而旅游需求收入弹性系数始终为正值，这一正值表明：当收入上升1%时引起需求量所增加的百分比；或者当收入下降1%时引起需求量下降的百分比，并且也可以区分为以下三种情况：

（1）当$E_{di}>1$时，表示旅游需求量变动的百分比大于人们可支配收入变动的百分比，说明旅游需求对收入变化的敏感性大，因此人们可支配收入发生一定的增减变化，会引起旅游需求量发生较大程度的增减变化。

（2）当$E_{di}<1$时，表示旅游需求量变动的百分比小于人们可支配收入变动的百分比，说明旅游需求对收入变化的敏感性小，因此人们可支配收入发生一定的增减变化，只能引起旅游需求量发生较小程度的增减变化。

（3）当$E_{di}=1$时，表示旅游需求量变动的百分比与人们可支配收入变动的百分比相等，因此旅游需求收入弹性为单位弹性，即旅游需求量与人们可支配收入按相同比例变化。

通常，高级消费品的需求收入弹性都较大。因为随着社会生产力的发展及人们收入水平的提高，人们用于低级的生活必需品的支出比重将逐渐下降，而用于高级生活消费品的支出比重将逐渐上升。旅游活动正是为了满足人们高层次生活的需求，并逐渐成为人们必不可少的生活消费品，所以旅游需求收入弹性一般都比较大。国际有关组织的研究表明：旅游需求收入弹性系数一般都在1.3 ~ 2.5，有的国家甚至高达3.0以上。

（三）旅游需求交叉弹性

旅游产品是一种由食、住、行、游、购、娱所组成的综合性产品，它既表现为一个整体的产品，又表现为由若干产品组成的系列，即每一种要素都能构成独立的旅游产品。因此，从旅游需求的角度看，旅游产品既有替代性，又有互补性。

所谓旅游产品的替代性，是指相同性质而不同类型的旅游产品在满足旅游消费需求之间具有相互替代的关系，例如宾馆、度假村、招待所、公寓、临时帐篷等都是向旅游者提供住宿需求，而各种不同类型的住宿设施随着价格变化可以互相替代。

所谓旅游产品的互补性，是指旅游产品各部分的构成中，是互相补充和互相促进的，即某一部分的存在和发展必须以其他部分的存在和发展为前提，或者某一部分旅游产品作用的有效发挥，必须以其他部分的存在及配合为条件。例如，航运公司的旅客增加，必然使旅游饭店和旅游餐饮的人数也相应增加；但如果旅游饭店仅有住宿而没有餐饮，则旅游饭店的服务功能就不能有效发挥。

正是由于旅游产品具有替代性和互补性，因此某种旅游产品的需求量不仅对其自身的价格变化有反应，而且对其他旅游产品的价格变化也有反应。所以，旅游需求的交叉弹性是指某一种旅游产品的需求量对其他旅游产品价格变化反应的敏感性，其计算公式是：

$$E_{dc}=\frac{(Q_{X1}-Q_{X0})/Q_{X0}}{(P_{Y1}-P_{Y0})/P_{Y0}}$$

式中：E_{dc}表示旅游需求交叉弹性系数；Q_{X0}，Q_{X1}为变化前后X旅游产品的需求量；P_{Y0}，P_{Y1}为变化前后Y旅游产品的价格。

根据旅游产品的替代性和互补性计算出来的旅游需求交叉弹性系数有两种情况：

（1）如果旅游产品Y对旅游产品X具有替代性，那么旅游产品Y价格下降必将引起对旅游产品X的需求量减少；反之，旅游产品Y价格上涨则引起对旅游产品X的需求量增加。因此，对于具有替代性的旅游产品而言，其旅游需求的交叉弹性系数E_{dc}必然是正值。

（2）如果旅游产品Y对旅游产品X具有互补性，那么旅游产品Y价格下降必然引起对旅游产品X的需求量增加；反之，旅游产品Y价格上涨则引起对旅游产品X的需求量减少。因此，对于具有互补性的旅游产品而言，其旅游需求的交叉弹性系数E_{dc}必然是负值。

【例3-1】假日饭店上月将标准客房价格从每间400元提高到450元，使本月饭店餐饮部就餐客人从每天160人减少到120人，试计算餐饮部的交叉价格弹性系数。

解：由于旅游饭店的餐饮与入住旅游者有联系，因而，通过计算餐饮的旅游需求交叉弹性系数，即可知道旅游饭店餐饮与住宿是替代关系还是互补关系，计算如下：

$$E_{dc}=\frac{(120-160)/160}{(450-400)/400}=-2$$

从计算结果来看，由于餐饮的旅游需求交叉弹性系数是负数，因此旅游饭店餐饮与食宿具有互补性。

三、旅游供给弹性

旅游供给弹性是指旅游供给对各种影响因素变化作出的反应。由于旅游供给不仅受旅游产品价格的直接影响，还受到生产规模、生产成本和旅游环境容量等多种因素的影响，因而旅游供给弹性包括供给的价格弹性、供给的交叉弹性、供给的价格预期弹性等，下面着重分析旅游供给的价格弹性和价格预期弹性。

（一）旅游供给的价格弹性

旅游供给的价格弹性，是指旅游供给量对旅游价格的反应及变化关系。根据旅游供给规律，在其他影响旅游供给的因素不变的情况下，旅游供给是随着旅游产品价格的变化而同方向变化。为了测定二者之间的变化程度，即旅游供给对价格的敏感性，就必须计算旅游供给的价格弹性系数。所谓旅游供给的价格弹性系数，是指旅游供给量变化的百分数与旅游产品价格变化的百分数之比。其计算公式如下：

点弹性公式：

$$E_{sp}=\frac{(Q_1-Q_0)/Q_0}{(P_1-P_0)/P_0}$$

弧弹性公式：

$$E_{sp}=\frac{Q_1-Q_0}{(Q_1+Q_0)/2}\div\frac{P_1-P_0}{(P_1+P_0)/2}$$

式中：E_{sp}表示旅游供给价格弹性系数；P_0，P_1表示变化前后的旅游产品价格；Q_0，Q_1表示变化前后的旅游供给量。

由于旅游供给量与旅游产品价格同方向变化，因而其弹性系数为正值。根据旅游供给的价格弹性系数E_{sp}值的大小，可以区分为以下几种情况：

（1）当$E_{sp}>1$时，表明旅游供给量变动百分比大于旅游产品价格变动百分比，即旅游供给是富有价格弹性的，图3-7中AB弧即表明这一特点。若旅游供给是富于弹性的，则说明旅游产品价格的微小变化将引起旅游供给量的大幅度变化。

（2）当$E_{sp}=1$时，表明旅游供给量变动百分比同旅游产品价格变动百分比是相等的，即旅游供给具有单位弹性，图3-7中B点的供给价格弹性系数就是单位弹性。

（3）当$E_{sp}<1$时，表明旅游供给量变动百分比小于旅游产品价格变动的百分比，因而旅游供给弹性不足，图3-7中BC弧即表明旅游供给弹性不足，其实质上说明旅游产品价格的大幅度上涨或下跌，对旅游供给量变化的作用不强。

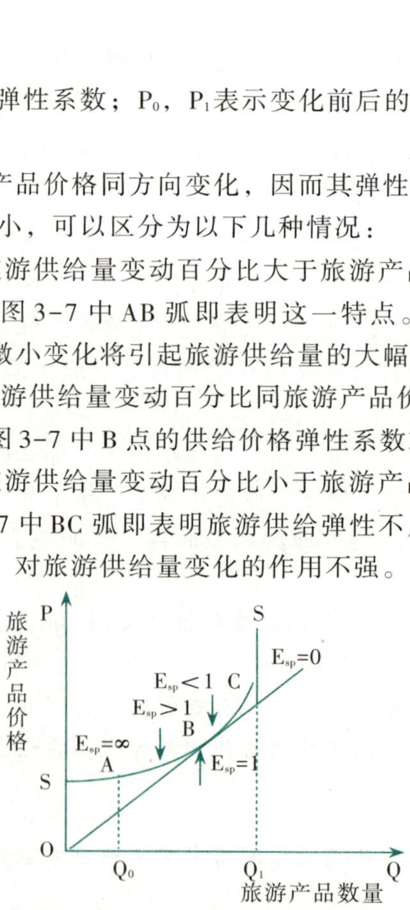

图3-7　旅游供给价格弹性的变化

除了以上三种情况外，尚有两种特殊情况。即当$E_{sp}=0$时，称旅游供给完全缺乏价格弹性。因而图3-7中的旅游供给曲线是一条垂直于横轴的直线，表明无论旅游产品价格怎样变动，旅游供都是基本保持不变。当$E_{sp}=\infty$时，旅游供给是完全富有弹性的，或称旅游供给具有无限价格弹性，因而图3-7中的旅游供给曲线是一条平行于横轴的直线，表明在既定的旅游产品条件下旅游供给量可任意变化。

经济广角3-6　旅游市场供给价格弹性分析

新疆旅游市场供给价格弹性较大，高达74.76，旅游产品价格整体偏低，主要表现在以下几个方面：

第一，旅游产品生产周期短。新疆旅游市场观光型产品较多，处于旅游产品初级阶段，品种单一，旅游产品生产周期短，在旅游产品价格变动的影响周期内，旅游生产者有足够的时间调整生产规模，改变旅游产品的供给量，因此旅游市场供给弹性较大。目前，新疆旅游产品主要是观光型产品。观光产品在短期内的投入主要是人力资源，较容易做到，因此供给弹性较大。

第二，旅游产品成本小。新疆旅游产品很多是天然的，属即时消费。夏季、秋季来临，牧草生长、瓜果飘香，旅游兴旺；冬季降临，草木凋谢，旅游停止。这是即时的短期产品，而这种产品的成本小，旅游市场供给价格弹性大。

第三，旅游供给以劳动密集型产品为主。旅游业主要是提供服务的劳动密集型产业，而短期成本主要是人工成本，这也是第三产业的共同特征。当前，新疆的劳动力成本较低，与制造业、技术密集型行业相比，投资成本较低。因此，新疆旅游市场的生产规模变动相对容易，旅游市场的供应弹性较大。

资料来源　左喜梅，等.新疆旅游市场发展、供需状况及旅游产品边际成本分析［J］.西部金融，2020（6）.

（二）旅游供给的价格预期弹性

价格预期弹性，是指未来价格的相对变动与当前价格相对变动之比。价格预期弹性无论对旅游者还是旅游经营者来讲，都是一个重要的影响系数。其计算公式如下：

$$E_F=\frac{\Delta F/F}{\Delta P/P}$$

式中：E_F表示价格预期弹性系数；F表示未来价格；P表示现行价格。

对旅游者而言，当$E_F>1$时，表明旅游者预期未来价格的相对变动将大于现行价格的相对变动，于是现期旅游需求增加；反之，当$E_F<1$时，表明旅游者预期未来价格的相对变动将小于现行价格的相对变动，于是旅游者会持币待购从而引起现期旅游需求减少。但由于旅游需求同时受闲暇时间等因素的影响，因而价格预期对旅游需求的影响较小，即旅游需求价格预期弹性系数一般较小。

但是，对旅游经营者来讲，旅游供给价格预期弹性的作用则较大。当$E_F>1$时，表明旅游经营者预期未来价格的相对变动将大于现行价格的相对变动，于是为了保持经营的稳定性，旅游经营者会减少现期的旅游供给，从而引起旅游供给曲线从S_0向S_1移动

（即旅游供给减少），而与此同时旅游需求曲线会从 D_0 向 D_1 移动（即旅游需求增加），从而造成旅游产品价格的暴涨（如图 3-8 所示），即均衡价格从 P_0 上升到 P_1。反之，当 $E_F<1$ 时，表明旅游经营者预期未来价格的相对变动将小于现行价格的相对变动，即旅游市场价格稳定，于是旅游经营者就会增加现期的旅游供给，从而引起旅游供给曲线的右移（即旅游供给增加）；与此同时旅游需求曲线将会左移（即旅游需求减少），从而引起旅游产品价格的下跌。因此，把握好旅游价格的预期弹性变化，对旅游经营者来讲是至关重要的。

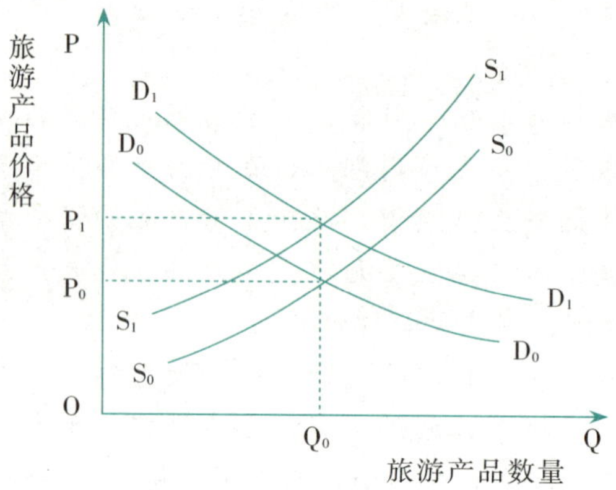

图 3-8 旅游供给的价格预期弹性

任务四 旅游供求平衡

任务导入

景区假期“人满为患”，涌入的游客并非城市负担

刚刚过去的“黄金周”，约有八亿人次出行，为了给游客们提供舒适的旅游环境，不少城市拿出了妙招，江苏扬州和浙江衢州将市委市政府的停车场对外开放，机关餐厅还提供了优惠特色美食；重庆公安和文旅部门一天内多次给市民群发短信，告诉大家如何错峰出行；为了引导客流，上海发明了“雨刷式过马路”……

随着旅游经济的火热，每逢节假日，著名景区总是“人满为患”，景区和城市也仿佛是“如临大敌”，停车、堵车、就餐等“小事情”经常解决不了。近年来走红的一批“网红城市”倒是一改风评，收获了大量点赞，技巧就在于，它们都在“服务”上下足了功夫。

游客的“吐槽点”在哪里，就在哪里改进：游客吐槽停车场不够用，那就打开市政府的停车场，尽可能地缓解压力；游客吐槽景区餐饮费用过高，就提供廉价亲民的套餐，还能借此推广城市的饮食文化；游客吐槽交通堵塞，就在引导上想办法，保障游客的出行畅通……这些事情虽然很细、很小，却关注到了游客长期以来的“痛点”，满足了游客出门在外最急切的需求，让游客们感受到了宾至如归。

在旅游旺季结束之后，这些“便游措施”依然可以释放“红利”。堵车一直以来都是困扰上海的症结，如今发明的“雨刷式”管制办法，之后也可以用来处理拥堵问题；扬州和衢州开放了市政府停车场和机关食堂，也进一步拉近了市民和政府的关系，让人们感受到了政府的诚意和亲近；而游客们品尝到了便宜又美味的地方小吃，感受到了细致又周到的城市服务之后，自然也会变成城市的“品牌代言人”，城市的口碑和形象也将变得越来越好。

游客不是城市的负担，相反，大量游客的涌入恰好是城市提升自身功能品质的契机和动力。随着大众的旅游需求越来越旺盛，城市更应该抓住这个机会，在应对游客出行的问题上，不断提升自己的服务水平，研究更好的管理办法，在满足游客的过程中，也让城市自身更上一层楼。

资料来源 李尔静.景区假期“人满为患”，但涌入的游客并非城市负担［EB/OL］.［2019-10-08］. https：//baijiahao.baidu.com/s?id=1646824651678965926&wfr=spider&for=pc.

思考：

（1）节假日景区人满为患说明旅游供求存在哪些矛盾？

（2）以上案例给我们解决景区供求矛盾带来了哪些启示？

了解旅游供求矛盾产生的原因与表现，掌握调控旅游供求的手段，是解决旅游供求矛盾的关键。

一、旅游供给与需求的矛盾运动

旅游供给与旅游需求既互相依存，又互相矛盾，它们通过旅游产品价格这一中介，有机结合起来，从而形成了旅游供给与旅游需求相互依存和相互矛盾的运动规律。

从旅游供给与旅游需求的相互依存关系看，一方面，旅游供给虽然受许许多多的影响因素制约，但归根结底最基本的影响来自旅游需求。旅游供给的规划和发展都要以旅游需求为前提，离开旅游需求所制定的供给发展必然是盲目的。此外，自然和社会等各种因素对旅游供给的影响，往往就是对需求的影响，或者是通过抑制旅游需求来限制旅游供给的发展。另一方面，旅游供给是旅游需求实现的保证，它提供旅游需求以具体的活动内容。如果没有旅游供给的不断发展，旅游需求将永远停留在旅游的自然风光观赏水平上。从总体上看，旅游供给源于旅游需求，但在旅游业发展到一定程度之后，旅游供给又能激发旅游需求，促使人的旅游需求内容不断扩大，以及水平不断提高，从而改善人们的生活质量。

相互制约指的是旅游产品的提供者和消费者在旅游活动中追求不同的目标和效用，从而引发的矛盾现象。旅游产品提供者希望能够以较低的成本、较高的价格进行生产和销售，进而实现更大的利润；旅游产品的消费者则希望在花费最小的情况下实现效用最大化。信息不对称和利益目标的不一致导致旅游供求之间产生诸多矛盾。

导致旅游供求矛盾产生的原因有以下四种：需求增加、需求减少、供给增加、供给减少。从旅游供给与旅游需求的矛盾关系看，这一矛盾冲突主要表现在数量、质量、结构、时间和空间等方面。

（一）旅游供给与需求数量方面的矛盾

旅游供给与需求在数量方面的矛盾，主要表现在旅游供给或旅游接待能力与旅游总人次上的矛盾。在旅游市场上，旅游需求是一个多变量，人们的收入水平、消费水平、时间、气候、社会环境、宣传舆论等的改变，都会使旅游需求产生较大的波动，使旅游总人次很快增加或减少。但旅游供给却不同，一段时期内建设形成的旅游供给能力，相对而言是有限的、稳定的，不可能有快速的提高或降低。旅游供给的这种既定性与旅游需求自身的多变性，必然使供给与需求难以适应，出现旅游供给总量与接待旅游者总人次上的不平衡。要么供不应求，景区、景点人满为患；要么供过于求，宾馆、饭店冷冷清清。

（二）旅游供给与需求质量方面的矛盾

旅游供给与需求在质量方面的矛盾，主要表现为旅游者的心理预期与实际旅游供给之间的差距。旅游市场上的产品是一种无形的产品，主要以旅游服务的形式表现出来。旅游者对产品质量的判定不能像一般商品那样，可以用具体的尺度和指标去求证。因此，旅游供给质量的高低主要是取决于旅游者自身的感受。由于这种感受带有很强的主观性，因此会使旅游者对旅游产品的心理预期与实际的旅游供给之间产生一定的差距。差距小，旅游者就会认为旅游产品供给的质量高；差距大，旅游者就会认为旅游产品供给的质量低。因此，旅游经营者在提供旅游产品时，一定要充分考虑不同旅游者的心理特征和行为方式，了解他们的特殊需要，开展有针对性的个性化服务，提高服务水平，加快旅游设施建设和更新，尽量缓解旅游供需在质量方面的矛盾。

（三）旅游供给与需求结构方面的矛盾

旅游供给与需求的结构矛盾是指旅游供求在构成上不适应。这种不适应是多方面的，集中表现在：旅游供给的内容和项目与旅游需求不适应；旅游供给的档次和级别与旅游需求不适应；旅游供给的方式与旅游需求不适应。造成不适应的原因在于，旅游供给在一定时期内是稳定的、固定的；旅游需求却是复杂的、多样的。在旅游市场上供需结构矛盾所产生的直接影响就是，同一时期内某一旅游产品供不应求，另一旅游产品则供过于求。实际中，旅游热点地区与冷点地区的形成，某一地区宾馆档次偏高或偏低的现象，都与供需的结构矛盾有关。

（四）旅游供给与需求时间方面的矛盾

市场上旅游需求的发生是多变的、不稳定的，但在产生的时间上还是具有一定的指向性。在客源国或客源地区的节假日，旅游需求产生得多；在旅游资源，特别是自然旅游资源表现最好的季节，旅游需求也产生得多。旅游需求在时间上的指向性和集中性与旅游设施的常年性和均衡性形成了很大的反差，造成某一地区的旅游产品在一段时间内供不应求，而在另一段时间内则供过于求，形成所谓的旅游旺季和旅游淡季。

（五）旅游供给与需求空间方面的矛盾

旅游供给与需求的空间矛盾，主要表现为旅游供求在地域空间上分布失衡，即旅游资源位置上的固定性和场地的有限性与旅游需求变动性的矛盾。有的旅游地供大于求，游人稀少；有的旅游地供不应求，游人如织，形成旅游的冷点、热点和温点地区。造成旅游供求在空间上产生矛盾的原因主要有两个方面：一方面是旅游地旅游资源的类型、数量和质量等状况，决定了不同旅游地的旅游供给有先天性的差别。旅游资源品位高、名气大的地区，旅游吸引力强，旅游供给压力大。另一方面是旅游地旅游设施的完善程度不一样，导致了不同旅游地的旅游供给能力在后天上的差别。旅游基础设施差、旅游综合接待能力弱、可进入性不强的地区，旅游者望而却步，旅游供给无从实现。

经济广角3-7　　喀什市旅游供求矛盾分析

1.数量上的矛盾

数量上呈现出供过于求的局面。主要原因是近几年来到喀什市旅游的人数呈增长趋势，但是喀什市特殊的地理位置决定了其很难激发游客需求。通过游客测评，反映出游客重游率还是偏低。众多游客认为旅游线较长，耗费时间过长，交通费较高，尤其是对内地游客而言，交通不太方便。比如坐火车从上海到喀什市大概需要80个小时，乘飞机需要8个小时，中间在乌鲁木齐停留半个小时。

2.质量上的矛盾

质量上呈现出供不应求的局面。通过游客满意度测评得知，游客对喀什市旅游总体评价基本满意，但是在服务质量、景点建设、厕所、停车等方面有75%的人感到不满意。游客被本地环境、文化、资源所吸引反而质量上满足不了游客需求，出现供不应求的趋势。

3.结构上的矛盾

结构上呈现出均衡局面。从旅游供给的内容和项目上来看，喀什市旅游供给与需求呈现均衡状态。旅游供给在一定时间内是稳定的、固定的，而旅游需求是复杂多变的。现阶段，喀什市各种档次的旅游酒店、景点景区、农家乐、游乐场所比较齐全，能够对不同层次的游客提供相应的旅游服务和项目。

4.时间上的矛盾

时间上呈现出供不应求、供过于求的双层局面。旅游需求是不稳定的，但在产生的时间上还是具有一定的指向性。在客源国或客源地区的节假日，旅游需求多。同时，旅游资源方面特别是自然旅游资源表现良好的季节，旅游需求也会比较多。相对喀什市而言，气候原因导致在喀什旅游的最佳时机为5—11月，是旅游旺季，而冬天与春初是旅游的淡季。喀什市属暖温带大陆性干旱气候，四季分明，夏无酷热，冬无严寒，夏长冬短。平均气温在11.4℃～11.7℃，年降水量39毫米~664毫米，春夏秋冬四季分明。气温年变化和日变化大，降水变化显著。日照长，蒸发强，气候干燥。冬季低温期长，夏季长而炎热。春季升温快，常有倒春寒；秋季短促，降温迅速。春季多大风、沙暴，浮尘日数频繁。

5.空间上的矛盾

由于供给的空间不可移动性，在供求总量基本平衡的条件下，旅游供给在空间上出现失衡，即旅游热点地区供不应求，旅游冷点地区供过于求。从景点景区层面上讲，喀什老城景区、艾提尕尔民俗一条街、香妃故里园，中南亚国际贸易市场等热门区域的需求量远远大于可供给的旅游环境容量，游客非常密集。除此之外，价格因素是我们今后要讨论的关键问题，因为游客对价格非常敏感，所以旅游供给者只有通过价格变动才能占领市场。

资料来源 麦麦提依明·马木提，等.喀什市旅游供求矛盾分析及调控对策［J］. 当代经济，2015（27）：108-109.

二、旅游供求均衡的调控

实现旅游供求均衡，除了价格机制的作用外，其他一些因素也会产生一定的影响。应该在全面分析的基础上，采取多种综合措施，有效调节旅游供给和旅游需求，从而达到旅游供求平衡。常见的调控措施和手段主要有三种：

（一）技术手段的调控

对旅游供求进行调控的技术手段主要包括两种：一是制订科学的旅游规划；二是进行针对性的旅游营销。

1.旅游规划

旅游规划是一种通过调节旅游供给来实现供求均衡的调控方式，是一种前馈控制。其内容包括旅游市场调查、旅游需求预测、旅游资源开发、旅游设施布局、供给规模确定、旅游区建设、相关旅游基础设施发展计划、人员培训与行业规范管理等方面。旅游规划是一种长期性的调节手段，对旅游供给的发展规模和发展速度具有较强的控制作用。

2.旅游促销

旅游促销是一种通过影响旅游需求来实现代求均衡的调控手段。由于旅游供给的弹性一般较小，因此即使发生供给过剩的情况，旅游目的地也难以迅速减少其旅游供给量。面对需求不足和旅游设施的闲置，旅游目的地往往采取加强旅游促销的措施去影响旅游需求，争取更多的顾客。作为解决供大于求这一矛盾的手段，旅游促销的特点在于其生效较快。只要促销措施得力，短期内便会得到需求市场的回应。正因如此，它颇受各旅游目的地重视，是运用最多而且最为直观有效的调节手段。

（二）经济手段的调控

经济手段是国家用于调节旅游经济活动的各种与价值形式有关的经济杠杆。它主要有财政、税收、价格、信贷、利率等。其中，较为重要的是税收政策和价格政策。

1.税收政策

调节旅游供求的税收政策涉及三个方面：一是直接面向旅游企业的税收政策；二是面向游客的税收政策；三是面向具体旅游地区的税收政策。在第一种情况下，如果旅游供给不足，旅游地政府可以通过对旅游企业减免征税的办法，刺激其对旅游业的投资，扩大旅游供给；反之，则提高征税，控制旅游供给继续增长。第二种情况下，如果旅游地的需求过剩，人满为患，可以直接向来访游客征税，以有效减少旅游需求。第三种情况是指国家政府对旅游热点和冷点地区实行不同的税收政策，缓解这些地区因先天或后天因素所形成的“级差”问题。

2.价格政策

旅游价格政策主要是指旅游目的地政府对价值规律和旅游供求规律的自觉运用。它突出表现在旅游价格政策上。通过不同的价格政策，达到对旅游供求均衡进行调控的目的。政府可以通过各种价格策略，或者迫使旅游产品价格下降，减少旅游供给；或者促使旅游产品价格上涨，扩大旅游供给，以便提高旅游供给随旅游需求而动态均衡的主动性。常见的价格策略主要有地区差价、季节差价、质量差价、优惠价、上下限价等。

在线课堂 3-1

如何看待景区门票价格

另外，在经济手段中，国家通过财政拨款、建设旅游发展基金、信贷、利率等经济杠杆，也可以调节旅游供给的规模和结构，促进旅游业在各地区间的均衡发展。

行业感悟 3-2 **供需两旺，旅游扮靓幸福生活**

新中国成立以来，我国旅游业从无到有、从小到大、从弱到强，逐步发展成为增强国民幸福感、提升国民健康水平、促进社会和谐的重要产业，背上行囊，拥抱诗和远方，旅游正扮靓着百姓的幸福生活。

改革开放后，我国旅游业发展迎来春天。1981年，我国旅游业第一个发展规划出台，国内旅游逐渐起步并不断发展壮大，从增加创汇的单一功能向促进国民经济发展和增加就业等多种功能转变。如今，旅游已走进百姓的日常生活。旅游市场供需两旺、欣欣向荣，旅游日益成为中国人小康生活的重要标志，也成为世界认识现代中国、开放中国、文明中国、美丽中国、幸福中国的途径。

旅游业的蝶变，得益于供需两侧所下的功夫。需求侧，持续强化消费激励和消费引导，把扩大旅游消费同提高人们生活品质结合起来，拓宽旅游消费领域，释放旅游消费潜能；供给侧，不断丰富和优化旅游产品体系，推动旅游供给提质、扩容、升级，以高质量旅游产品供给引领和创造旅游新需求。

资料来源 杨倩.旅游扮靓幸福生活［EB/OL］.［2021-06-25］. https：//www.mct.gov.cn/whzx/whyw/202106/t20210625_925949.htm.

（三）法律手段的调控

国家的法律手段对旅游业的发展、旅游供求的平衡具有宏观的影响。

首先，法律手段是通过国家立法从法律上来规范旅游市场，保护游客和旅游经营者的合法权益，保障旅游市场的正常运行和旅游活动的顺畅开展，为旅游供给和需求解决自身的矛盾问题提供良好的市场环境。

其次，法律手段是其他各种手段和措施得以发挥其供求均衡作用的基础。旅游目的地的旅游发展规划和发展战略要落到实处，各种旅游经济政策、经济措施、经济合同要能够贯彻执行，都离不开法律手段的支持，它对旅游供给与旅游需求的彼此适应具有间接的影响作用。

再次，法律手段中一些相关的法规和条例对稳定旅游供给有积极的促进作用，如《中华人民共和国文物保护法》《风景名胜区条例》《中华人民共和国森林法》《中华人民共和国食品卫生法》《中华人民共和国旅游法》等。这些法律的出台有利于保护旅游资源，逐步扩大旅游供给，促进旅游业的可持续发展。

最后，法律手段中一些相关的法律法规对稳定和刺激旅游需求增长，也有明显的促进作用，如《中华人民共和国出境入境管理法》《消费者权益保护法》等。这些法律规定了旅游需求行为主体所享有的各项权利，对旅游供给过程中的各种侵权行为予以制裁，使旅游需求主体能够放心消费，在一定程度上也有助于调节旅游市场上的供求关系。

项目测试

一、单选题

1.旅游需求可以分为（　　）。

A.长期旅游需求和短期旅游需求

B.直接旅游需求和间接旅游需求

C.有效或现实旅游需求和受抑制的旅游需求

D.主观旅游需求和客观旅游需求

2.有些人虽然具备足够的支付能力和闲暇时间，但因家中有人生病等原因，一时无法出游。从经济学的意义上说，这些人的出游需求属于（　　）旅游需求。

A.潜在　　B.现实

C.延缓　　D.有效

3.一般以（　　）的高低作为衡量旅游支付能力高低的指标。

A.总收入　　B.可自由支配收入

C.当年收入　　D.活期存款

4.旅游冷热点地区并存的现象反映了旅游供求的（　　）矛盾。

A.总量　　B.结构

C.时间　　D.空间

5.在旅游目的地供给因素中，影响旅游需求的首要因素是（　　）。

A.旅游基础设施的完善程度　　B.旅游住宿设施的供给状况

C.旅游商品的丰富程度　　D.旅游吸引物的赋存状况

6.旅游需求的（　　）要求加强对旅游需求变动趋势的预测和分析，以提高旅游经济的应对能力。

A.指向性　　B.敏感性

C.多样性　　D.整体性

7.对旅游目的地来说，旅游需求的地域指向性表现为（　　）。

A.不同的国家或地区有不同的社会风俗习惯

B.旅游目的地在不同的季节有不同的吸引力

C.同一时段内旅游冷点地区和热点地区并存

D.不同旅游者需要的旅游设施存在明显差异

8.在其他因素不变的情况下，旅游需求量与旅游产品价格之间是一种（　　）

关系。

A.正相关　　　　B.负相关

C.线性　　　　D.非线性

9.某旅游企业在将其某项旅游产品的价格下调20%以后，引起另外一家旅游企业同类产品的需求量减少了15%，说明这种现象的指标是旅游需求的（　　）。

A.价格弹性　　　　B.时间弹性

C.收入弹性　　　　D.交叉弹性

10.下列关于旅游供给与旅游需求之间相互制约关系说法错误的是（　　）。

A.旅游产品的提供者和消费者在旅游活动中追求不同的目标和效用，从而引发的矛盾现象

B.旅游产品的提供者希望能够以较低的成本、较低的价格进行生产和销售，进而实现更大的利润

C.旅游产品的消费者希望在花费最少的情况下实现效用的最大化

D.信息不对称和利益目标的不一致，导致旅游供求之间产生诸多矛盾

项目测试3-1

单选题

二、多选题

1.在影响旅游需求的因素中，除了旅游客源地和旅游目的地因素，还包括两地之间的互动因素，这种互动因素有（　　）。

A.两地间的经济距离　　　　B.两地间的文化距离

C.两地通货膨胀程度　　　　D.两地的政治因素

E.两地的旅游资源丰度

2.下列关于旅游供给的说法正确的有（　　）。

A.旅游供给规律是指在影响旅游供给的其他因素不变的情况下，旅游供给量和旅游产品价格之间成正比例变化关系

B.旅游供给曲线是一条自左下方向右上方倾斜的曲线

C.在其他条件不变的前提下，当政府加大旅游业的税收时，整个旅游供给曲线将会向右平移

D.旅游目的地在计划游客接待数量时，只需要考虑各种旅游服务设施的接待能力

E.旅游供给量的测量是一个非常复杂的问题，因为在旅游供给内容中包含了旅游资源和与居民共用的基础设施这些难以量化的内容

3.下列对旅游供给弹性系数测算结果的分析，正确的有（　　）。

A.旅游供给弹性系数大于1，表明旅游供给是富有弹性的，这时的供给曲线是一条穿过横轴的向右上方倾斜且较陡峭的线

B.旅游供给弹性系数小于1大于0，表明旅游供给缺乏弹性或弹性小，这时的供给曲线是一条穿过横轴的向右上方倾斜且较陡峭的线

C.旅游供给弹性系数等于1，说明旅游产品价格一定幅度的变化会引起旅游供给量以同一幅度变化，这时的供给曲线是通过原点的一条与横轴成45度角且向右上方倾斜的线

D.旅游供给弹性系数等于0，说明该旅游目的地的旅游供给完全无弹性，即无论旅

游价格发生怎样的变化，旅游供给量始终维持不变

E.旅游供给弹性系数等于0时，这时的供给曲线是一条平行于横轴的直线

4.旅游供求在时间上的矛盾主要是由于（　　）。

A.旅游供给受各地自然历史条件的影响

B.旅游供给受各地休假制度的影响

C.旅游供给受各地消费习惯的影响

D.旅游需求受各地休假制度的影响

E.旅游需求受各地消费习惯的影响

5.关于旅游供求矛盾的说法，不正确的有（　　）。

A.旅游供求矛盾是指旅游供给与旅游需求之间的对立统一关系，它们既相互依存又相互制约

B.当旅游业发展到一定程度时，旅游需求会对旅游供给起到一定的引导作用

C.信息不对称和利益目标的不一致，导致旅游供求之间产生诸多矛盾

D.旅游供给是依托一定的旅游基础设施和旅游服务设施而提供的，相对于旅游需求来讲，旅游供给在短期内弹性较大

E.旅游供求矛盾运动的过程，就是旅游产品供给与需求之间对立统一的过程

项目测试3-2

多选题

三、判断题

1.旅游需求的时间指向性是指旅游需求在空间上具有较强的冷热性。（　　）

2.旅游偏好是指旅游者趋向于某一旅游目标的一种心理倾向。它建立在旅游者极端肯定态度的基础上。（　　）

3.旅游目的地旅游业发达程度与该地区的旅游人数成正比例关系。（　　）

4.旅游供给量与旅游产品价格呈反方向变化。（　　）

5.旅游地的生态环境容量指标是指接待游客或容纳旅游活动的数量极限。（　　）

项目测试3-3

判断题

四、简答题

1.继2018年6月发布《关于完善国有景区门票价格形成机制　降低重点国有景区门票价格的指导意见》后，2019年3月14日国家发展和改革委员会又发布了《关于持续深入推进降低重点国有景区门票价格工作的通知》，要求更大范围、更大力度推进重点国有景区门票降价，对2018年已经降价但降价不到位、高定价打折扣等问题仍然突出的景区，要进一步推动门票降价。但许多景区认为现在旅游需求非常旺盛，即使价格很高，游客仍然很多，涨价可以控制景区游客数量。你认为景区的门票需求价格弹性如何？面对这种情况应该采取什么样的对策？

2.现在许多景区都对持学生证的学生打折。你能否从“价格歧视”角度，解释许多旅游景点学生票打折现象？

项目测试3-4

简答题

实战演练

1.从前的旅游，主要有两大矛盾：时间与金钱——许多人陷入“有时间

没钱”或“有钱没时间”的尴尬；如今的旅游，主要矛盾变成了：人与景——“见人不见景”。一到小长假，国内不少景区就拉响人满为患的警报。请问“限客”能否避免景区人满为患？你有什么好的方案可以解决这个问题。

2.计算题

（1）某旅游饭店对外提供家庭配菜，当每份为40元时，每天销售数量为100份，当每份收45元时，每天销售数量为150份，计算价格为45元时的点弹性系数以及价格为40~45元时的旅游供给弧弹性系数。

（2）某景区旅游区门票对旅游团队提供优惠，当旅游团为40人时优惠价为100元，旅游团为60人时优惠价为80元。请计算旅游团为60人时，门票需求价格弹性系数，以及旅游团为40～60人时的门票需求价格弹性系数。

（3）当居民人均GDP为4 000美元时，每年出游2次，当居民人均GDP为8 000美元时，每年出游6次，请计算旅游需求收入弹性。

（4）某饭店在“十一”国庆节期间，将标准客房从每间500元提高到600元，但餐饮部就餐客人从300人减少到240人，请计算餐饮部交叉价格弹性系数。

（5）某航线，机票代理点对外报价预订价格为980元/张，但由于春运提前到来导致旅客剧增，因而实际价格上升到1 120元/张；根据预测，春运期间机票价格将持续上升，故机票代理点对外报价提高到了1 320元/张，并且预订机票价格将随供求变化而有20%的浮动，试计算该航线的机票价格预期弹性系数，并作出分析。

推荐阅读

1.王春蕾.供给侧改革背景下旅游供需耦合协调发展研究［D］.天津：天津商业大学，2020.

2.门亚斌.供求关系视角下旅游产品结构的转型升级研究［D］.厦门：厦门大学，2018.

4 项目四 探询消费行为：旅游消费及效果

项目概述

旅游活动作为一种生活方式，说到底是一种高级消费方式。它是在人们的衣、食、住、行等基本物质文化生活需要得到满足之后，还有多余的收入和闲暇时间而产生的新的消费需求。本项目对旅游消费及方式、旅游消费结构、旅游消费效果等问题进行了分析与研究，掌握它对开拓旅游市场、制定旅游价格、投资旅游项目、建立旅游产业结构、制定旅游经济发展战略与规划，都具有十分重要的意义。

项目导图4-1

项目四

项目目标

知识目标

- 了解旅游消费、旅游消费方式及旅游消费水平；
- 了解旅游消费结构的分类及影响因素；
- 掌握旅游消费效果的含义及评价原则；
- 掌握旅游消费决策的方法。

能力目标

- 能够引导旅游者合理消费，实现旅游消费合理化；
- 能够结合旅游消费决策衡量旅游消费效果。

素养目标

- 能够结合旅游消费体验，感悟真善美，培养旅游审美能力和家国情怀；
- 能够通过旅游消费引导，传承中华优秀传统文化，提升旅游消费水平；
- 能够结合旅游消费决策，倡导理性消费，培养学生严谨求实的科学态度。

任务一 旅游消费及其方式

任务导入

旅游新消费彰显“5G速度”

从商旅跟团时期的简单消费，到全球旅购狂潮下的激进消费，再到休闲度假时代的品质消费，中国旅游市场见证了新消费主义的演进。马蜂窝旅游网近期发布的《旅游账单2.0：全球旅游消费报告2019》显示，与以往相比，现在中国主流旅游人群的消费金额、方式与观念都发生了截然不同的变化。

该报告指出，旅游正成为人们生活的一部分，甚至是开支最大的部分，一年出游4次、一次花费上万已是平均水平。更重要的是，人们逐渐在精打细算与品质享受之间找到平衡点，成为更聪明的消费者。调查数据显示，目前中国年人均旅游消费近2万元，占生活总消费的30%；63%的国民每年在旅游上的花费超过万元。

精心制作预算规划是消费能力提升的表现之一。该报告指出，大部分游客在出游之前有制定预算的习惯。数据显示，最热衷做预算的是杭州居民，占到79%。近九成游客的最终花费会超过预算金额，大部分是在“买买买”上无法收手。近六成女性游客表示，购物是导致预算超支的主要原因；而男性游客相对会在住宿、餐饮和娱乐上花费更多。除了购物，人们对旅游品质和体验要求的提升也影响着预算的上涨。该报告指出，在酒店选择上，26%的游客会选择高档型酒店，12%的游客会选择豪华型酒店。马蜂窝订单数据显示，2019年上半年，单间夜价最高的酒店是马尔代夫索尼瓦贾尼岛度假村，一晚价格高达12万元。在美食方面，数据显示，45%的游客可以接受的单次人均用餐花费为100~200元。

随着5G时代到来，移动预订、即时预订的占比也在提高。数据显示，旅行预订应用在网民中的渗透率为49.5%，年增长率达到9.1%。2019年上半年，马蜂窝旅游网的移动端的交易占比已达到94%，而这一数字在2017年是85%。在移动预订背景下，“随走随订”正成为更多人的选择，在旅行的同时进行预订的数量比去年同期增长了四成。国内游也更容易“说走就走”，数据显示，马蜂窝旅游网的机票预订中有41%的游客选择在出发当天预订机票。

资料来源 佚名. 旅游新消费彰显“5G速度”[EB/OL]. [2019-08-20]. http: //www.hnwxw.net/Article/1952.html.

思考：

（1）针对中国旅游消费新趋势，旅游企业如何抓住机会发展自己？

（2）中国旅游消费变化对旅游供给提出了什么要求？

随着旅游消费需求的快速增长、旅游消费方式的变化、旅游消费水平的不断提高，需要旅游经营者认真研究旅游消费的特点及变化趋势，以便更好地提供满意的旅游产品以适应游客的需求。

一、旅游消费

（一）旅游消费的概念

从动态意义上讲，旅游消费是指人们支付货币购买旅游产品以满足自身旅游需求的行为（过程）。从静态意义上讲，旅游消费是指“由旅游单位（游客）使用为他们而生产的产品和服务的价值”（世界旅游组织的定义）。因此，旅游消费是指人们在旅行游览过程中，为了满足其自身发展和享受的需要，而进行的各种物质资料和精神资料消费的总和。旅游消费从其性质上可界定为：

1.从消费主体来看，旅游消费属于个体性消费

是否选择旅游消费、消费什么旅游产品、什么时候进行消费及消费层次、消费数量等，都取决于旅游消费主体的个人消费能力、消费意识、消费习惯、消费水平及个体决策行为等，并且旅游消费效果也因人而异。

2.从消费需求层次来看，旅游消费是一种高层次的消费

从马斯洛的需要层次理论来看，旅游消费是在满足人们的衣、食、住、行等基本生理需要的基础上，为进一步满足人们的享受和发展需要而产生的高层次消费。

3.从消费的内容来看，旅游消费是一种精神性消费

消费形态包括物质消费和精神消费两种。旅游者在旅游过程中，既包括有形的物质产品的消费，也包括以物质产品形态为依托的精神产品和服务产品的消费。因此，旅游消费是一种人们在旅游过程中所获得的满足其发展与享受的物质产品、精神产品和旅游服务在内的多样性消费。

（二）旅游消费的特点

任何消费都是社会生产力发展的结果，是人们收入增加和生活水平提高的标志。旅游活动涉及政治、经济、文化等广泛的社会领域，旅游消费的内容包含着食、住、行、游、购、娱等诸多方面，因而旅游消费具有其自身的特殊性。如果说一般传统产品的消费方式是把消费过程与再生产过程相对区分开来，那么作为现代消费方式的旅游则把消费过程与再生产的过程有机融合为一体。因此，旅游消费具有许多不同于一般传统产品消费的特点。

1.旅游消费的综合性

旅游消费是一个连续的动态过程，贯穿于整个旅游活动之中，因而综合性是旅游消费最显著的特点。

首先，从旅游消费活动的构成来看，旅游活动是以游览为中心内容的，但是为了实现旅游的目的，旅游者必须凭借某种交通工具，在旅途中必须购买一定的生活必需品和旅游纪念品，必须解决吃饭、住宿等问题。可见，旅游活动是集食、住、行、游、购、娱于一体的综合性消费活动。

其次，从旅游消费的对象来看，旅游消费的对象就是旅游产品，旅游产品是由旅游资源、旅游设施、旅游服务等多种要素构成的，其中既包含物质因素，也包含精神因素；既有实物形态，又有活劳动形态。因此，旅游消费的对象是多种要素、多类项目的

综合体。

最后，从参与实现旅游消费的部门来看，旅游消费是众多部门共同作用的结果，许多经济部门和非经济部门均参与了旅游消费的实现过程。前者包括餐饮业、旅馆业、交通业、商业、农业等部门；后者包括环保、园林、文物、邮电、海关等部门。这从另一个侧面也证明了旅游消费的综合性特点。

2.旅游消费的劳务性

旅游消费是一种以劳务为主的消费。所谓的劳务，是指服务。在旅行游览过程中，旅游者首先必须满足基本的生理需要，因而必然要消费一定量的实物形态的产品。但从总体上来看，服务消费占主导地位。旅游服务消费，不仅在量上占绝对优势，而且贯穿于旅游者从常住地向旅游地的移动，到旅游地参观游览，再返回常住地这一消费过程的始终。旅游服务是由各种不同的服务组合成的总体，一般包括饭店服务、交通服务、导游服务、代办服务、文化娱乐服务、商业服务等。

3.旅游消费的伸缩性

旅游消费作为一种高层次的消费，是一种伸缩性很强的消费，具体表现在：

（1）旅游消费是可变的。美国心理学家马斯洛曾把人的需要分为生理需要、安全需要、社会需要、自尊需要和自我实现需要。旅游消费是人们的基本需要，即生理需要和安全需要得到一定满足后，为实现更高层次的需要而进行的高级消费形式，因而没有数量限制。随着社会经济的发展及人们消费水平的提高，旅游消费的内容与形式必然会不断增加。

（2）旅游消费是富有弹性的。一般来说，满足人们生存需要的消费弹性较小，而满足人们享受、发展需要的消费弹性较大，旅游消费属于后者。许多因素都会影响旅游消费的数量和质量。除了通常所说的价格、收入外，国际政治经济形势，旅游者的职业、年龄、性别、受教育程度、宗教信仰、兴趣爱好，以及旅游地的社会经济发展水平、风俗习惯等，都会直接或间接地影响旅游消费。

（3）旅游消费具有很强的季节性。这主要体现在两个方面：一是旅游消费需求集中在某些月份或季节。例如，德国人旅游集中在夏季三个月，巴黎人喜欢八月份外出旅游。二是某些月份或季节的旅游消费内容集中于某些特定的旅游消费对象上。例如，夏季的海滨胜地游人如织，而一到冬季，出现在海滩上的游客则寥若晨星。

4.旅游消费的互补性和替代性

旅游消费的综合性决定了旅游消费具有互补性和替代性的特征。

旅游消费的互补性是指旅游者在进行旅游消费时，需要选择一组相关的旅游产品才能满足旅游者的需要，而不能只是消费某一旅游产品。也就是说，这组相关的旅游产品在功能上具有互补性。例如，旅游者观光旅游时需要有交通运输的消费，休闲度假时必须产生对住宿、餐饮等方面的消费。旅游消费的互补性要求相关的旅游企业、旅游行业或部门必须互相配合、密切合作，才能满足旅游者的需要并有效实现旅游消费，进而促进旅游业的发展。

旅游消费的替代性是指旅游消费或其构成部分与其他相关消费在功能上具有相互替代的性质。这有两层含义：一是旅游消费与非旅游消费之间的替代。例如，一定的收入既可以用来旅游也可以用来购买衣服，但购买衣服后就不能进行旅游。二是旅游消费内部的替代。旅游者在选择某一旅游产品及其组成部分后，势必要舍弃其他旅游产品的消费。例如，某旅游者从甲地到乙地乘了飞机，就不会再乘火车或轮船。可见，在旅游活动中，旅游消费的替代性是十分明显的，这种替代性促进并加剧了旅游业的竞争。

5.旅游消费的不可重复性

因为形成旅游产品的旅游吸引物、旅游设施和设备，以及在整个旅游过程中向旅游者提供的各种服务，都是不可转移的，因此只有旅游者离开常住地，离开熟悉的基本生活环境，克服空间距离，才能实现旅游消费。而旅游者在旅游过程中消费的旅游产品如客房、餐饮、交通工具、景区等，仅仅购买的是暂时的使用权，旅游产品的所有权归旅游供给者所有。旅游活动结束后，旅游产品的使用价值对消费者来说即告消失，不可重复使用。旅游服务的时间性更强，只有当旅游者消费这些服务时，服务才构成产品。旅游活动结束后，旅游者离去，旅游消费终止，旅游服务即告终止，它同样具有不可重复消费的特点。另外，旅游消费的不可重复性还表现在，旅游者在同一时间只能进行一次旅游消费，只能消费一个单位的旅游产品，而不像物质产品那样可以同时购买和消费多个或多种产品。由于旅游消费随旅游服务的时间、场合，以及服务人员及其自身心情的变化而不同，可见，旅游产品的不可转移性和不可储蓄性的特点，决定了旅游者对旅游产品的消费是不可重复的。

（三）旅游消费的作用

1.旅游消费能够体现旅游经济的运行效果

旅游经济的运行过程就是旅游产品的生产、交换、消费诸多环节周而复始地不断进行的过程，只有各个环节之间相互衔接、平衡协调，旅游经济运转才能顺利进行，而旅游消费是决定旅游经济顺利运行的关键点。一方面，旅游消费是旅游需求得以实现和满足的必要条件，人们产生了旅游需求之后，必须通过购买旅游产品进行旅游消费，才能实现需求的满足，并且，当一般旅游需求得到满足后，又会产生更高层次的消费需求；另一方面，旅游消费真正连接了旅游供给与旅游需求双方，是旅游产品的价值得以实现的过程，也是对旅游经济运行效果的最终体现。正因为有旅游消费，旅游产品的生产才有了目的和对象。如果没有旅游消费，旅游产品的价值就不能实现。此外，通过旅游消费还可显示整个旅游经济结构是否合理，旅游经济是否理想。

2.旅游消费能够促进旅游产业及相关产业的发展

旅游产业的各种要素及其组织都是围绕旅游消费来进行的，旅游消费需求决定着旅游产品的生产，旅游消费的规模决定着旅游产业的发展规模，是旅游产业发展的原动力。同时，旅游消费是一种物质消费、服务消费、精神消费为一体的综合性消费，消费对象广泛，与旅游产业外部的多个行业直接相关，对相关产业的带动性比较强。一方面，旅游消费促进了相关产业的发展，拉长了产业链条，具有很强的波及效应和倍增效应。扩大旅游消费，能优化消费结构，从而促进产业结构的优化，形成新的经济增长点。另一方面，旅游消费是综合性的最终消费，对扩大内需的贡献比较直接，是扩张社会总消费和带动消费规模增长的有效途径。相对于其他消费商品来说，旅游消费形式多种多样，可以满足不同层次、不同群体的消费需求，最终形成的有购买力的旅游需求总量相当庞大，且有可多次重复消费的特点。

3.旅游消费能够促进人的身心健康和社会和谐

旅游消费是发展性消费，通过扩大旅游消费，不仅具有拉动内需、促进现代服务业发展等经济功能，还具有提高居民健康水平、文化修养，实现社会调控等非常广泛的社会功能。早在我国春秋战国时期，著名思想家墨子就提出："食必常饱，然后求美；衣必常暖，然后求丽；居必常安，然后求乐。"人们在基本生存需求得到满足之后，必然追求更高的精神享受。据调查，旅游者出行的最大动机，主要是为了获得审美的情趣和精神的愉悦。旅游本身就是一种高品质、高品位的文化活动，人们通过参加旅游活动，可以扩大视野、学习知识、强健体魄、增进了解，最终达到提升文明素养的效果。因此，旅游消费是一种潜移默化的思想品德及文化素质教育，通过旅游消费，游客能开阔视野，陶冶情操，得到美的享受，有利于恢复、发展人的智力、体力。高质量的旅游消费，不仅能提高消费质量和层次，而且能提高人的素质，促进人的全面发展。

4.旅游消费能够促进文化传承和文明进步

发展旅游消费，能丰富社会文化，促进社会文明和社会全面进步。"读万卷书，不如行万里路。"我国古代一些文人、诗人，他们通过旅游写下了大量不朽的篇章，极大地丰富了中国文化。明代大旅行家徐霞客游历了祖国名山大川，北至燕鲁，南达云南，写下的名著《徐霞客游记》受到后人的称赞。著名诗人李白在诗中自述："五岳寻仙不辞远，一生好入名山游。"他有很多诗是通过旅游写的。还有杜甫、白居易等大诗人，也是如此。可见，旅游对发展中国文化有着不可磨灭的作用。至于当代，发展旅游消费，对发展消费文化、弘扬社会文明的作用，更是不言而喻了。旅游文化是社会文化的一个重要组成部分，发展旅游消费，能发掘和弘扬各地优秀的民族文化，提高社会文化水平，促进社会全面进步。

课堂互动4-1

课堂互动4-1

答案提示

中国网络红人、美食视频博主李子柒在海外走红。以中国传统美食文化为主线，用时间跨度极大的镜头记录了春耕夏种、秋收冬藏，三时三餐、四季流转的农家生活，创造了一幅田园牧歌的美好画卷。在某海外视频平台上，李子柒粉丝数为735万人，激起了许多国家的人们对中华传统文化的兴趣和热爱。

思考：

（1）李子柒作品走红的原因是什么？

（2）它是如何让我们感受到中华文化的独特魅力和影响力的？

二、旅游消费方式

（一）旅游消费方式的含义及构成

旅游消费方式是指人们在旅游活动中消费物质资料、精神产品和劳务的方法和形式。就其内容而言，旅游消费方式主要说明在一定的旅游环境条件下，旅游者为什么消费、有何能力消费、以什么形式消费、用什么方法消费旅游产品，以满足自己的旅游需要。

具体而言，旅游消费方式包括：

1.消费意识

人们的旅游消费过程，是受其消费心理、消费观所构成的消费意识的支配、控制而完成的。消费心理是浅层的消费意识，即人们在一定条件下，由自身感觉体验的心理活动而形成的消费动机、意向和兴趣。消费心理往往受其社会环境的影响而自发地形成。消费观是深层的消费意识，是在一定的人生观、价值观的基础上形成的，并具有相对稳定性。相对稳定的消费观同相对变化的消费心理相结合，就构成人们的消费意识。消费观为人们的消费活动提供模式，消费心理则直接影响着人们现实和具体的消费行为。

2.消费能力

消费能力是指人们为满足旅游需求而进行消费活动的能力。它既包括人们生理上的消费能力，又包括人们获取一定量消费的经济能力。生理的、经济的、文化的条件是构成旅游消费能力的物质和精神的基础。然而，这毕竟只是一种可能的消费能力。要把可能的旅游消费能力变成现实的消费能力，还需要成熟的客观条件，即旅游者在具备生理上、经济上、文化上的完整的消费能力的同时，要拥有条件来获取所需要的消费资料，这才是现实的旅游消费能力，才能使消费活动得以实现和进行。

3.消费结构

消费结构是指旅游消费主体在一定时间内，对各类旅游产品和劳务消费的数量比例和相互关系。旅游产品消费又可分为满足生存基本需要的生存消费、满足享乐需要的享受消费、满足人的体力和智力发展需要的发展消费等。此外，消费结构还包括个人消费与社会公共消费的比例关系，以及商品性消费与自给性消费的比例关系。消费结构的状况反映了旅游消费方式的基本特征，表现了旅游消费的水准和质量。

4.消费习惯

消费习惯是指在一定环境下经常重复出现的一种消费行为方式，其具有民族性、历史性和相对稳定的特点。不同国家、地区和民族的消费习惯，是在各自特定的经济、文化条件下形成的，并凝聚成为一种社会心理或行为规范，是构成不同国家、地区和民族的文化形态、习俗差异的重要因素。

5.消费水平

消费水平主要是指从数量上表明旅游消费在物质、文化方面满足旅游者需要的程度。任何消费方式总是要通过一定的消费水平体现出来的，特别是旅游消费品和服务总是具有一定的质量。所以，消费水平所包含的旅游产品和服务的质量，既包括精神消费品及其服务的数量和质量，又包括物质消费品及其服务的数量和质量。因此，必须从数量与质量、物质消费与精神消费的统一中来把握旅游消费的水平。

（二）影响旅游消费方式的因素

旅游消费作为人类高层次享受和发展需要的消费，受到很多因素的影响。除了政治、经济、人文等因素外，旅游者的收入水平、年龄、性别、职业、偏好和受教育程度都会影响旅游消费方式的变化。

1.旅游者的收入水平

旅游消费是满足人们高层次需要的消费，即使人们产生了旅游需要的意愿，但未必就会变成现实的旅游消费。只有当人们的可支配收入在支付生活费用后尚有一定数量的节余时，才能使潜在的或意愿的旅游需要变成现实的旅游消费。因此，旅游者的收入水平既决定了旅游消费水平，也决定了旅游需要的满足程度，从而决定了旅游消费方式的变化。旅游者的收入水平越高，购买和消费旅游产品的经济基础就越好，旅游需要就越能得到满足，就越能促使旅游者的旅游消费从低层次向高层次发展。

2.旅游产品价格

旅游产品价格是影响旅游消费结构和消费方式的重要因素。不同的价格水平下，旅游者购买的旅游产品和服务的数量和质量是不同的。当旅游产品的价格上涨而其他条件不变时，人们就会减少在该产品上的支出，并从旅游消费转向其他价格相对便宜的替代商品的消费；反之，当旅游产品价格下跌，或者旅游价格不变而旅游产品的内容增加时，人们就会增加在该产品上的支出，并把用于其他商品的消费转向旅游消费。可见，旅游产品价格也会影响到旅游消费结构和消费方式的变化。

3.旅游者的构成

旅游者的构成也是影响旅游消费方式的重要因素。旅游者的构成是指旅游者的不同年龄、性别、文化、职业乃至民族、习俗、偏好等结构特征。例如，青年人对饮食要求多而不精，而对游览娱乐性的开支则较大；老年人对住宿、饮食、交通的要求比较高；妇女的旅游消费中购物消费占很大比重；政府官员、商务人员、参加会议的旅游者则要求现代化的旅游设施设备、高质量的饮食和服务。此外，不同旅游者的文化、习惯等也会影响旅游者的消费偏好和购买习惯，从而对旅游产品的内容和质量有不同的要求，进而影响旅游消费结构和消费方式的变化。

4.旅游产品结构

生产决定消费，现有消费只能来自现有的产品。因此，旅游产品结构不仅影响旅游者的消费水平和消费数量，而且从宏观上影响旅游消费方式的发展和合理化。在国民经济中，向旅游业提供服务的各相关产业部门的结构如果搭配不合理，没有形成一个相互协调、平衡发展的产业体系，就会导致其各个构成要素发展不平衡乃至旅游产品结构失调，从而不仅不能满足旅游者的需要，也会对旅游消费方式的发展产生负面影响。

5.旅游产品质量

旅游者消费的不仅是一定数量的旅游产品，而且需要一定质量的旅游产品。如果旅游产品的数量符合旅游需求的总量，但若其质量差、使用价值小，则仍然不能满足旅游者的消费需要，因此必须重视旅游产品的质量。重视旅游产品的质量应做到以下三个方面：

（1）向旅游者提供的旅游产品要达到适销、适量和适价，即符合物美价廉的要求。

（2）提高旅游服务效率，对每一项服务都要求做到熟练和敏捷，为旅游者节约时间，提供方便。

（3）在旅游服务过程中要礼貌、热情、主动、周到，只有提高了旅游产品的质量，做到产品质量与价格相符，才能使旅游者获得物质上与精神上的充分满足，才能提高旅游者的消费水平，进而促进旅游消费方式和旅游消费结构日趋完善。

（三）旅游消费方式的发展趋势

旅游消费方式的发展同一定的社会生产力水平相联系，它与旅游业自身的发展水平有关，也与整个社会以及其他同旅游消费相关的经济部门的发展水平相联系，这也反映出旅游消费的经济性、文化性、精神享受性等特点。随着现代科学技术的发展、经济的发展、社会的进步以及旅游业的快速发展，旅游消费方式呈现出以下发展趋势：

1.旅游消费水平逐步上升

旅游消费是人们文化生活的组成部分，是一种包含较多精神内容的、高层次的生活方式，其消费水平随社会经济发展水平的变化而变化。从目前情况来看，我国经济发展水平较低，人均收入不高，因而我国的旅游消费的水平也处于较低阶段。一方面，我国个体旅游消费水平尚处于较低阶段，旅游者的基本旅游消费支出占总消费支出的比重很高，而非基本旅游消费支出所占的比重太低；另一方面，我国国内旅游以中低档旅游消费为主流，国内旅游收入仍然主要依靠旅游人数逐年攀升所带来的总量提高。尽管商务旅游、会议旅游等公务旅游在我国快速发展，但这构不成国内旅游消费的主体，作为国内旅游主体的家庭旅游、老年旅游的消费处于中档水平，而学生和农村居民旅游则通常属于低档消费。

随着经济的发展和人们收入的提高，人们用于满足物质文化需要的消费支出必然会增加，人们对旅游产品和服务的消费也会越来越多，从而使旅游消费的水平相应得到提高，这是旅游消费方式发展的特点和必然趋势。

2.旅游消费结构不断优化

旅游消费结构优化是指旅游消费的内容、方法和形式实现多元化，并符合人们不断变化的旅游需要。这就要求，对旅游消费内容和旅游活动方式的具体选择，必须既有利于旅游者消除疲劳、增进健康，又有利于旅游者增长知识、修身养性、促进智力的发展。从目前旅游消费结构变化的趋势来看，观光旅游比重逐步下降，商务、购物旅游活动比重上升；自然风光旅游产品份额减少，内涵丰富的文化旅游产品份额直线上升；度假旅游逐步兴起并走向成熟。因此，我们应当跟踪和把握好旅游消费结构变化的趋势，通过对旅游消费结构的不断优化，使旅游者通过各种旅游活动达到开阔视野、培养和发展自己的各种良好兴趣和能力、提高自身精神文化素质的目的。

经济广角 4-1　　新技术将重塑旅行体验

携程旅行网（以下简称携程）作为中国最大、全球市值第二大的在线旅游平台，从创立之初发展到今天，得益于互联网尤其是移动互联网技术的高速发展以及中国出境旅游人数的爆发式增长。

在线旅游属于“互联网+旅游”高度融合渗透的现代综合服务业，有着巨大的市场前景和人口红利。通过大数据和人工智能技术的应用，携程彻底改变了中国消费者的旅行方式，不仅帮助包括航空公司、酒店、旅行社在内的合作伙伴降低了营销成本，还提高了旅游全行业效率和经济效益。

携程正在向中国三四线城市渗透，进一步缩短贫困和富裕地区的差距，在不破坏环境的前提下，通过创造就业机会带动了数百万家庭从中受益。当前平均每五个中国出境游客中就有一人通过携程预订，贡献了超过1亿个直接和间接工作岗位。

旅游业是一个全球化的产业，在数字化的背景下，需求方和资源方之间的环节和价格会越来越透明，而游客的服务标准和定制化要求会越来越多。

资料来源　仝麟阁. 领军者看2018 | 携程旅行网CEO孙洁：新技术将重塑旅行体验[EB/OL]. [2018-02-27]. https://www.163.com/dy/article/DBLOUP0L05199DKK.html.

3.旅游消费环境良性发展

精神消费是旅游消费的重要内容。良好的旅游消费环境可以提高旅游者的精神满足程度，因而它不仅是高品位、高质量旅游产品的重要组成部分，也是顺利实现旅游消费的必要条件。人们旅游的主要动机是追求清新、舒适、宁静、安全的自然环境和社会环境，因此旅游消费必须有利于生态环境的保护，特别是某些特定的旅游活动，如狩猎、钓鱼、森林旅游等，以不损害自然界的生态平衡为前提，严禁滥捕、滥采和滥猎。同时，合理的旅游消费还应该通过旅游活动的开展，增强人们对自然资源和历史文物的保护意识，激发旅游者主动地维护和改善生态环境，促进旅游经营者积极筹集资金治理环境污染，保证旅游消费环境的良性发展。此外，旅游消费还需要一个良好的社会环境，需要旅游者、旅游经营者以及政府一起行动，创建一个良好的旅游消费的社会环境。

4.旅游消费市场供求平衡

一般而言，旅游需求具有较大的变动性，而旅游供给则具有相对稳定性。因此，应努力使旅游消费能够保证旅游“淡旺季”和旅游“冷热”地区的旅游消费市场的相对平衡发展，使各个旅游时期和各个旅游地区保持一定的旅游消费规模，以提高旅游设施和设备的利用率，充分发挥旅游消费对饮食服务、旅馆、交通运输、邮电通信、金融、商业及娱乐业等行业的带动和促进作用。从现有的旅游供给能力来看，要针对旅游高峰时期游客较多的状况，尽量保证在旅游“旺季”和旅游“热点”地区，旅游消费的水平和结构与旅游地的接待能力相适应，切实解决旅游“旺季”和旅游“热点”地区的“吃饭难”“住宿难”“乘车难”等问题，不断提升旅游消费的良好效果和综合经济效益。从长期考虑，应根据旅游需求适时、适量地开发旅游产品，提高旅游产品质量，优化旅游产品结构，以满足旅游者的旅游消费需要，提高旅游消费的水平和结构，促进旅游消费方式的改善。

在线课堂4-1

消费者旅游方式的新变化

三、旅游消费水平

旅游消费水平是指旅游者在旅游活动中消费旅游产品和服务的数量以及对旅游需要的满足程度和水平。旅游消费水平有狭义和广义之分。狭义的旅游消费水平是指旅游者在旅游产品上的人均支出量；广义的旅游消费水平不仅包括人均旅游消费的支出数量，还包括对旅游产品消费的质量和层次，即反映旅游者对旅游需要满足的程度和水平。当旅游者消费某种旅游产品时，尽管所消费的旅游产品数量相同，但如果旅游产品质量差别越大，则意味着旅游者获得的满足程度的差别越大，其所反映的旅游消费水平的差别也相应越大。

（一）旅游消费水平的衡量指标

为了全面反映旅游消费水平的数量和质量，旅游消费水平的指标体系应该包括旅游消费的数量指标、旅游消费的价值指标和旅游消费的质量指标等。

1.旅游消费的数量指标

旅游消费作为一种特殊的消费形式，它既包括实物形态的物质产品消费，又包括非物质形态的精神与服务产品的消费，再加上旅游产品构成要素的多样性，因此出于统计和分析的需要，对旅游产品消费的数量指标通常是以旅游者人数、旅游者人天数和旅游者停留天数来表示。

（1）旅游者人数，是指一定时期内旅游目的地国家或地区接待的旅游者总人数。一般，在人均旅游消费支出一定的情况下，旅游者人数越多，旅游消费总量越大。因此，旅游者人数反映了按旅游人数计算的对旅游产品购买和消费的总规模和水平，是旅游消费数量基本统计指标之一。在数值上，它等于旅游者人天数除以旅游者平均停留天数。

（2）旅游者人天数，是指一定时期内旅游目的地国家或地区接待旅游者的总天数，反映了按旅游天数计算的对旅游产品购买和消费的总规模和水平，它既体现旅游消费的人数，又体现了旅游消费的天数，是旅游消费数量最基本的统计指标。

（3）旅游者停留天数，是指一定时期内旅游者在某旅游目的地国家或地区停留的时间。一般情况下，游客在旅游目的地停留时间越长，对旅游产品的消费越多，旅游消费水平越高；反之亦然。由于旅游者停留时间长短不一，为了方便统计和计算，实际计算时一般采用旅游者平均停留天数指标。

此外，虽然旅游者在旅游过程中也有物质产品的消费，如餐饮、旅游商品等。但由于对这些物质产品的消费种类繁多、千差万别，很难一一进行分类统计，因此通常统计和计算人均旅游消费支出。

2.旅游消费的价值指标

旅游消费的价值指标，是用旅游者的消费支出来综合反映旅游者在旅游目的地国家或地区消费旅游产品的规模和水平。在一定时期内，旅游者在旅游目的地的消费支出越多，则旅游目的地国家或地区的收入就越多。因此，可以通过分析旅游者在旅游目的地的消费支出来衡量旅游目的地的旅游消费水平。通常用来反映旅游消费价值的指标主要有旅游消费总额、人均旅游消费支出额和旅游消费率等。

（1）旅游消费总额。旅游消费总额是指一定时期内，旅游者在旅游目的地国家或地区进行旅游活动过程中所支出的货币总额。它从价值形态上反映了旅游者对旅游目的地旅游产品消费的总量。由于旅游业是一个综合性产业，涉及交通、住宿、餐饮、娱乐、购物、游览诸多行业和企业，因此对旅游消费总额的计算是采用抽样调查和常规统计相结合，即通过抽样调查得到人均旅游消费支出，再同常规统计的旅游者人数相乘而得。同时，由于消费者的支出就是生产者的收入，因此旅游消费总额从旅游目的地的角度来看就是其旅游收入。

（2）人均旅游消费支出。人均旅游消费支出是指一定时期内，所有旅游者在某个旅游目的地国家或地区的平均旅游消费支出的货币金额，它反映了旅游者整体在某旅游目的地的平均消费水平，也是旅游经营者开拓旅游市场和开发旅游产品的重要依据。人均旅游消费支出一般是通过抽样调查得到的，但是在知道旅游消费总额的情况下，也可以根据旅游消费总额和旅游者人数来计算。

（3）旅游消费率。旅游消费率是指一定时期内，某个旅游客源地国家或地区旅游者消费支出同该国家或地区个人消费支出总额的比例。它从价值角度反映了一个国家或地区在一定时期内旅游者的旅游消费强度和水平。掌握旅游客源国的旅游消费率，对旅游目的地国家或地区开拓旅游客源市场具有十分重要的意义。

3.旅游消费质量指标

旅游消费质量指标，是旅游产品内容、旅游服务标准、旅游环境状况等相结合的质的规定性指标，它反映了旅游者对旅游消费对象、消费内容、服务水准和消费环境的感受和评价。一般来说，旅游消费质量指标可以从生产和消费两个方面来分析：

在生产方面，旅游消费质量主要表现为旅游企业按照一定的标准和要求，向旅游者提供相应质量的旅游产品和服务。这些标准和要求通常由国家和行业协会制定和颁布。例如，不同的星级旅游饭店具有不同的服务内容和标准，不同等级的旅游景区景点具有不同的内容要求和服务标准，不同的交通运输工具具有不同的服务特点和标准等。正是有了这些规范的服务内容和标准，旅游者才可能按照不同的旅游产品标准选择不同的旅游消费水平，并要求旅游企业提供相应的旅游消费质量。

在消费方面，旅游消费质量主要表现为旅游者对旅游产品消费的心理感受和评价。因为旅游产品是一种以服务性为主的产品，旅游消费是旅游者对旅游服务的精神消费过程，不同的旅游者对旅游服务质量往往会有不同的感受和评价；同时，旅游者在不同的时期对旅游服务质量也会有不同的要求。因此，旅游企业要按照一定的标准和要求，向旅游者提供相应质量的旅游产品和服务，同时要根据游客的消费反馈，不断调整和提高旅游服务质量。

（二）提高旅游消费水平的途径

影响旅游消费水平的因素众多，旅游者的收入水平、旅游产品的供给结构、旅游产品的价格和质量、旅游者需求构成等都会对旅游消费水平产生不同程度的影响。因此，必须重视有关影响因素的分析，解决面临的紧迫问题，以采取合理有效的措施提高旅游消费水平。从旅游目的地角度来看，可以从以下方面来提高旅游消费水平：

1.加强旅游产品的开发

提高旅游消费水平，首要任务是吸引更多的旅游者，而吸引旅游者的关键是必须开发符合旅游者需要的、具有吸引力的旅游产品。例如，观光旅游者喜欢旖旎的自然风光和多彩的民族风情，文化旅游者喜欢悠久的历史文化和独特的文物古迹，度假旅游者注重优美的生态环境和丰富的娱乐活动。因此，针对旅游者需要加强旅游产品的开发，吸引大量的旅游者并满足各类旅游者的需求，是不断增加旅游者数量和扩大客源市场的关键。

要根据旅游消费发展趋势进行旅游产品开发，突出旅游产品的特色，发展适销对路的旅游精品，完善和配套旅游基础设施，提高旅游服务质量和水平，以此提高旅游目的地在国内外旅游市场上的知名度和影响力，增强在国内外旅游市场上的竞争力，招徕更多的国际国内旅游者。同时，通过提供丰富多样的旅游产品吸引旅游者，以延长其停留时间，增加旅游消费支出，从而增加旅游目的地的旅游消费总水平。

2.开拓高素质的旅游者市场，提高旅游者人均消费水平

提高旅游消费水平的另一途径，是提高旅游者人均消费水平。在旅游者人数一定时，旅游者人均消费水平越高，旅游消费总体水平越高。因此，努力开拓高素质的旅游者市场，招徕更多的高素质旅游者，不断提高旅游者人均消费水平，对提高旅游消费水

平具有重要作用。这里的高素质旅游者，是指需要层次高、消费水平高、消费素养高的旅游者。

需要层次高，是指人们对旅游产品的内容和服务质量的要求高，不仅要求旅游活动的内容更加丰富多彩、类型多样，而且要求旅游服务质量能够更加优质化和个性化，能够充分满足每个旅游者的需要。这类旅游者更为重视发展和享受层次的旅游消费。随着人们收入水平和生活质量的日益提高，尤其是随着带薪假日的增多，这类客源市场在不断扩大。

消费水平高，是指旅游者的人均消费水平高，尤其是需要层次高的旅游者通常都具有高消费的经济能力和条件。为了满足旅游者高消费的要求，必须进一步开发丰富多样的旅游产品，不断提高旅游设施质量和服务水平，丰富旅游活动的内容和形式，提供更为方便快捷的旅游交通和通信条件，使旅游者能够在有限的旅游时间内产生更多的旅游消费支出。

消费素养高，是指旅游者的文化素养和综合素质较高。高素养的旅游者具有更强的社会观念和环保意识以及文明的旅游行为。因此，开拓高素质的旅游者市场，有利于提高人均旅游消费水平，有利于加强对旅游目的地生态环境和历史文化遗产的保护，减少大量旅游者进入所带来的负面效应，有利于节约整个社会经济和环境保护成本，不断提高旅游业的经济社会效益。

3.提高旅游服务质量，增强旅游者的满意度

旅游产品是一种以服务为主的综合性产品，因此提高旅游服务质量是增强旅游者消费满意度的重要因素。由于旅游产品的构成一般包括食、住、行、游、购、娱等多种要素，因此要求旅游目的地必须不断改善整个旅游业的服务质量，才能不断提高旅游者在旅游目的地的旅游消费水平。

提高民航、铁路、水运、城市等旅游交通服务的质量和水平，为旅游者提供方便、快捷、安全的旅游交通条件；提高旅游住宿和餐饮服务的质量和水平，满足旅游者的个性化需求，使旅游者在旅游目的地住得温馨、吃得舒心，真正具有“家外之家”的体验和感受；不断丰富旅游产品的内容，满足不同层次旅游者的多样性旅游需求，使旅游者在旅游活动中能够游览欢心、度假舒心、娱乐开心，充分享受旅游的愉悦和激情；积极开发各种旅游商品，尤其是加强对购物旅游资源的开发力度，加强旅游商品的市场营销和销售服务，使旅游者放心消费，从而激发旅游者进行更多的购物消费。这不仅是满足旅游者的旅游消费要求，而且是提高旅游消费水平的重要内容；提高邮电通信、金融汇兑、医疗保健、安全救援等旅游相关方面的服务质量和水平，为旅游者营造良好的旅游消费环境，增强旅游者对旅游目的地的满意度，塑造旅游目的地良好的旅游形象，从而促进旅游消费水平的提高；要提高服务效率，真正为旅游者提供方便，节省旅游者的时间。

在线课堂4-2

旅游消费升级 催生定制旅行

4.提高旅游产品的技术含量，增强其竞争力

技术含量的高低对旅游产品质量有着决定性作用。要重视现代科学技术的应用，提高旅游产品的竞争力，这是满足和吸引旅游消费的重要手段。

提升旅游景区景点开发、旅游商品开发、旅游交通运输、旅行社和旅游饭店服务及旅游教育等现代科技的应用能力和水平，努力提高旅游业的科技含量，以现代科技推动旅游业的发展；加快以国际互联网为主的旅游信息化的建设和发展，积极推进旅游网络促销、旅游电子商务、旅游远程教育的步伐，充分利用旅游信息网络来加大对旅游市场的开拓力度，提高招徕旅游者的能力和水平；加强对旅游从业人员应用现代科技能力的培养，培养一批能够充分应用现代科技、通晓国际事务、精通国际经营、外语水平高、综合素质好的旅游人才，进一步提高旅游目的地的旅游服务和经营管理水平，不断提高旅游目的地在旅游市场的竞争力。

经济广角 4-2　　旅游消费中新技术的应用

旅游已成为国民消费的“刚需”，今年国庆长假的亮丽数字再次印证了旅游领域爆发出来的巨大消费潜力。从“十一”假期可以看出，各地旅游正在逐步从景点旅游模式向全域旅游模式转变，而各种层出不穷的新技术、新零售、新业态，也为旅游者带来了更多的新体验。

免排队、秒刷脸、轻松反复入园……“十一”长假前，阿里巴巴旗下旅行品牌——飞猪升级未来景区战略，通过技术创新和大数据赋能景区，杭州西溪国家湿地公园作为未来景区的样板正式亮相。假期前两日，西溪湿地未来景区游客数量达到平日的6倍，每天有上千位游客享受“无须取票、不刷身份证”的“刷脸”入园体验。

资料来源　白丽媛，祝梅．新技术、新零售、新业态层出不穷 国庆旅游消费新升级［N］．浙江日报，2018-10-05（2）．

5.文旅融合提质旅游消费

2018年，文旅融合开局顺利，旅游消费持续高涨，产业创新更加活跃，社会担当更加务实，关联带动作用稳步提升，游客满意度和员工、居民获得感稳步提升。2019年是文化和旅游融合由行政部门转向市场的关键之年，文化消费在旅游产业中发挥着越来越重要的作用。国内各大目的地、景区和旅行社基于自身资源和本土文化，进行了大量的产品创新、服务升级和营销尝试，为游客提供更丰富的、更极致的旅行体验。马蜂窝旅游网的数据显示，泰国泼水节、青岛啤酒节、林芝桃花节、泰国天灯节和美国的火人节都是中国游客最关注的五大节庆活动。此外，日本樱花季每年也吸引了大量游客前往。

创办于1991年的青岛国际啤酒节，从最初促进啤酒贸易到今天成为了融旅游、文化、体育、经贸为一体的节庆活动。将当地的啤酒文化和滨海的旅游资源相结合，每年吸引大量游客前往。被誉为“西藏江南”的林芝地区，则将林芝桃花节打造成自己的旅游名片，让游客欣赏到雪峰与桃花“同框”的景象。此外，乌镇戏剧节和西塘汉服文化周也逐渐成为当地的文化旅游名片，为历史悠久的古镇赋予了新的文化内涵。

任务二 旅游消费结构

任务导入

加快推进消费结构优化提档升级

2018年10月9日，浙江省政府召开“放心消费在浙江”推进会。省长袁家军指出，过去两年，全省各地各有关部门深入贯彻落实省委、省政府决策部署，全面实施“放心消费在浙江”行动，在扩大消费规模、提高消费水平、改善消费结构、培育消费新模式等方面取得了明显成效，消费的基础性作用明显增强，工作值得充分肯定。今后，希望各地各有关部门再接再厉，高举习近平新时代中国特色社会主义思想伟大旗帜，认真落实习近平总书记对浙江工作重要指示精神，贯彻落实中共中央和国务院32号文件精神，顺应居民消费提质转型升级新趋势，深入实施放心消费示范创建、浙江“品字标”、放心消费补短板工程等重大举措，做大做强义乌小商品“购物天堂”、电子世界贸易平台、专业市场等重大平台，深化无理由退货制度、消费后评价制度等重大改革，争创新型贸易中心，营造安全放心消费环境，努力让更多消费者买得放心、吃得放心、用得放心，打响“放心消费在浙江”品牌，加快推进消费结构优化和提档升级，为加快推进经济高质量发展和百姓高品质生活，实现“两个高水平”奋斗目标作出新的更大贡献。

会议指出，要深刻领会习近平总书记关于消费的重要论述和中央32号文件精神，坚持把消费作为经济发展的内生动力，作为高质量发展、高品质生活的关键环节，作为一项长期战略举措。准确把握放心消费的核心要义，坚持质量放心，无假冒伪劣；价格放心，无价格欺诈；退货放心，无理由退货；维权放心，无非法侵权。聚焦聚力高质量、竞争力、现代化，深入实施“放心消费在浙江”行动，加快推动实物和服务消费品提质升级，创建一批放心市场、放心商店、放心网店、放心餐饮、放心景区、放心工厂，启动实施放心消费补短板工程，补齐农村、老人、孩子和网络放心消费短板，完善无理由退货、质量可追溯、明码实价、支付安全保障、最严监管、消费后评价等制度，形成放心消费制度闭环和消费生态体系，努力确保百姓吃得放心、穿得舒服、住得舒适、行得方便、游得舒心、购得放心、娱有所乐、学有所得、老有所养、健康长寿。

资料来源 黄莹.“放心消费在浙江”推进会召开 袁家军批示[EB/OL].[2018-10-09]. https://baijiahao.baidu.com/s?id=1613855232938895375&wfr=spider&for=pc.

思考：

（1）什么是旅游消费结构？旅游消费结构优化的内容有哪些？

（2）浙江省在优化旅游消费结构方面有哪些经验值得我们借鉴？

旅游消费结构，是指旅游者在旅游过程中所消费的各类旅游产品及相关消费资料的数量比例及相互关系。它不仅反映了旅游消费方式的基本特征，还反映了由一定生产力水平所决定的旅游消费的质量和水平。随着旅游经济的发展，人们的旅游需求呈现出多样化发展的态势，这使得旅游消费结构也具有多样化发展特征。

一、旅游消费结构的分类

（一）按照旅游消费主体规模划分

依据旅游消费主体规模，可将旅游消费结构分为个人（或家庭）旅游消费、集团旅游消费和社会旅游消费。个人旅游消费是指由个人或家庭的旅游需要而引发的对旅游产品的消费，它包括人们在旅游过程中所购买的用于满足其基本需要、发展与享受需要的物质产品、精神产品和旅游服务方面的消费，是一种传统而广泛的旅游消费。集团旅游消费是指各种社会集团出于对商务旅游、会展旅游、奖励旅游等需要而进行的旅游消费，是一种市场潜力较大、消费水平较高的旅游消费主体。社会旅游消费是从整个社会（国家或地区）角度宏观考察旅游消费的问题规模及其结构，如世界旅游理事会将一个国家或地区的旅游消费划分为个人旅游消费支出、商务旅游消费支出、政府旅游消费支出、旅游出口等内容，然后从整个宏观旅游经济角度分析和考察旅游消费的状况。

（二）按照旅游消费主体特征划分

不同类型的旅游者具有不同的旅游消费特征。根据旅游者的年龄、性别、职业、收入、偏好、出游目的等不同旅游消费的特征，可对旅游消费结构进行不同的分类。2019年，我国入境外国游客人数6 573万人次（含相邻国家边民旅华人员），亚洲占75.9%、美洲占7.7%、欧洲占13.2%、大洋洲占1.9%、非洲占1.4%。其中，按年龄划分，14岁以下的占3.8%、15~24岁的占13.9%、25~44岁的占49.3%、45~64岁的占28.1%、65岁以上的占4.9%；按性别划分，男性占58.7%、女性占41.3%；按目的划分，会议商务的占13.0%、观光休闲的占35.0%、探亲访友的占3.0%、服务员工的占14.7%、其他的占34.3%。在统计时，就是按照年龄、性别、目的等特征来划分入境旅游消费主体及其构成。

（三）按照旅游消费层次划分

按照旅游者的需求层次，可以将旅游消费结构分为生存消费、享受消费与发展消费三个层次。生存消费是指旅游者在旅游活动中对餐饮、住宿、交通等基本生理需求的消费，这是维持旅游者在旅游活动中基本的生活需要，是实现旅游目的必不可少的旅游消费。享受消费是指旅游者在旅游活动中对游览、观赏、娱乐等精神享受的消费，是实现旅游者休闲、游览等旅游目的，丰富旅游活动内容，提高旅游活动的愉悦性而进行的消费。发展消费是指满足旅游者在旅游活动中对求知、科考、学习等有益知识增长和智力发展的消费。三个层次的消费相互交错，在具体的旅游活动中很难划清它们之间的界线，后两个层次不仅属于旅游活动中较高层次的消费，也是极富弹性、具有发展潜力的消费。

（四）按照旅游消费的重要程度划分

按照旅游消费的重要程度，一般可将旅游消费分为基本旅游消费和非基本旅游消费。基本旅游消费是指旅游者对旅游住宿、餐饮、交通和景区游览等方面的消费，是进行一次旅游活动所必需的基本稳定的消费，一般需求价格弹性较小。非基本旅游消费是指与旅游者个性消费特点相联系的、并非每次必需的具有较强变动性的消费，旅游购物、娱乐、医疗保健、通信等，这类旅游消费一般具有较大的需求弹性，主要取决于旅游者的偏好、产品特点、旅游价格等因素。

（五）按照旅游消费形态划分

按照旅游者在旅游活动中的旅游消费形态，一般可将旅游消费分为物质消费和精神消费。物质消费是指旅游者在旅游过程中所消耗的有形物质产品，如客房、餐饮、旅游纪念品等实物产品，它主要用于满足旅游者的生理和心理需要。精神消费是指旅游者对各种山水名胜、文物古迹、民俗风情等观赏和享受方面的精神产品及其服务性精神产品。二者的划分具有相对性。物质消费是旅游消费的基础，一旦旅游者对物质消费感到满足后，也会在精神上感到愉悦和满足。同时，旅游者在精神方面的消费，必然也包括物质消费。

（六）按照旅游消费内容划分

按照旅游体验活动过程的环节，旅游消费被分解为食、住、行、游、购、娱六大要素。游客在其旅游消费过程中，因为个人的旅游目的、兴趣爱好、可自由支配收入和闲暇时间等因素的影响和制约，在旅游消费中表现出不同比例的饮食、住宿、交通、游览、购物、娱乐方面的支出。从六大要素的角度考察游客的消费结构特征，有助于判断旅游地的性质，分析旅游发展所带来的经济效益及其来源构成，从而制定适当的旅游发展政策。

二、旅游消费结构的影响因素

旅游消费不是人类生存的必要消费，它属于人类高级享受和发展需要的消费。因此，它的需求弹性较大，很多因素都会影响旅游消费的数量和质量。除了国际上政治、经济、环境等因素的影响外，旅游者的收入水平、年龄、性别、职业和受教育程度、兴趣爱好等，都是影响旅游消费结构的因素。此外，旅游供给国或目的地国的服务范围、服务项目、服务质量、服务态度，以及旅游各部门间的协调配合能力和社会治安等也都是影响旅游消费构成的因素。概括起来，影响旅游消费的主要因素有以下六项：

（一）旅游者的收入水平

旅游消费是满足人们高层次需求的消费。即使人们有了旅游需求，也只有当人们的收入在支付其生活费用之外，尚有一定数量的节余时，才能使需求变为现实。旅游者的收入水平越高，购买旅游产品的经济基础就越好。所以，收入水平决定了消费水平，也决定了需求的满足程度，从而决定了消费结构的变化。旅游者的收入越多，旅游需求就能被满足得越充分，可促使旅游消费从低层次向高层次发展。例如，在国际旅游者中政府官员、商人、学者、教授、医生的收入比较高，他们旅游时要住高级宾馆、吃美味餐食、乘飞机坐头等舱、出入乘汽车等；而一般小职员、中小学教师、工人、农民的消费水平与消费结构就大不一样，他们在旅游中以观赏游览为主，对住宿、饮食和交通的需求不高，其中不少人是背包的徒步旅游者和自备帐篷的旅游者。

（二）旅游者的构成

旅游者的年龄、性别、职业、兴趣爱好等，都是影响旅游消费结构的因素。通常，青年人对饮食要求多而不精，而在游览娱乐方面开支则较大；老年人对住宿、饮食、交通的要求比较高；妇女在旅游消费中以购物消费占比最大；而政府官员、商人、参加会议的旅游者则要求现代化的旅游设施设备、高质量的饮食和服务。此外，旅游者的收入和带薪假日长短的不同影响着旅游者的停留天数和消费数量；旅游者所处的文化、习俗又影响着旅游者的爱好兴趣，使其对旅游产品的内容和质量要求各异。总之，旅游者构成的每一因素，都在不同程度地影响着旅游消费结构的变化。

（三）旅游产品的结构

生产发展水平决定消费水平，产品结构从宏观上制约着消费结构。向旅游者提供的住宿、餐饮、交通、游览、娱乐和购物等各类旅游产品的生产部门是否协调发展，旅游产品的内部结构是否比例恰当，都是影响旅游消费结构的因素。如果向旅游业提供服务的各相关产业部门的结构搭配不合理，没有形成一个相互协调、平衡发展的产业网，就会导致旅游产品比例失调，各构成要素发展不平衡，这不仅不能满足旅游者的需求，反而造成供求失衡，破坏了旅游产品的整体性。例如，交通工具短缺或航线航班奇缺，会使游客进不来、出不去，或者进来了又散不开；而旅游设施设备不足或游览网点过少，又会使旅游者来了无住处、住下了又无处游。又如，旅游项目单调、枯燥，旅游资源缺乏吸引力等。这些情况都会使旅游产品在旅游市场上失去竞争能力，丧失客源。因此，旅游产品结构决定着旅游消费结构，决定着旅游者的消费水平和消费数量。

经济广角 4-3　　国际旅游收入构成

国际旅游收入构成见表 4-1。

表 4-1　国际旅游收入构成　　单位：亿美元

年份	长途交通	游览	住宿	餐饮	商品销售	娱乐	邮电通信	市内交通	其他服务
2013	174.57	134.10	59.76	41.28	111.82	35.91	7.92	14.44	40.01
2014	195.95	32.54	69.50	48.28	113.28	36.74	11.04	16.04	45.77
2015	448.50	44.80	132.90	82.60	209.00	53.90	23.90	22.40	118.60
2016	446.50	67.10	116.30	96.20	209.50	77.10	28.90	40.40	118.00
2017	449.46	65.04	122.08	103.07	229.95	74.16	27.57	39.20	123.64
2018	366.31	53.71	181.09	142.55	327.61	45.82	11.62	27.76	114.54
2019	401.91	58.66	200.49	160.41	302.97	44.21	7.47	34.53	101.89

资料来源　根据历年中国统计年鉴资料整理.

（四）旅游产品的质量

发展旅游业不但需要一定数量的旅游产品，而且需要高质量的产品。如果旅游产品的数量符合旅游需求的总量，但其质量差、生产效率低、使用价值小，则仍然不能满足旅游者的消费需求，必然要影响到旅游消费的数量和结构。旅游产品的质量包括三个方面：一是向旅游者提供称心如意、物美价廉的旅游产品，即提供的旅游产品要达到适销、适量、适时和适价的要求。二是旅游服务效率，对每一项旅游服务都要求做到熟练敏捷，为旅游者节约时间、提供方便。三是旅游服务的态度，即在旅游服务过程中要礼貌、热情、主动、周到。只有提高旅游产品质量，使旅游者获得物质与精神上的充分满足，提高他们的消费水平，才能使旅游消费结构日趋完善。

（五）旅游产品的价格

旅游产品价格的变化影响着旅游者的消费数量和消费结构。由于旅游产品的需求弹性大，因此当旅游产品的价格上涨而其他条件不变时，人们就会把旅游消费转向其他替代商品的消费，使客源量受到很大影响；反之，当旅游产品价格下跌，或者旅游价格不变而增加了旅游产品的内容时，人们又会把用于其他商品的消费转向旅游消费。因此，旅游产品价格的变化不仅影响旅游消费的构成，而且影响旅游需求量的变化。

（六）旅游者的心理因素

旅游者的消费习惯、购买经验、周围环境都不同程度地影响着消费结构。消费方式的示范性及旅游者的从众心理也影响着旅游者的消费倾向。

三、旅游消费合理化

旅游消费合理化是一个动态的发展过程，它是指旅游消费从不合理状态向合理化状态不断逼近的渐进过程。一般说来，在居民收入、闲暇时间一定的前提下，合理的旅游消费的内容和基本标准包括三层含义：一是旅游消费的发展速度要适度，要与旅游业或其他同旅游消费有关的经济部门的发展水平相适应；二是旅游消费的内容必须丰富多彩，旅游消费的方式要多种多样，切忌“白天看大庙，晚上睡大觉”那种单调刻板的旅游消费方式；三是旅游消费结构要优化，即食、住、行、游、购、娱之间及其各自内部的支出比例要恰当，要体现出旅游消费的经济性、文化性、精神享受性等特点，应最大限度地提高旅游消费的经济和社会效益，促进消费者的身心健康和全面发展。具体来说，要实现旅游消费的合理化，就应满足以下的基本要求：

（一）要努力实现旅游消费结构的优化

要实现旅游消费结构优化，首先必须实现旅游消费的多样化。所谓旅游消费多样化，是指旅游消费的内容和形式必须丰富多彩、生动活泼。旅游消费多样化是旅游消费合理化的基本要求。旅游就是人们花钱买享受，人们要玩得痛快、充实、高尚、有益。因此，对旅游消费内容和旅游活动方式的具体选择，必须满足消费者各种各样的需要，既要有参观游览、学习访问，又要有各种能让旅游者参与其中、亲身体验的娱乐活动；既有利于旅游者消除疲劳、增进健康，又有利于旅游者增长知识、修身养性、促进体力和智力的发展。由于旅游消费结构是反映旅游者在旅游过程中所消费的各种消费资料（如物质产品、精神产品、服务）的比例关系，其一般可分为饮食、住宿、交通、购物、游娱和其他支出等。其中，住宿、饮食、交通等方面的支出，基本上是用于满足旅游者的生理需要，而购物和游娱等方面的支出，则基本上是为了满足旅游者的鉴赏、追求需要。因此，旅游者是通过这些活动达到开阔视野，培养和发展自己的各种良好兴趣和能力，提高自身精神文化素质的目的。这就要求必须不断优化旅游消费结构，满足人们多样化的消费要求。

（二）要实现旅游消费市场供求的平衡

受时间、地点、政治、经济、社会心理等因素的影响，旅游需求具有很大的变动性，而旅游产品的供给能力一旦形成，则具有一定的稳定性。因此，合理的旅游消费，一方面应保证在旅游淡季和旅游“温冷点”有一定的消费规模，以提高旅游设施、设备的利用率，充分发挥旅游消费对饮食服务业、旅馆业、交通运输业、邮电通信业、金融业、商业及娱乐业等的促进作用。另一方面，在旅游旺季和旅游“热点”景区，旅游消费的水平和结构应与旅游地的接待能力相适应。因为在一定时期和一定地点，无论是旅馆业所能提供的住宿服务、床位数，饮食业所能提供的饮食服务，还是交通运输业所能提供的客运服务，各类旅行社所能提供的翻译、导游、咨询服务等都是既定的，如果某地某时旅游消费的发展超越了各种服务的供给能力，则势必造成“吃饭难”“住宿难”“乘车难”等问题，浪费旅游者的时间、精力，破坏旅游者的消遣、娱乐情趣，从而降低旅游消费的效果。

（三）要有利于旅游环境的保护和改善

良好的旅游环境属于高品位旅游资源和旅游产品的重要组成部分，是旅游消费得以顺利高效进行的必备条件，人们出门旅游的主要动机之一便是追求一个清新、舒适、宁静、安全的自然环境和社会环境。因此，首先，合理的旅游消费首先必须有利于环境的保护和生态平衡的维持，某些特定的旅游活动，如狩猎、钓鱼、采花旅游活动必须以不损害自然界的生态平衡为限，严禁滥猎、滥捕、滥采。其次，合理的旅游消费还应该通过旅游活动的开展，来增强人们对自然资源和历史文物的保护意识，以及筹集资金，建设必要的排污设施，改善旅游区的环境状况。

（四）要有利于促进社会文明的进步

旅游消费是人们文化生活的组成部分，是一种高层次的包含着较多精神内容的生活方式，它的合理发展必须能给旅游者以新颖、舒适、优美、健康的感受，激发人们热爱生活、追求理想、奋发向上、努力学习的情感，提高其思想、艺术、文化修养，防止和打击各种腐败和不健康的行为，用丰富多彩的旅游活动内容和服务项目来充实旅游者的精神世界。

行业感悟 4-1

文明旅游，旅途中一道亮丽的风景线

伴随大众旅游时代的到来，游客文明素质高低直接影响着一个地区乃至整个国家的形象，文明旅游工作不容小觑。为深入贯彻落实习近平总书记关于文明旅游工作的重要指示精神，2019年文化和旅游部在全行业开展“文明旅游为中国加分——百城千景在行动”活动，发动全国旅游城市及旅游景区深化文明旅游主题宣传，发挥旅游景区在文明旅游宣传引导中的示范带动作用，为游客提供更加舒适文明的旅游环境。

对此文旅行业实行多项举措推动文明旅游。首先，指导各类的旅游协会发布文明旅游倡议，各地文化和旅游部门也会同文明办通过网络、电视、广播、微信、微博、短信等多种形式开展广泛的文明旅游宣传和提示。其次，压实旅游企业在文明旅游方面的主体责任。要求各旅游景区在游客服务中心、景区入口、通道处设置文明旅游宣传栏或者电子屏，沿途要布设文明旅游宣传广告，播放文明提示广播，引导游客遵守旅游活动中的疫情防护要求、安全警示和文明旅游的规定。最后，加强旅游志愿服务。要求景区强化文明旅游的志愿服务，设立文明旅游引导员、文明旅游志愿服务站，开展文明引导、文明劝导。同时，要求旅游餐饮单位要加强餐桌文明的宣传，倡导使用公勺、公筷，加强文明用餐的引导。

文明水准的高低，决定着旅游的品质，营造安心舒适的旅游环境需要多方合力。近年来，随着国民素质的提升，全国各地涌现了一批举止文明的好游客、好导游，很多游客通过抖音，记录下了出行期间看到的社会文明进步、人人和谐友爱的美好瞬间，营造了文明旅游"人人皆可为、人人皆愿为、人人皆能为"的良好社会氛围。让文明旅游成为旅途中一道亮丽的风景线。作为新时代的旅游人，我们必须树立文明旅游的规则意识，遵守文明旅游的规定，自觉做文明旅游的践行者，通过我们的行动为文明旅游增色。

资料来源　马霞. 文明旅游，旅途中一道亮丽的风景线［EB/OL］.［2019-12-30］. https：//m.gmw.cn/baijia/2019-12/30/33439003.html.

任务三　旅游消费效果

任务导入

收入增长和消费观念转变导致旅游需求旺盛

居民收入的增加推动旅游需求的增加，收入是旅游需求的基础，只有当收入达到一定的程度，人们对旅游的需求才会产生。近年来，我国经济发展迅速，居民收入持续增长，《中华人民共和国2021年国民经济和社会发展统计公报》显示，2020年我国人均国内生产总值达8.024万元（约1.244万美元），比上年增长8%。全年国内游客32.5亿人次，比上年增长12.8%。其中，城镇居民游客23.4亿人次，增长13.4%；农村居民游客9.0亿人次，增长11.1%。国内旅游收入29 191亿元，比上年增长31.0%。其中，城镇居民游客花费23 644亿元，增长31.6%；农村居民游客花费5 547亿元，增长28.4%。居民收入增加，观念转变，我国旅游人次将会持续增长，旅游消费需求旺盛。

资料来源　佚名. 我国旅游景区发展概况与趋势分析 休闲旅游市场广阔［EB/OL］.［2019-03-04］. https：//f.qianzhan.com/wenhualvyou/detail/190304-8f184e51.html.

思考：

（1）从微观的角度说明旅游收入对旅游消费的影响？

（2）从宏观的角度谈一谈居民收入增加对旅游经济的影响？

旅游消费对旅游经济的影响是毋庸置疑的。这种影响分为微观消费效果和宏观消费效果。作为微观主体的旅游者，在旅游消费时追求效用最大化；作为宏观主体的旅游目的地，在促进旅游消费时则追求当地旅游消费总额最大化。因此，掌握旅游者消费决策的原理及衡量旅游消费效果的指标，对于提高旅游消费效果非常重要。

一、旅游消费效果的含义

在旅游消费中，要消耗一定量的物质产品与劳务，即旅游消费的“投入”；而通过旅游消费使人们的体力和智力得到恢复和发展，精神得到满足，即旅游消费的“产出”。在旅游消费的过程中，投入与产出、消耗与成果、消费支出与消费目的之间的对比关系，就是旅游消费效果。通常可从不同的角度对旅游消费效果进行划分。

（一）按照旅游消费的研究对象划分

按旅游消费的研究对象，旅游消费效果可分为宏观旅游消费效果和微观旅游消费效果。宏观旅游消费效果是把所有的旅游消费作为一个整体，从社会角度研究旅游产品的价值和使用价值，分析旅游消费的状况、旅游者的满足程度、旅游消费对社会生产力及再生产的影响，以及对社会经济发展所起的作用等。微观旅游消费效果是指旅游者通过旅游消费在物质上和精神上得到的反映，如旅游消费能否达到旅游者的预期效果，旅游者能否获得最大满足等。

（二）按照旅游消费的投入产出关系划分

按旅游消费收入与旅游消费效果之间关系的密切程度划分，可将旅游消费效果分为直接旅游消费效果和间接旅游消费效果。直接旅游消费效果指的是一定的旅游消费投入能够直接取得的旅游消费成果，如旅游者花钱乘车实现了空间位移等。间接旅游消费效果是指一定的旅游消费投入，其旅游消费效果需要通过人们的工作、生活实践，才能具体体现出来，如旅游可陶冶情操，提高人们的素质等。

（三）按照旅游消费效果的影响期限划分

根据旅游消费效果的影响期限，可将旅游消费效果分为当前旅游消费效果和长远旅游消费效果两种。当前旅游消费效果是指旅游消费给旅游者生理、心理和精神上所带来的现阶段的满足程度，以及给旅游经营者和旅游目的地带来的现实经济利益等。长远旅游消费效果是指直接旅游消费和间接旅游消费对旅游者、旅游经营者及旅游目的地产生的长期的潜在效果，如通过旅游消费可以提高人们的素质、提高旅游目的地的吸引力和声誉，但这些不会立即反映出来，而是在以后一个较长的时间内反映出来。

总之，旅游消费效果是一个包含丰富内容的范畴，只有从不同角度、不同方面进行比较分析，才能得出关于旅游消费活动的综合性效果。

二、评价旅游消费效果的原则

评价旅游消费效果应按照以下四个原则来进行。

（一）旅游产品的价值与使用价值的一致性

商品是使用价值和价值的统一体。旅游产品进入消费领域满足人们的消费需求，不仅要求在使用价值上具有某种功能，使旅游者得到物质与精神上的满足，而且在价值上要符合社会必要劳动时间的客观要求。对国际旅游者来说，旅游产品的价值则要符合国际社会必要劳动时间，旅游产品的价格要能正确反映旅游产品的价值。也就是说，旅游产品的数量与质量不仅应等同于国际上同等价格的旅游产品，而且要使旅游者得到与其支付的货币相应的物质产品和精神产品。只有这样才能实现旅游者消费的最大满足感。

这一原则要求我们应努力提高旅游产品质量和旅游服务水平，这样才能在更好地满足游客需要的同时实现更高的交换价值。

（二）微观与宏观旅游消费效果的一致性

微观旅游消费效果是从旅游者个人对其旅游消费的主观评价方面来考察。由于旅游者的个性特征（如年龄、性别、风俗、习惯、文化程度、性格爱好和宗教信仰）不同，所反映的主观评价也有一定的差别，因此微观旅游消费效果也不相同。而要提升微观旅游消费效果，就应根据旅游者的不同消费要求，提供相应的旅游产品。通过旅游消费，给旅游者以新颖、舒适、优美、健康的感受，激发人们热爱生活，追求理想，奋发向上，努力学习的情感。这样，不仅提高了旅游者的个人消费效果，吸引旅游者延长旅游日程和提高重返率，从而使旅游消费资料得以充分利用；而且通过旅游消费促进了人们精神修养和文化素质的提高，从而提高了宏观旅游消费效果。宏观旅游消费效果是指旅游消费对整个社会经济的促进和影响。通常宏观旅游消费效果是以微观旅游消费效果为基础的，而微观旅游消费效果则以宏观旅游消费效果为依据，二者之间既相互联系，又相互影响。

（三）旅游消费效果与经济社会效果的一致性

首先，旅游消费是一种重要的经济活动，因而考察旅游消费效果就应当考察它的经济效果，特别是结合旅游产品的生产过程来考察。例如，有些地区开发的旅游产品，其消费效果可能是很好的，但旅游产品所产生的经济效果却很差，这就不符合宏观旅游消费效果的评价要求。因此，我们既要重视旅游者的旅游消费效果，又要重视旅游目的地的经济效果。

其次，旅游消费活动不仅是满足人们物质和精神需要的一种经济行为，还是一种社会行为。这就要求我们在评价旅游消费效果时，要注意对旅游消费的社会效果进行评价。例如，旅游活动中有些旅游项目对旅游者消费效果或旅游目的地的经济效果是好的，但由于这些旅游项目的消费不利于人们的身心健康，不利于旅游目的地的社会进步，甚至会造成不良的社会影响，这样的旅游消费就应该坚决停止。

行业感悟4-2　　感悟中华文化 享受美好旅程

1613年5月19日，中国著名旅行家、地理学家徐霞客开启了他的游历记述，给世人留下了名著《徐霞客游记》。这也是将每年5月19日确定为“中国旅游日”的由来。2022年5月19日是第12个“中国旅游日”。文化和旅游部将在做好疫情防控工作的前提下，开展2022年“中国旅游日”活动。今年“中国旅游日”主题为：感悟中华文化，享受美好旅程。

美好的景物以其赏心悦目的形象，诉诸人们的感官，唤起令人愉悦的审美情感。当徐霞客登上莲花峰，目睹黄山万峰起伏、云雾奔腾的迷人景色时，他不禁“狂叫欲舞”起来……这就是黄山给他带来的强烈美感。旅游美感使人身临其境，具有全方位投入、立体感的特征，只有旅游能给人从游、观、听、嗅、触等的体验中获得美的感受。到大自然中去，面对祖国的美好河山，可以激发起人们的爱国主义热情。“中华大地，无山不美，无水不秀！”五千年悠久历史，灿烂的文化艺术，蕴藏着无限深厚的美的景观，正等待我们去欣赏、去感悟。

中国旅游文化从其起源之初，便深深浸润了中华优秀传统文化的生活情趣、人生志趣和审美情操，是人民精神文化生活的重要组成部分。不断提升人民的美好生活品质，有必要涵养全民族的旅游审美，通过旅游美化生活，建设美丽中国。因此，在旅游消费中要加强中华优秀传统文化的传播，让游客在旅游中深刻理解中华优秀传统文化中讲仁爱、重民本、守诚信、崇正义、尚和合、求大同的思想精华和时代价值，传承中华优秀传统文化的文脉，让旅游活动富有中国心、饱含中国情、充满中国味。

资料来源 陈波. 旅游是一种审美化的生活方式［EB/OL］.［2021-05-12］. https：//www.sohu.com/a/466011672_121106875.

（四）短期与长期旅游消费效果的一致性

旅游消费对旅游者个人和经济社会既会产生短期消费效果，又会产生长期消费效果。因此，在评价旅游消费效果时，必须坚持短期旅游消费效果与长期旅游消费效果的一致性。

一方面，要重视对短期旅游消费效果的评价，掌握当前旅游者的旅游消费现状、特点及变化趋势，以便旅游经营者采取有效的措施，更好地满足旅游者的消费需求，并实现旅游经营者的短期经营目的；另一方面，要重视对长期旅游消费效果的评价。在重视短期旅游消费效果的同时，关注旅游消费的发展趋势和要求，分析旅游消费是否有利于旅游者的身心健康，是否有利于旅游目的地的旅游业发展，是否有利于实现旅游业的可持续发展等，从而实现短期与长期旅游消费效果的一致性。

三、旅游消费决策

旅游消费效果最直接的体现，就是反映了旅游者消费的最大满足。所谓旅游者消费的最大满足，是指旅游者在付出一定时间和费用的情况下，通过旅游消费获得的精神与物质上的最佳感受。同一种旅游活动给予不同旅游者的满足程度往往因人而异，这要根据每个旅游者的性别、年龄、职业、经历、习惯、心理等各种不同因素所反映的主观印象去评价，即旅游者在旅游过程中的感受与其主观愿望相比较，旅游者的最大满足和在旅游过程中实际所得与主观愿望的最大相符程度。因此，旅游消费决策包括以下两个方面：

（一）旅游消费与其他消费的决策

当人们的基本生理需要得到满足之后，就会将多余的收入用于提高文化生活水平，以满足人们享受与发展的需要，或是储存起来待日后消费。但无论怎样安排，一个理性的消费者总要选择在收入水平和产品价格既定的情况下，怎样消费才能使他们得到最大的满足。

【例 4-1】 假设每单位的旅游商品价格为 20 元，而旅游食宿每日平均花费 150 元。现有某旅游消费者想以 900 元购买部分旅游商品，同时想进行一次舒适的旅游，那么他在购买旅游商品和进行旅游活动之间，应如何选择一个消费最大满足的搭配比例。

假设表 4-2 内的旅游食宿与旅游商品的不同数量的组合，给旅游者所提供的效用是相同的。也就是说，当旅游者外出旅游 6 天，并同时购买 8 个单位的旅游商品，同旅游者外出旅游3天，并同时购买30个单位的旅游商品所得到的需求满足是相等的。在没有限制条件下，任一产品组合都可以使旅游者的需求得到充分满足。

表4-2　　满足旅游者消费的各种产品组合

旅游天数（天）	6	4	3	2
旅游商品（单位）	8	15	30	45

但是，旅游者可支配收入仅有900元，由于支出受到了限制，他不能随意选择任何一种搭配，因此他必须根据可以支配的900元来选择可获得的消费最大满足的产品组合。于是，就有了表4-3中的消费组合。

表4-3　　旅游者预算受限情况下的消费产品组合

旅游天数（天）	6	4	2	0
旅游商品（单位）	0	15	30	45

显然，从经济学的角度来看，表4-2可描绘成旅游者的无差异曲线LL′，表4-3可以描述成旅游者的预算线MM′，若把这两条线绘在同一坐标图中（如图4-1所示），可以看出，只有在B点两条线相切，说明采用B种产品组合，即外出旅游4天，同时购买15个单位旅游商品，可以实现旅游者消费的最大满足。

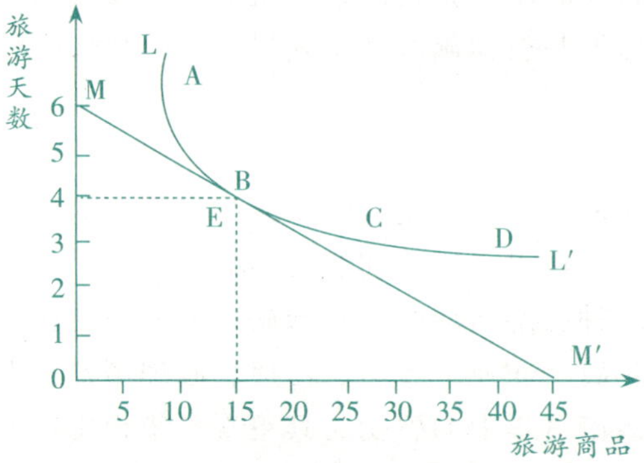

图4-1　旅游者消费的最大满足决策

同样，我们也可以根据这一均衡条件分析旅游者为了获得一定的效用需要多大的预算支出。这对于我们更好地理解和把握旅游者的消费行为，合理设计和开发各具特色的旅游产品满足游客需要，进而促进旅游经济的发展具有重要意义。

（二）旅游目的地选择的决策

当某旅游者决定利用假期进行旅游时，他首先要做好选择旅游目的地的决策。影响旅游者对旅游目的地作出决策的因素不仅有旅游目的地的吸引力，还有旅游者的收入、假期长短和不同旅游产品的价格。假设在北京旅游，每天平均费用25元，去承德旅游，每天平均费用17.5元。那么，根据该旅游者拥有175元的旅游预算，他要考虑：是把预算全部用于北京的7日游，还是承德的10日游？或者两地各游览一定天数？假定该旅游者的愿望是要同时到两地旅游，那么根据他的旅游预算开支，就存在在两地各停留多少天才能使他得到最大满足的问题。这样的决策同上述一样，可通过定量分析得出最大满足的旅游目的地组合。

【例4-2】 假定某旅游者的假期只有7天，可供选择的目的地是上海或杭州，上海、杭州的旅游消费各为80元/天、50元/天，该旅游者的旅游消费总额为500元。以时间为限制条件的旅游消费可以用时间限制线X+Y=7来表示，如图4-2中的JK线；以费用为限制条件的旅游消费可以用预算线50X+80Y=5（X）来表示，如图4-2中的CD线。

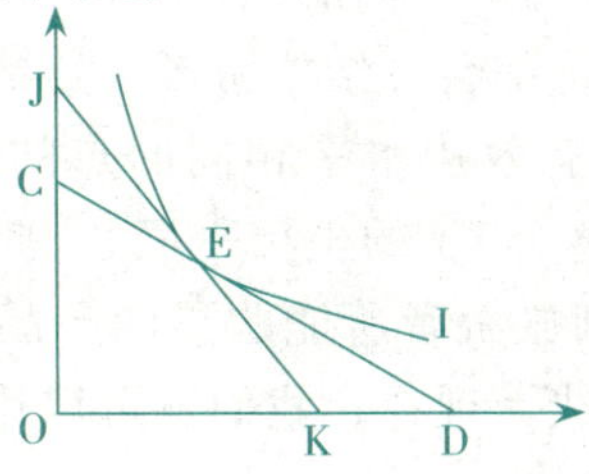

图4-2 时间收入约束下旅游者的消费均衡

预算线和时间限制线相交的区域，如图4-2所示的OCEK区域，双重限制线为CEK，CEK与坐标轴之间的区域OCEK表示既满足收入和价格的限制，又满足时间的要求和消费组合。而区域JCE表示只满足时间限制并不满足价格、收入限制；区域EKD只满足价格、收入限制，但不满足时间限制。

旅游者最大满足的选择是：E点为均衡点，表示在杭州旅游2天，上海旅游5天，用尽500元收入和7天假期，该旅游者获得最大消费满足。图4-2中无差异曲线I与双重限制线CEK相切于E点，消费者在E点表示的组合下进行旅游所获得的效益最大。

注：C（0，50/8）D（10，0）J（0，7）K（7，0）

X+Y=7（天）

50X+80Y=5（X）元

联立成方程组，得X=2天（杭州），Y=5天（上海），E（2，5）为消费均衡点。

以上是从理论上阐述了旅游者对旅游消费最大满足的决策过程。在实践中，除了旅游者本身的收入、时间、爱好、年龄等限制因素外，还受到旅游产品供给国家或地区方面的影响，如旅游资源的吸引力、旅游产品价格、旅游服务质量，以及旅游产品供给国家或地区的政策法规、社会治安等诸多因素的制约。这些因素都是旅游者制定旅游消费决策时重要的权衡依据。

四、旅游消费效果的衡量

对旅游消费效果的衡量，既可以从旅游消费（需求）方面衡量，又可以从旅游产品生产（供给）方面衡量。

（一）旅游者的旅游消费效果

这里主要分析微观旅游消费效果。从微观层次来看，旅游消费效果作为一个主观的心理评价，可用旅游者通过旅游消费获得的满足或效用来说明。旅游消费效果是指旅游者在消费旅游产品时所得到的满足程度，是对旅游消费的心理感受和主观评价，即游客觉得“不值”还是“超值”。要努力提高旅游消费效果，使游客感到“物有所值”或

"超值"，这样游客才会重复购买旅游产品，多次光临旅游目的地进行旅游消费，使旅游业得到持续、稳定发展，进而带来旅游相关产业、行业和部门的发展。

经济学关注的是满足程度或效用如何度量，以及如何才能获得最大效用。根据序数效用理论（依据基数效用理论可以推导出同样的结果），一个理性的旅游者会在他既有的收入约束下对其所面临的旅游消费产品组合进行选择，以便获得最大效用。

假定旅游者在旅游活动中仅消费两种旅游产品X（价格为P_X）和Y（价格为P_Y），X和Y可以任意组合，每一个数量组合都会带给旅游者一定的效用，并且每一个组合都对应XY坐标平面上的某个点，而所有效用水平相同的点的轨迹就形成一条无差异曲线（无差异曲线有无数条，它布满了整个XY的坐标平面）。此外，旅游者一定的收入（设为I）用于购买X和Y两种产品，则旅游者所能购买的产品组合构成一条向右下方倾斜的直线，通常称之为旅游者的预算线。现在，我们就可以用无差异曲线和旅游者的预算线来分析旅游者的最大化效用。

设效用函数为$U=f(Q_X, Q_Y)$，而与某一无差异曲线相对应的效用函数为：

$$U=f(Q_X, Q_Y)=U_0$$

设预算线为：

$$I=P_XQ_X+P_YQ_Y$$

式中：I为旅游者用于旅游消费的预算支出；P_X，P_Y分别为旅游产品X和Y的价格；Q_X，Q_Y为旅游者对两种产品的购买量。

根据消费者效用最大化均衡条件，则：

$$MRS_{XY}=-\frac{\Delta Q_Y}{\Delta Q_X}=\frac{P_X}{P_Y}$$

式中：MRS_{XY}表示旅游产品X对Y的边际替代率，即旅游者在保持其总效用水平不变的前提下，每增加一单位的X而必须放弃的Y的数量。

因此，MRS_{XY}实际上是无差异曲线斜率的绝对值，即$MRS_{XY}=-\frac{\Delta Q_Y}{\Delta Q_X}$。

该公式的含义是，旅游者在一定的收入约束下，所选择的旅游产品组合应当使两种产品的边际替代率等于两种产品的价格之比。这样消费者便能获得最大效用。

这一推导过程可以用一个简单的图形来说明（如图4-3所示）。

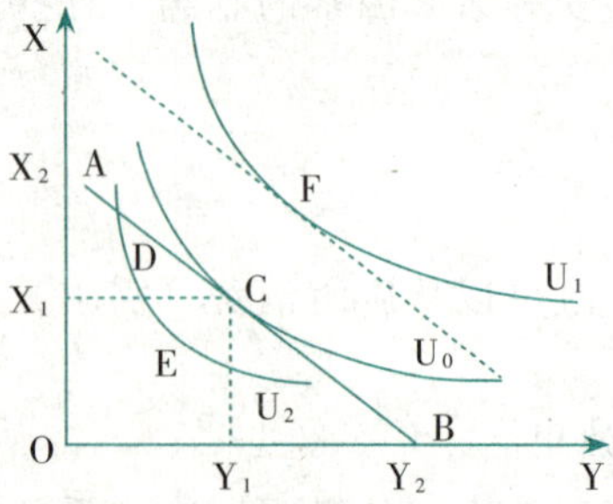

图4-3 消费者最大效用均衡

图4-3中，U_0、U_1、U_2分别代表三条效用水平不同的无差异曲线，其中，$U_2<U_0<U_1$。旅游者的全部收入I所能够购买的X产品的量为A所代表的量X_2，而全部收入I所能够

购买的Y产品的量为B所代表的量Y_2，线段AB就是旅游者的预算线，因而旅游者所能购买的产品组合只能是OAB这一面积范围内的产品组合。那么，旅游者在何处获得最大效用呢？

答案是在线段AB和无差异曲线U_0的切点C处获得最大效用。因为在线段AB之内（如E点），旅游者尚有多余的收入，可以提高对旅游产品消费的效用；而在线段AB之外（如F点），旅游者的收入水平又不能达到；同时，在线段AB之上的点也不一定满足条件（如D点处于线段AB之上，但这一收入水平完全可以用来购买效用水平处于U_2和U_0之间的任何产品组合）。因此，只有C点的产品组合才是旅游者在现有旅游消费支出水平下能获得最大效用的旅游产品组合。

（二）旅游目的地的旅游消费效果

在宏观层次上，可以把所有旅游消费作为一个整体，通过分析旅游者在旅游目的地的消费支出来衡量旅游目的地的旅游消费效果。这些旅游消费支出指标主要由旅游消费总额、人均旅游消费额、旅游消费率、旅游消费构成。

1.旅游消费总额

旅游消费总额是指一定时间内，所有旅游者在旅游目的地进行旅游活动过程中所支出的货币总额。它从价值形态上反映了旅游者整体在旅游目的地消费的旅游产品的总量。旅游消费作为社会消费总额的重要组成部分，也是构成社会总需求的重要部分，它可以用来判断旅游目的地的旅游经济规模、资源利用状况，尤其是劳动资源的利用状况等。

2.人均旅游消费额

人均旅游消费额是指一定时期内，平均每个旅游者在旅游目的地的旅游消费支出的货币金额。它反映了旅游者在某旅游目的地的旅游消费水平，这为旅游经营者开拓旅游市场和开发产品提供了依据。

3.旅游消费率

旅游消费率是指一定时期内，一个国家或地区的旅游者的消费支出与该国家或地区个人消费支出总额的比例，它反映了一个国家或地区在一定时期内旅游者对旅游消费的强度和水平。

4.旅游消费构成

旅游消费构成是指旅游者在旅游活动过程中，对于食、住、行、游、购、娱等消费的比例关系。旅游消费构成不仅反映了旅游者消费的状况和特点，而且为旅游目的地国家或地区合理配置旅游资源、开发旅游产品提供了科学的依据。

项目测试

一、单选题

1.世界旅游组织将旅游消费定义为："为了旅游活动的发生发展而引至的消费，是由（　　）使用或为他们而生产的商品和服务的价值。"

A.旅游单位（游客）　　B.旅游企业

C.旅行社　　D.旅游消费者

2.由于形成旅游产品的旅游吸引物、旅游设施和设备，以及在整个旅游过程中向旅游者提供的各种服务，都是不可转移的，因此只有旅游者离开常住地，离开熟悉的基本生活环境，克服（　　），才能实现旅游消费。

A.时间距离　　B.空间距离　　C.心理距离　　D.社会距离

3.（　　）能够体现旅游经济的运行效果。

A.旅游生产　　B.旅游消费　　C.旅游服务　　D.旅游产品

4.不属于旅游消费的数量指标是（　　）。

A.旅游者人数　　B.旅游者人天数　　C.旅游者停留天数　　D.旅游消费总额

5.从消费方面来看，旅游消费质量主要表现为（　　）。

A.旅游者对旅游产品消费的心理感受和评价

B.旅游企业向旅游者提供的旅游产品的标准

C.旅游者的人均旅游消费支出

D.旅游者的旅游消费总额

6.按照（　　），一般可将旅游消费分为基本旅游消费和非基本旅游消费。

A.旅游消费的层次　　B.旅游消费的重要程度

C.旅游消费的形态　　D.旅游消费的内容

7.生产发展水平决定消费水平，（　　）从宏观上制约着消费结构。

A.产品结构　　B.产品质量　　C.服务水平　　D.消费方式

8.当旅游者对旅游目的地作出决策时，不需要考虑的因素有（　　）。

A.旅游目的地的吸引力　　B.旅游者的收入

C.假期的长短　　D.目的地的经济

9.一个理性的旅游者会在既有的（　　）约束下对旅游消费产品组合进行选择，以便获得最大效用。

A.收入　　B.产品　　C.偏好　　D.消费

10.（　　）是指一定时期内，一个国家或地区的旅游者的消费支出与该国家或地区个人消费支出总额的比例。它反映了一个国家或地区在一定时期内旅游者对旅游消费的强度和水平。

项目测试4-1

单选题

A.旅游消费总额　　B.人均旅游消费额

C.旅游消费率　　D.旅游消费构成

二、多选题

1.影响旅游消费方式的因素有（　　）。

A.旅游者的收入水平　　B.旅游者的构成

C.旅游产品的结构　　D.旅游产品的价格

E.旅游产品的质量

2.高素养的旅游者具有更强的社会观念和环保意识以及文明的旅游行为。开拓高素质旅游者市场的好处有（　　）。

A.有利于提高人均旅游消费水平

B.有利于加强对旅游目的地生态环境和历史文化遗产的保护

C.减少大量旅游者进入所带来的负面效应
D.有利于节约整个社会经济和环境保护成本
E.不断提高旅游业的经济社会效益
3.旅游消费合理化的内涵包括（　　）。
A.旅游消费的发展速度要适度　　B.旅游消费的内容丰富多彩
C.旅游消费结构要优化　　D.旅游消费主体要多元化
E.旅游消费方式要多样化
4.评价旅游消费效果的原则包括（　　）。
A.旅游产品的价值和使用价值的一致性
B.微观与宏观旅游消费效果的一致性
C.旅游消费效果与经济社会效果的一致性
D.短期与长期旅游消费效果的一致性
E.直接消费和间接消费的一致性
5.以下关于效用的说法正确的有（　　）。
A.效用是一种心理感觉
B.效用拥有客观标准
C.效用是商品或服务满足人们某种欲望的能力
D.效用是一种主观心理评价
E.效用是人们消费时感到的满足程度

项目测试4-2
多选题

三、判断题

1.旅游需求具有较大的变动性，因此旅游供给也具有较大的变动性。（　　）
2.旅游产品价格的变化不仅影响旅游消费构成，而且影响旅游需求量的变化。（　　）
3.旅游消费效果最直接的体现，就是反映为旅游者消费的最大满足。（　　）
4.同一种旅游活动给予不同旅游者的满足程度往往因人而异。（　　）
5.旅游消费效果的衡量，只能从旅游消费（需求）方面去衡量。（　　）

项目测试4-3
判断题

四、简答题

1.携程旅游发布的《2017中国旅游者意愿调查报告》显示，中国百姓消费升级，旅游超过购房、买车等成为消费的首选必需品，98%的受访者有出游意愿。旅游成为国民消费的重要支出，五成以上的人计划全年旅游花费在年收入的10%以上，超过七成的人旅游预算超万元。请你谈一谈中国旅游消费的发展趋势以及它对中国旅游市场的影响。

2.网络技术的发展对旅游消费者行为产生深刻影响，越来越多的旅游者参与到网络消费中，享受着网络带来的经济、快速和便捷。请你谈一谈网络时代旅游消费者的消费行为具有哪些特点？

项目测试4-4
简答题

实战演练

1.来自马蜂窝的数据表明，有95%的游客会在出行前浏览旅游内容。对年轻游客而言，浏览内容是重要的行前准备，56%的用户表示，他们会浏览大量攻略，做好详尽规划后再出游。假设你是某一旅游企业的员工，请你制定一份旅游消费攻略吸引游客前来消费。

2.计算题

（1）假定在上海旅游每日的平均费用为240元，在杭州旅游每日的平均费用为150元。现某游客有1 500元的旅游预算，他应在两地各停留多少天，才能得到最大满足？

假定旅游者在上海、杭州两地旅游天数的四种搭配方案，可使该旅游者获得同等程度的满足（见表4-4）。

表4-4　上海、杭州两地旅游天数的四种搭配方案

组合方式	A	B	C	D
上海旅游天数（天）	1	2	3	4
杭州旅游天数（天）	10	6.8	5.8	5

（2）假定某旅游者打算在目的地再多停留几天，而且打算购买一些旅游纪念品带回去，但其可支配的用于旅游费用支出的钱仅余900元，那么他该如何在增加停留时间和购买纪念品之间作出选择，才能获得最大满足？

假设在该目的地每日平均费用为150元，该旅游者欲购买的每单位旅游纪念品的平均价格为20元，以下四种消费组合情况可使该旅游者获得同等程度的满足（见表4-5）。

表4-5　旅游天数和旅游纪念品的四种消费组合

组合方式	A	B	C	D
旅游天数（天）	5	4	3	2
旅游纪念品（件）	8	15	20	35

（3）北京某旅游者的旅游预算为2 000元，该旅游者想去西安或者哈尔滨旅游，在这两个目的地中，对西安的偏好为0.8，对哈尔滨的偏好为0.9。北京至西安的火车硬座票价为280元，北京至哈尔滨的火车硬座票价为240元。西安的日平均费用为160元，哈尔滨的日平均费用为176元。该旅游者应选择何地旅游更合算，并能在该地停留多长时间？

推荐阅读

1.邹勇文，刘德军．旅游消费者行为学［M］．北京：中国旅游出版社，2017．

2.佚名．2022“Z世代”青年在线旅行消费洞察报告［EB/OL］．［2022-08-04］．http：//www.qongshengyun.cn/yunying/article-44048-1.html．

5 项目五 核算投入产出：旅游成本与效益

项目概述

旅游经济效益是在合理开发利用旅游资源和保护环境的前提下，旅游经济活动中生产要素的占用、投入、耗费与成果产出之间的数量对比关系。旅游企业经济效益的好坏，不仅决定着其自身的生存和发展，而且直接影响整个旅游业的宏观经济效益。因此，必须对旅游企业经济效益进行科学的考察、分析和评价，以采取有效措施提高旅游企业的经济效益。本项目在分析旅游成本的基础上，对旅游企业的经济效益和旅游宏观经济效益进行了重点阐述。

项目导图5-1

项目五

项目目标

知识目标

- 了解成本和成本函数的概念与内涵；
- 了解分析旅游成本的意义及旅游企业成本的分类；
- 掌握旅游企业经济效益的分析方法；
- 了解旅游宏观成本与收益；
- 掌握提高旅游经济效益的途径。

能力目标

- 能够计算旅游企业的收入、成本和利润；
- 能够结合成本分析，对旅游经济效益进行评价。

素养目标

- 能够通过机会成本的学习，让企业在追求利益的同时坚守经济道德底线，遵纪守法；
- 结合成本效益分析，树立科学发展观，提升决策水平。

任务一 旅游成本分析

任务导入

云南发布2021年旅游消费参考成本

2021年7月1日，云南省旅游业协会、云南省旅行社协会共同发布了2021年旅行社云南旅游产品参考成本消费提示，引导游客正确选择旅行社云南旅游产品，减少因选择“不合理低价游”产品造成的各类纠纷。

该消费提示的执行期限为2021年7月1日至12月31日。其中，旅游旺季时间为7月10日至8月20日、国庆黄金周，其余为平季时间。发布的旅游产品参考成本主要以16人以上的旅游团队为基准，包括旅游六要素中的“食、住、行、游”四要素以及综合服务费参考成本。

在“食”方面，16人以上旅游团队的团队餐餐费参考成本为每人每餐25元。

在“住”方面，云南省一、二星级饭店标准间的参考成本为平季每人每天40元，旺季每人每天60元；三星级为平季每人每天60元，旺季每人每天80元；四星级为平季每人每天120元，旺季每人每天150元；五星级则参照云南各州市五星级酒店价格执行。

在“行”方面，旅游大巴（16~20人）用车费以32座车为基准的参考成本为平季每人每天50元，旺季每人每天65元。此外，导游服务费、管理费和税费的综合服务费参考成本为每人每天30元。

在“游”方面，消费提示发布了多项云南主要“一日游”“多日游”“多地游”产品的参考成本构成，以及相应的平季价格、旺季价格，具体包括门票、餐费、车费、综合服务费等。其中，“一日游”产品参考成本中，价格最低的是“景洪–望天树”线路，平季价每人每天160元起，旺季价每人每天175元起。

此外，消费提示还公布了全省138家实行政府指导价及市场调节价的A级景区门票价格，为游客提供出行参考。

据介绍，发布该消费提示，旨在引导游客正确选择旅行社云南旅游产品，减少因选择“不合理低价游”产品造成的各类纠纷。同时，指导旅行社云南旅游产品的宣传、销售，营造公平、有序的旅游经营环境，进一步规范云南旅游市场秩序，提升旅行社旅游服务质量，提高旅游团队游客体验满意度，守护好云南旅游“金字招牌”。

资料来源 毕芃. 云南发布2021年旅游消费参考成本［EB/OL］.［2021-07-02］. https://baijiahao.baidu.com/s?id=1704153392973252148&wfr=spider&for=pc.

思考：

（1）作为旅游者你在选择旅游产品时会考虑旅游成本吗？

（2）你认为旅游产品的经营成本应该包括哪些内容？

旅游产品成本是指旅游企业生产一定数量的产品，或提供一定数量的劳务，所耗费的生产要素的价值。它等于投入的每种生产要素的数量与每种要素单位价格的乘积的总和。

旅游产品的生产成本，是旅游产品供给价格的主要决定因素。旅游企业索取其旅游产品的供给价格按什么依据来确定，最主要、最基本的决定因素就是计算该产品的成本。

一、成本和成本函数

（一）成本的概念

由于研究问题的角度不同，经济学中的成本往往具有不同的含义。下面介绍几种成本的概念。

1.机会成本

机会成本，是指如果一种生产要素被用于某一特定用途，它便放弃了在其他替代用途上可能获取的最大收益，这笔收益就是这一特定用途的机会成本。

机会成本的存在需要两个前提条件。①生产要素是稀缺的；②生产要素是具有多种用途的。例如，在生产要素资源稀缺的情况下，增加旅游汽车的供给量也必须相应减少旅游食品的供给量；反之，增加旅游食品的供给量，则必须相应减少旅游汽车的供给量。如果某种生产要素既能用来生产旅游汽车又能用来生产旅游食品，那么一旦该生产要素用于生产旅游汽车，它就无法用于生产旅游食品，也就损失了因生产旅游食品而可能取得的潜在收益，这笔潜在的收益就构成了生产旅游汽车的机会成本。

从机会成本的角度考虑问题，要求我们把每种生产要素用在取得最佳经济效益的用途上，做到物尽其用，人尽其才；否则，所损失的潜在收益将会超过所取得的现实收益。生产要素的配置不合理，将造成生产资源的浪费。必须注意到，机会成本只是一种对生产要素使用上的不同选择而产生的相对成本，它不是一种会计成本。

行业感悟 5-1　　机会成本与道德的关系

在经济学中，机会成本是指人们为了获取某种有价值的东西而放弃或舍弃其他选择所可能获得的价值、利益。人们对“机会成本”的理解，多是从经济角度计算利得与利失，忽视了这种经济现象背后的伦理本质。事实上，对机会成本发生作用的变量，既有经济因素，也有道德因素。因为企业的任何选择都是涉及双方甚至多方的利益博弈，其本质都是以信任为纽带的互惠互利的经济伦理关系，所以只从经济维度对机会成本进行解读是不够的。虽然一些与道德相关的机会成本，其影响不会在短期内显现，而是经过很长一段历史时期才会出现，但并不能因此否认道德对机会成本的作用。例如，违约失信行为，其危害程度不仅包括失信者给对方的经济赔偿，还包括为巩固互信关系、发展互信关系、维护互信关系、维系和修复互信关系支付的成本。可见，机会成本具有经济与伦理双重维度。在经济维度上，机会成本是企业基于利益最大化原则在两个以上投资、经营的选择方案中，选择其一而放弃其他备选方案的代价；在伦理道德维度上，机会成本是指经济主体选择道德经营方式而放弃不道德经营方式可能带来的利益或者规避因违反法律、违背社会公德可能受到法律、社会处罚的风险损失。企业靠生产产品或服务获取正当利益，这是企业生存与发展的物质基础，但财富获取的方式和途径的道德性则与企业的市场信誉度直接关联，进而影响企业财富的获取和赚取利润的机会成本。因此，企业在追求利益的同时，必须坚守道德底线，合法经营，用道德经营理念有效调节成本、效益与产量的关系，既不盲目扩大生产，增加企业的额外负担，也不急功近利、偷工减料、制假贩假。一旦失信或违法，必然会为此付出沉重的代价。

资料来源　李欣隆. 机会成本与道德的关系探微［J］. 道德与文明，2018（1）.

2. 外显成本和隐含成本

外显成本，是指企业购买生产要素而支付货币所构成的成本。它是一种会计成本。外显成本包括支付给雇员的工资，购买的原材料、燃料和其他生产资源，也包括支付的利息、租金、保险费等。

隐含成本，是指企业使用自有生产要素而支付的费用。

隐含成本与外显成本的区别在于，前者是购买所有权归企业主自己的生产要素所构成的成本；后者是购买所有权归他人的生产要素所构成的成本。企业使用自有生产要素必须支付费用，是因为要素具有多种用途，所以其市场价格必须按最佳用途取得的收益来确定，企业所追求的是利润最大化。如果其拥有的生产要素在自用的情况下价格为零，那么按机会成本概念的要求，就应当把这部分生产要素出售或租给他人使用，以实现其应有的市场价值。这种成本之所以被称为隐含成本，是因为人们常常将自有生产要素当作消费自有消费品一样看待，忽略其费用计算。

隐含成本加上外显成本就是企业的真实生产成本。

3. 固定成本和变动成本

固定成本，是指成本总额在一定时期和一定业务量范围内，不受业务量增减变动影响而能保持不变的成本，如企业管理人员的薪金和保险费、固定资产的折旧和维护费、办公费等。固定成本总额只有在一定时期和一定业务量范围内才是固定的，即固定成本的固定性是有条件的。这里所说的一定范围，是相关范围，如果业务量的变动超过这个范围，固定成本就会发生变动。

变动成本，是指支付给各种变动生产要素的费用，如购买原材料及电力消耗费用和工人工资等。这种成本随产量的变化而变化，常常在实际生产过程开始后才需支付。

企业的总成本等于固定成本和变动成本之和。

4. 沉没成本和边际成本

沉没成本，是指以往发生的，但与当前决策无关的费用，即已经付出且不可收回的成本。从决策的角度来看，以往发生的费用只是造成当前状态的某个因素，当前决策所要考虑的是未来可能发生的费用及所带来的收益，而不考虑以往发生的费用。沉没成本是一种历史成本，对现有决策而言是不可控成本，会很大程度上影响人们的行为方式与决策。从这个意义上说，在投资决策时应排除沉没成本的干扰。

边际成本指的是增加一单位的产量随即而产生的成本增加量。它是企业在决策时考虑的一个非常关键的要素。只要边际成本大于零，就可以继续生产。

5.私人成本和社会成本

私人成本，是指单个企业为某种生产经营活动支付的一切费用，相当于企业会计成本。但是，在企业生产过程中也会造成一些本应由企业支付，企业却没有支付的成本，如化工厂在生产过程中排出废气，增加了社会治理污染的费用。这些费用本应由企业支付，企业却没有支付，因此被称为外部成本。私人成本与外部成本相加，即为社会成本。

社会成本，是指整个社会为某种生产经营活动所支付的一切费用，包括私人成本和外部成本。当私人的经济活动导致社会成本增加时，社会成本大于私人成本；当私人的经济活动给社会带来利益时，社会成本小于私人成本。

（二）成本函数

旅游成本理论主要分析旅游成本函数。旅游成本不只是一定量的货币，它总和一定数量的产品相联系。这种产品数量和相应的成本之间的函数关系，称为成本函数，记作：

$$C=f(Q)$$

式中：C表示成本；Q表示产量。

旅游成本理论之所以要讨论旅游成本函数，是因为旅游企业决定生产多少，必须比较收益和成本的关系以求利润极大化，而收益和成本都是会随产量变动的，因此人们必须研究旅游成本和产量的关系。

旅游成本函数取决于两个因素，即生产函数和投入要素的单位价格。生产函数所反映的是投入的生产要素和产出之间的物质技术关系，它揭示了在各种形式下旅游企业为了得到一定数量的产品，至少要投入多少单位的生产要素。生产函数结合投入要素的单位价格就决定了成本函数。

生产函数有短期和长期之分，相应地，旅游成本函数也有短期成本函数和长期成本函数之分。这里的“短期”“长期”，不是指一个具体的时间跨度，而是指能否使旅游企业来得及调整生产规模（固定的生产要素和生产能力）所需要的时间长度。“长期”是指时间长到可以使旅游企业调整生产规模来达到调整产量的目的。“短期”则是指时间短到旅游企业来不及调整生产规模以达到调整产量的目的，而只能在原有设备、厂房及机器的条件下来调整产量。旅游短期成本用于旅游企业的日常经济决策，以确定最优产出率，而旅游长期成本一般用于长期规划，用来确定最佳生产规模。在短期，投入的要素有固定和变动之分；在长期，一切投入要素都是可变动的。于是，短期中发生的成本和长期中发生的成本就有区别。

二、旅游成本的意义

成本是反映旅游业和旅游企业经营管理水平的一个综合性指标。正确认识成本及其在旅游业和旅游企业经营活动中的作用，对于发展旅游经济，搞好旅游企业管理有着十分重要的意义。

（一）成本是旅游企业进行各项决策的重要依据

旅游企业经营的目的是为旅游者提供高质量的服务，同时以最少的耗费取得最大的经济效益。因此，旅游企业在进行投资决策时，要想在较短的时间内收回投资，在日常的经营活动中获得较高的盈利，就必须以成本为依据进行最佳投资方案的选择，并根据成本对旅游投资项目作出科学的决策。

（二）成本是旅游企业竞争取胜的关键性因素

市场竞争瞬息万变，任何企业要增强活力、竞争能力、内在发展能力和盈利能力，都必须努力降低成本。因为成本是制定价格的基础和依据，只有成本降低了，价格才有竞争力，盈利能力才能增强，才能提高旅游企业在市场上的竞争能力，不断增强旅游企业的活力，并为旅游企业的发展奠定物质基础。因此，成本是旅游企业提高市场竞争能力，在市场竞争中取胜的关键性因素。

（三）成本综合反映了企业经营管理水平的高低

旅游企业总成本、单位成本、费用率是综合反映企业管理工作的几项重要经济指标，企业材料物品消耗的多少、劳动生产率的高低、服务设施的利用情况、人员构成是否合理等都可以通过成本反映出来。旅游企业的成本越低，其经营管理水平就越高。所以，通过成本分析能及时发现旅游企业经营活动中出现的各种问题，为提高旅游企业经营管理水平提供参考和指导。

（四）成本直接影响国家财政收入变化

在价格一定的情况下，企业成本越高，盈利就越少，上交给国家的税利就越低；成本越低，盈利就越多，上交给国家的税利就越多。在价格随成本升降的情况下，成本高，价格相应就会提高，从而使竞争力下降，上交国家税利也降低；而成本低，价格就会相应降低，从而使价格竞争力增强，上交国家税利相应增多。由此可知，成本的高低直接影响了国家财政收入的相应变化，进而影响到整个宏观经济效益。因此，企业在处理价格、盈利、成本这些关系时，必须从全局出发，为国家提供更多的财政收入。

三、旅游企业成本分类

从狭义的角度来说，旅游企业成本是指企业为生产和销售旅游产品所支出的总和。从广义的角度来说，旅游企业成本是指旅游企业为了实现生产经营目标，从事旅游生产经营所发生的全部成本，包括生产销售方面的支出和社会环境方面的支出总和。

为有效地控制旅游成本，取得良好的旅游经济效益，必须根据成本的性质、构成及支出范围等不同角度进行科学的分类，按不同的分类特点进行成本的控制。

（一）按成本的经济用途分类

1. 营业成本

营业成本一般指直接为旅游者服务所发生的支出。由于旅游企业包括很多不同的服务部门，因此各部门营业成本有着不同的内容。例如，旅行社营业成本包括住宿费、餐费、车费、陪同费、文杂费、邮电费、劳务费、地陪及加项费、其他费用等；旅游饭店营业成本包括住宿成本、餐饮成本、商品成本、洗涤成本和其他成本等；旅游车船公司营业成本包括工资、福利费、燃料费、材料费、轮胎费、折旧费、大修理费、养路费、服装费和其他费用等。

2.营业费用

营业费用是指各营业部门在经营中发生的各项费用，包括运输费、装卸费、包装费、保管费、保险费、燃料费、水电费、展览费、广告宣传费、邮电费、差旅费、洗涤费、清洁卫生费、低值易耗品摊销、物料消耗、经营人员的工资（含奖金、津贴和补贴）、职工福利费、工作餐费、服装费和其他营业费用等。

3.管理费用

管理费用是指为组织和管理旅游企业业务活动而发生的全部费用，包括工资（管理人员工资和各项津贴）、工会经费、职工教育经费、劳动保险费、待业保险费、劳动保护费、董事会费、外事费、租赁费、咨询费、审计费、公务费、宣传费、诉讼费、土地使用费、土地损失补偿费、技术转让费、研究开发费、水电费、燃料费、税金、折旧费、修理费、无形资产摊销、开办费摊销、坏账损失、上级管理费用和其他管理费用等。

4.财务费用

财务费用是指发生的各项利息净支出、汇兑净损失、金融机构手续费、加息及筹资发生的其他费用等。

（二）按成本与业务量的关系分类

1.固定成本

固定成本是指不随经营业务量的增减而变动的成本。一般包括工资、福利费、租金、折旧费、保险费、利息支出等。随着经营业务量的增加，固定成本总额不变，但单位固定成本呈现下降趋势。

例如：某一时期客房部的固定费用总额为10万元，该时期内如果客房出租量为5 000间，则每出租一间客房的平均分摊固定费用为20元，但若该时期客房出租量为6 000间，则每出租一间客房的平均分摊固定费用为16.7元。

2.变动成本

变动成本是指随着经营业务量的变化而成比例变化的成本。一般包括燃料、材料、物料的用品耗料，水电费，办公费，计件工资等。它们的发生量与完成的任务量、取得的收入有直接关系。随着经营业务量的增加，变动成本总额成比例变化，而单位变动成本一般是固定不变的。

（三）按成本的管理责任分类

1.可控成本

可控成本，是指在会计期间由一个责任单位有权确定开支的成本。例如，部门经理对本部门所生产的旅游产品的成本、工资费用等就可以施加影响，并有权作出决定，那么这些成本费用对该部门经理来说就是可控成本。

2.不可控成本

不可控成本，是指在一定时期内责任单位对成本费用的发生无法控制的成本。例如，折旧费对部门经理来说就是不可控的。

划分可控成本与不可控成本是相对于一定时间和空间而言的，因为有些成本费用从短期看是不可控的，但从长期看却又是可控的。把成本划分为可控成本和不可控成本，其目的主要是为了明确各责任单位的职责，起到更有效地控制成本费用的目的。

（四）按投资项目形态分类

1.建筑物成本

建筑物成本是根据项目建筑设计师和建筑承包商的估算所得出的支出。一般按该项目建筑物面积和每平方米的单位成本来计算出建筑物总成本。

2.非建筑物成本

非建筑物成本主要包括家具、固定装置、设备、室内外娱乐活动设施、停车场、环境美化、管道铺设、路面修筑等成本数额。

3.软成本

软成本一般包括法律咨询费、设计费、筹资成本、保险费、开办费、营业资本和营业初期的现金支出等。

4.土地成本

土地成本即进行一项投资征用土地而必须支出的价值。

任务二　旅游企业经济效益

任务导入

景区门票该降还是该升？

清明小长假过后，一则关于“出国游比国内游便宜”的讨论在微博上火了，网友们纷纷开始算起旅游这笔账。虽然这二者并不能简单地放在一起比较，但网友们借此表达了希望旅游成本进一步下降的愿望。

在旅游支出中，景区门票是重要组成部分，此前总有网友吐槽景区门票价格过高。相关统计显示，认为当前国内景区门票价格“太高”“偏高”的游客超过了70%。对此，中国旅游研究院战冬梅博士表示，景区门票价格确实还有进一步下降的空间，降价是大势所趋。“风景名胜区、自然保护区等公共资源为全民共有，依托这些资源建设的国有景区具有较强的公益属性，降价有利于理顺国有景区功能定位，更好体现旅游惠民。”

为了让景区门票价格降下来，相关部门多次下发文件，要求完善国有景区门票价格形成机制，降低重点国有景区门票价格。各地根据文件要求，积极开展工作，降低重点国有景区门票价格也取得了一定的成效。“目前，降价景区范围仍然偏小，部分地区落实降价措施力度还不够。比如，200元的门票，降价10元、20元，游客感觉并不明显。”战冬梅说。

对此，国家发展和改革委员会不久前再次发文明确表示，要推进更大范围降价和更大力度降价，并确保降价取得实效。其中，具体指出，各地价格主管部门会同景区经营管理者切实降低偏高的景区门票及景区内配套游览服务价格，不得只降低淡季价格，不降低旺季价格；不得以降低联票、通票价格替代具体景区门票及游览服务项目降价；不得以降低特定售票渠道、特定群体、特定时段价格或实行价格优惠替代普惠降价；不得以经营管理者在政府指导价格范围内自主下浮价格替代政府降价；不得通过不合理设置“园中园”门票，提高其他游览服务价格，将门票、相关游览服务项目强制捆绑销售等方式冲减降价实效，搞“明降暗升”。

战冬梅表示，这些要求将有效增强游客的获得感，让游客享受更多旅游发展的红利。她同时指出，景区门票价格问题的关键是要完善价格形成机制，明确定价成本构成、规范定价程序、加强收支监管，提高定价科学性和监管有效性。

对景区来说，门票降价后，短期内可能会对经营造成一定压力和挑战。但从长期来看，门票降价有助于倒逼景区实现从“门票经济”向“产业经济”转型。战冬梅表示，现在很多景区对降低门票价格的积极性不高、主动性不强，主要是因为门票收入构成了大部分经营收入，没有真正形成相关产业支撑，游客缺乏二次消费的动力。“门票降价后，有助于倒逼景区摆脱对‘门票经济’的依赖，从发展产业、业态创新等方面提升自己。”

资料来源　佚名. 消费者希望旅游成本再降 景区票价不得明降暗升［EB/OL］.［2019-04-12］. https：//baijiahao.baidu.com/s?id=1630583848167332521&wfr=spider&for=pc.

思考：

（1）旅游成本与旅游产品价格之间是什么关系？

（2）旅游企业产品降价对旅游企业的收入和利润有哪些影响？

（3）旅游企业面对游客的降价需求应该如何应对？

旅游企业经济效益，是指旅游企业在旅游经济活动中，为了向旅游者提供旅游产品和服务而花费的物化劳动和活劳动同取得的经营收益的比较，也就是旅游企业的经营收益同成本的比较。旅游企业的经济效益是通过分析旅游企业的收入、成本、利润，以及它们之间的比较关系来体现的。

一、旅游企业的收入、成本和利润

（一）旅游企业的营业收入

营业收入是指旅游企业在出售旅游产品或提供旅游服务中所实现的收入，包括基本业务收入和其他业务收入。营业收入的高低，不仅反映了旅游企业经营规模的大小，而且反映了旅游企业经营水平的高低。例如，通过旅游营业收入同企业职工人数的比较，就可以反映旅游企业劳动生产率的水平。其用公式表示为：

$$\bar{S}=\frac{TS}{\bar{P}}$$

式中：$\bar{S}$表示人均旅游营业收入；TS表示年旅游营业总收入；$\bar{P}$表示年职工平均人数。

（二）旅游企业的经营成本

经营成本就是旅游企业从事旅游经济活动所耗费的全部成本费用之和，也是旅游企业的固定成本与变动成本之和。其用公式表示为：

$$TC=C_o+C_m+C_a$$

$TC=C_f+C_v$

式中：TC表示旅游经营成本；C_o表示营业成本；C_m表示管理费用；C_a表示财务费用；C_f表示固定成本；C_v表示变动成本。

分析旅游企业的经营成本，一方面要分析成本的发生及构成情况，从而有利于加强对成本的控制及管理，另一方面把经营成本同企业职工人数进行比较，可以反映旅游企业的成本水平。其计算公式为：

$\bar{C}=TC/P$

式中：$\bar{C}$表示人均经营成本；P表示企业职工人数。

（三）旅游企业的经营利润

经营利润是指旅游企业的全部收入减去全部成本，并缴纳税金后的余额，包括营业利润、投资净收益和营业外收支净额。旅游企业的经营利润指标，集中反映了企业从事旅游经济活动的全部成果，体现了旅游企业的经营管理水平和市场竞争力。通常，经营利润的计算公式为：

$P=TS-C_v-T-C_m-C_a$

$TP=P+I_p+(D_s-D_c)$

式中：P表示旅游营业利润；T表示营业税金及附加；TP表示旅游经营总利润；I_p表示投资净收益；D_s表示营外收入；D_c表示营业外支出。

二、旅游企业经济效益分析方法

（一）利润率分析法

利润率是反映一定时期内旅游企业的利润同经营收入、劳动消耗和劳动占用之间的相互关系，可以从不同角度分析和评价企业的经济效益状况。利润率具体表现为旅游企业的资金利润率、成本利润率和销售利润率三个利润率指标。

$$r_m=\frac{P}{M_f+M_l}\times 100\%$$

$$r_c=\frac{P}{TC}\times 100\%$$

$$r_s=\frac{P}{TS}\times 100\%$$

式中：r_m表示资金利润率；r_c表示成本利润率；r_s表示销售利润率；M_f表示固定资金；M_l表示流动资金。

资金利润率，是反映旅游企业的利润与资金占用的关系，说明旅游企业劳动占用的经济效益，其高低直接反映了旅游企业效益的好坏，也是判断一个旅游企业经营状况的重要指标。

成本利润率，是反映旅游企业利润与成本之间的关系，说明旅游企业劳动耗费所取得的经济效益，其高低也直接反映了旅游企业的效益好坏，并且能直接反映出旅游企业的盈利能力和成长性。成本利润率高的旅游企业，其生产的旅游产品附加值高，市场发展前景好。

销售利润率，是反映旅游企业在一定时期内利润与收入之间的关系，说明旅游企业经营规模的效益水平。

通过对以上三个指标的分析，可以反映出旅游企业经济效益的基本状况。

（二）盈亏平衡分析法

盈亏平衡分析法是对旅游企业的成本、收入和利润三者的关系进行综合分析，从而确定旅游企业的保本营业收入，并分析和预测在一定营业收入水平上可能实现的利润水平。

通常，影响利润高低的因素有两个，即营业收入和经营成本。按照成本性质划分，经营成本又可分为固定成本和变动成本。于是，收入、成本和利润的关系如下：

假设TR表示总收入，TC表示总成本，F表示固定总成本，P表示价格，Q表示产量，Cv表示单位变动成本，π表示利润，那么：

$$TR=P\times Q$$

$$TC=F+Cv\times Q$$

$$\pi=TR-TC$$

当盈亏平衡时，$\pi=0$，即：

$$TR=TC$$

$$P\times Q=F+Cv\times Q$$

盈亏平衡点产量为：

$$Q=\frac{F}{(P-Cv)}$$

知道旅游企业保本点的业务量或收入额，就可根据上述公式的变换，对旅游企业的目标利润和目标收入进行科学的分析和预测，以保证旅游企业不断提高经济效益。

（三）边际分析法

边际分析法又称最大利润分析法，即通过比较边际收入与边际成本来分析旅游企业实现最大利润的经营规模的方法。

边际收入（MR），是指每增加一个游客（或销售一个单位旅游产品）而使总收入相应增加的部分，即增加单位游客（或产品）而带来的营业收入。边际成本（MC），是指每增加一个游客（或销售一个单位旅游产品）而引起总成本相应增加的部分，即增加单位游客（或产品）而必须支出的成本费用。比较边际收入和边际成本有以下三种情况：

（1）当$MR>MC$时，说明每增加一个游客（或出售单位产品）时，所增加的收入大于成本，因而还能增加利润，从而使旅游企业的总利润扩大。因此，当$MR>MC$时，可以继续扩大接待人数，以获取更多的经济收益。

（2）当$MR<MC$时，说明每增加一个游客（或出售单位产品）时，所增加的收入小于支出，即产生亏损，从而使旅游企业的总利润减少。因此，当$MR<MC$时，旅游企业应减少接待人数，以保证企业的经济收益。

（3）当$MR=MC$时，说明每增加一个游客（或出售单位产品）时，所增加的收入与支出相等，即增加单位游客的利润为零。在这种情况下，旅游企业的总利润既不会增加，也不会减少，是企业实现最大利润的经营规模。

行业感悟 5-2　**边际收益递减规律的启示**

边际报酬递减规律又称边际收益递减规律，是指在其他条件不变的情况下，如果一种投入要素连续地等量增加，增加到一定产值后，所提供的产品的增量就会下降，即可变要素的边际产量会递减。边际报酬递减规律存在的原因是，随着可变要素投入量的增加，可变要素投入量与固定要素投入量之间的比例在发生变化。在可变要素投入量增加的最初阶段，相对于固定要素来说，可变要素投入过少。因此，随着可变要素投入量的增加，生产要素的投入量逐步接近最佳的组合比，其边际产量递增，当可变要素与固定要素的配合比例恰当时，边际产量达到最大。如果再继续增加可变要素投入量，生产要素的投入量之比就越来越偏离最佳的组合比，于是边际产量就出现递减现象。

因此，边际报酬递减规律告诉我们，资源要素的投入不是越多越好，需要有一个合适的度，就像我们做事、讲话都一样要有个度。无论做任何事情，都要求人们正确把握度，适度才能恰到好处，否则将一事无成。真理超越一步，便成为谬误。量变与质变的相互区别就在于事物的变化是否超出了度。因此，无论做人做事，我们都要掌握适度原则，要学会把握分寸，防止过犹不及。

资料来源　佚名. 边际效益递减规律［EB/OL］.［2022-04-13］. https://baike.sogou.com/v7647805.htm?fromTitle=%E8%BE%B9%E9%99%85%E6%8A%A5%E9%85%AC%E9%80%92%E5%87%8F%E8%A7%84%E5%BE%8B.

三、提高旅游企业经济效益的途径

（一）加强旅游市场调研，扩大旅游客源

旅游客源是旅游业赖以生存和发展的前提条件，也是增加旅游企业营业收入的重要途径。因此，必须随时掌握旅游客源市场的变化，对现有客源的流向、潜在客源的状况，以及主要客源国的政治、经济现状及发展趋势进行调查、研究和分析，以便有针对性地进行旅游宣传和促销，提供合适的旅游产品和服务，不断扩大客源市场，增加旅游企业的经营收入，提高经济效益；否则，就会失去市场竞争力、失去客源。没有客源就没有旅游经济活动，也就无法实现和提高旅游企业的经济效益。

（二）提高劳动生产率，降低旅游产品成本

提高旅游企业的劳动生产率，降低旅游产品成本是提高旅游企业经济效益的重要途径之一。提高劳动生产率，就是要提高旅游企业职工的素质，加强劳动的分工与协作，提高劳动组织的科学性，尽可能实现以较少的劳动投入完成同样的接待任务，或者以同样的投入完成更多的接待任务，达到节约资金占用，减少人力、财力、物力的消耗，降低旅游产品的成本。同时，提高劳动生产率有利于充分利用现有设施来扩大营业收入，达到提高利润、降低成本、增加旅游经济效益的目的。

在线课堂 5-1
旅游景区成本费用的控制

（三）加强经济核算，提高经济效益

经济核算是经济管理不可缺少的重要工作之一。旅游企业的经济核算，是旅游企业借助货币形式，通过记账、算账、财务分析等方法，对旅游经济活动过程及其劳动占用

和耗费进行反映和监督，为旅游企业加强管理、获取良好的经济效益奠定基础。加强旅游企业的经济核算，有利于发现旅游经济活动中的薄弱环节和问题，分析其产生的原因和影响因素，有针对性地采取有效的对策和措施，开源节流，挖掘潜力，减少消耗，提高经济效益。

（四）提高旅游职工素质，改善服务质量

改善和提高旅游服务质量，是增加旅游效益的关键。旅游服务质量的好坏，不仅表现在旅游景观是否具有吸引力，旅游活动的内容是否丰富多彩，旅游接待设施是否舒适、安全，还体现在旅游服务人员的服务态度、文化素质和道德修养上。因为旅游服务是通过旅游企业职工热情周到、诚挚友好的服务态度，以及服务人员整洁的仪表、娴熟的服务技能、良好的文化素质和修养来使游客真正享受到“宾至如归”的感受。因此，改善和提高服务质量就能满足游客的需求，促使他们增加停留时间、增加消费，从而相应地提高旅游经济效益。既然服务质量的好坏主要体现在职工身上，那么必须提高旅游企业职工的政治素质、专业知识、业务技能和道德修养，这也是提高服务质量的保证。

经济广角 5-1　　云南省旅游从业人员“八不准”规定

2019年4月16日，云南省人民政府办公厅《关于印发云南省旅游从业人员“八不准”规定的通知》(云政办发〔2019〕40号)，“八不准”规定的内容为：不准欺骗或者胁迫游客购物；不准拒绝受理游客退货换货；不准组织接待不合理低价游；不准诱骗推销不合理高消费；不准在景区及门口违规摆摊设点；不准向游客叫卖兜售商品和服务；不准擅自变更行程影响游览；不准签订虚假合同逃避监管。作为全省旅游业的“负面清单”，4月22日云南省人民政府召开新闻发布会，要求全省各地严格贯彻执行。

资料来源　毕芃．云南出台旅游业“负面清单”“八不准”[EB/OL]．[2019-04-22]．https：//3g.163.com/local/article/EDCHNQV804128F93.html.

（五）加强旅游企业的管理基础工作，不断改善经营管理

旅游企业的经济效益也是建立在良好的管理基础工作之上的。良好的管理基础工作，不仅是改善旅游企业经营管理的前提，也是创造良好经济效益的重要途径。因此，加强旅游企业的管理基础工作，必须切实做好以下工作：一是要加强标准化工作，促使企业各项活动都能纳入标准化、规范化和程序化的轨道，建立良好的工作秩序，提高工作效率；二是要加强定额工作，制定先进合理的定额水平和严密的定额管理制度，充分发挥定额管理的积极作用；三是加强信息和计量工作，通过及时、准确、全面的信息交流和反馈，不断改善服务质量。并在加强计量监督和管理的前提下，不断提高服务质量、降低成本、提高经济效益；四是加强规章制度的制定和实施，严格各项工作制度、经济责任制度和奖惩制度，规范职工行为，促进经营管理的改善和提高。

任务三 宏观旅游效益与评价

任务导入

免费的“杭州西湖”

杭州西湖是中国首个免费开放的国家5A级景区。2002年，杭州市政府提出“还湖于民”，自此，西湖景区免费向游客开放。对游客而言，“钱，一分不花，美，一分不少”，对于免费游西湖的“心意”游客用“脚”作出了投票。对景区而言，“挣了票子，撑了面子”，成为游客眼中“性价比最高”的5A景区。西湖免费后更多人愿意来杭州。随着人数的大幅度增长和停留时间的延长，带动了杭州的服务行业，为杭州创造了大量的就业岗位和经济效益。同时，西湖免费开放以后，杭州先后荣获“联合国人居奖”“国际花园城市”“东方休闲之都”“中国最佳旅游城市”等称号，并蝉联“中国最具幸福感城市”，城市建设水平、城市综合竞争力得到大幅度提升。浙江大学旅游学院院长周玲强认为，西湖免费看上去是一种现象，实际上表现了杭州在旅游发展过程中的理念，即不以门票为主要追求，而是注重城市与旅游的共同发展，达到一种品质生活。

资料来源 佚名. 西湖免费开放10年“性价比最高”景区怎样炼成［EB/OL］.［2012-10-11］. https：//world.hebnews.cn/2012-10/11/content_2881194_2.htm.

思考：

（1）杭州西湖免费开放政策对杭州市城市形象以及游客有什么影响？

（2）如何评价一个旅游企业与旅游目的地的经济效益？

旅游经济效益，是指旅游经济活动过程中的劳动占用和消耗同有效成果之间的比较。狭义的旅游经济效益，是指从事旅游经济活动产生的直接经济效益。广义的旅游经济效益，是指旅游经济的综合效益，它不仅包括从事旅游经济活动带来的直接经济效益和间接经济效益，还包括从事旅游经济活动对自然环境、社会、生态平衡的贡献和影响，即环境效益。

旅游宏观经济效益是指旅游目的地国家或地区在一定时期内为发展旅游业所付出的各种代价与同期从旅游业发展中所获取的各种收益之间的比较。它不仅包含旅游产业自身所获得的经济收益，还包括对相关产业部门、社会文化，以及对整个社会所带来的各方面的影响。宏观经济效益对于旅游业发展的意义在于，它是衡量一个国家或地区旅游产业发展水平的主要依据，是政府支持旅游产业发展的动力源泉，是旅游经济活动可持续发展的根本保证。

一、旅游宏观成本与收益

（一）旅游宏观成本

旅游宏观成本是指为开展旅游经济活动而形成的整个社会的耗费和支出，即旅游的社会总成本。除了旅游企业及旅游经营者所发生的旅游经营成本以外，还包括为发展旅游业而投入的其他宏观经济支出，以及为保证旅游业持续发展面对有关社会秩序、环境污染和生态保护等投入的支出。它一般分为有形成本和无形成本两大部分。

1.有形成本

有形成本是指为开展旅游经济活动而付出的直接成本，主要体现在经济上的支出，具体包括对发展旅游业所必需的有关道路、机场、水电、排污、码头等基础设施的投资；国家、地方、集体、个人对旅游景区景点、接待设施等方面的投资；引进国外的旅游设备、设施及购买原材料的支出等；国家各级旅游组织及相关机构用于旅游方面的市场调研、宣传促销、考察交流、外联和科研等方面的支出等。

在线课堂 5-2

黄金周旅游经济应统计社会成本

2.无形成本

无形成本是指为发展旅游业而导致对社会、经济和生态环境等方面产生负面影响所花费的成本，即间接支付的成本。事实上，旅游业并不是无污染的产业。随着旅游业的发展及过量游客的涌入，一是会对旅游目的地的环境造成一定的负面影响，如疾病的流传、环境的污染、生态平衡的破坏，从而使良好的自然景观受到影响；二是会造成对传统文化、艺术及各种文物古迹的破坏和影响，对旅游目的地国家或地区的地方文化、道德观念及社会生活等带来消极作用；三是可能会引起旅游目的地的消费超前增长，从而在一定程度上导致通货膨胀、物价上涨，对社会经济增长和经济结构产生一定的副作用。总之，旅游经济活动的消极影响往往被人们忽略，要解决这些问题需投入大量的成本费用，这些成本费用便成为旅游宏观成本的重要组成部分。

（二）旅游宏观收益

旅游宏观收益可分为有形收益和无形收益两大部分。有形收益是指因发展旅游业给社会带来的可以测算的直接经济收益，如各类旅游企业所实现的利润和上缴的税金。无形收益是指发展旅游业给社会带来的难以测算和量化的收益。这些收益是客观存在的，对社会的促进作用显而易见。例如，通过旅游经济活动给旅游目的地国家或地区带来丰富的经济、文化和科学技术信息，促进了这些国家或地区的经济发展和社会的全面进步。

课堂互动 5-1

《中华人民共和国旅游法》第4条规定，旅游业发展，应当遵循社会效益、经济效益和生态效益相统一的原则。你是如何理解的？

课堂互动 5-1

答案提示

二、宏观旅游经济效益的评价指标

（一）总量指标

1.旅游业产值

旅游生产值是指一个国家或地区为游客的消费所提供的产品和服务的价值。旅游业产值包括：

（1）本国或本地区居民享用各种旅游服务的支出和准备出游而购买旅游活动物品

（耐用品和非耐用品）的支出。

（2）商务和公务旅游支出（包括交通、住宿、饮食、娱乐等支出）

（3）游客提供服务的政府部门（如海关、移民局、国家博物馆等）的支出。

（4）国际游客的支出。

旅游总收入是指一定时期内旅游目的地国家或地区向国内外游客销售旅游产品和其他服务所获得的货币收入的总额。

旅游业产值与旅游总收入的区别是，旅游业产值中的第（3）部分和第（1）部分中的游客为准备出游所购买旅行用品的支出不包括在旅游总收入中。

2.旅游经济产值

旅游经济产值是指一个国家或地区的旅游业为游客消费提供的产品和服务的价值及为创造旅游需求而提供的产品与服务的价值。旅游经济产值包括：

（1）旅游业产值。

（2）与旅游业相关且代表公众利益的政府有关机构或部门的支出。例如，旅游管理部门开展的旅游宣传促销支出，民航的航空管理支出，为保障旅游安全的公安部门的支出，为美化环境的环卫部门的支出等。

（3）政府、企业和私人为发展旅游业在旅游设施、设备和基础设施上的投入。

（4）以游客为最终目标的出口物品生产的支出，包括最终向游客销售而运向海外的消费品生产的支出，以及为了提供旅游服务给游客而运往海外的设施设备（如飞机、游船、旅游车等）生产的支出。

3.税收总额

税收总额是指旅游企业向政府缴纳的营业税、旅游所得税（包括员工个人和企业），以及向旅游业提供产品和服务的其他企业因获得旅游收入而应缴纳的税收（扣除非旅游收入应缴纳的税收部分）。

4.就业人数

就业人数是指向游客提供产品和服务的旅游直接就业人数（包括旅游企事业单位人员和旅游管理机构人员）和向旅游业提供产品和服务的其他企事业单位间接就业人数之和。

（二）相对指标

1.旅游收入对国内生产总值的贡献

旅游收入对国内生产总值的贡献，是指旅游净收入占国内生产总值的比重。旅游净收入是指一定时期内旅游总收入减去因发展旅游业而购买进口物资和引进境外旅游管理和技术人员的支出，以及外资旅游企业利润汇出境外后的余额。

2.旅游业对国内生产总值的贡献率

旅游业对国内生产总值的贡献率，是指旅游业产值（直接和间接）在国内生产总值中所占的比重。该指标可用于比较不同旅游目的地国家或地区之间旅游业对经济社会所作的贡献。

3.旅游就业人数占全部就业人数的比重

旅游就业人数占全部就业人数的比重，是指旅游业直接创造的就业人数和所带动的其他相关行业间接就业人数之和占旅游目的地国家或地区全部就业人数的比例。该指标反映的是旅游业发展的目的地国家或地区在创造就业机会上所起的作用。

4.旅游消费占个人消费总额的比重

旅游消费占个人消费总额的比重，是指游客用于旅游方面的消费支出占个人消费总额的比重。该指标反映了旅游消费在个人消费总额中的动态变化及其旅游消费在刺激内需方面的强大作用。

5.旅游税收贡献率

旅游税收贡献率，是指旅游业与其他相关行业因获得旅游收入而上缴的税收占税收总额的比重。因各国税种不同而难以在各国间进行比较。

6.旅游影响指数

旅游影响指数，是指国际旅游收入和支出之和与国内生产总值的比值。该指标反映了旅游目的地国家或地区国际旅游的发展对该国家或地区经济的影响。

7.旅游依赖度

旅游依赖度，是指一个国家或地区经济对旅游经济效益的依赖程度，它等于一定时期的旅游总收入除以同期该国家或地区的国内生产总值。

经济广角 5-2　大力发展文化旅游产业 实现社会与经济效益双赢

据悉，2017年《文成公主》大型实景剧一共演出了186场，接待游客425万人次，实现票房收入1.3亿元。在800多名演职人员中，95%都是当地群众，极大地帮助了贫困群众增加收入。《文成公主》大型实景剧，正是文化旅游产业在西藏成功开展的一大案例。文化旅游产业不同于单纯的文化产业和旅游产业，它是以文化为驱动、旅游资源为依托，用创意这个核心将二者连接起来的新兴产业，它也是近年来发展得热火朝天的第三产业新模式，是一种绿色、低碳的朝阳产业。

西藏是重要的中华民族特色文化保护地，其悠久的历史文化、特色的民族文化，无不成为人们来之旅游的重要目的，所以西藏十分重视文化的传承和保护，特色文化产业也一直是西藏的优势产业。旅游业是西藏的六大支柱产业之一，将文化和旅游结合起来，不仅能够有效促进西藏文化的传播和发扬，也能为西藏带来更大的经济效益。当前，自治区政府正在加速推动把资源优势转化为产业优势，把产业优势转化为发展优势，西藏文化旅游产业正在崛起，成为西藏经济发展的新引擎。

以《文成公主》实景剧为例，它以星空为幕，山川为景，将京剧与藏戏相结合，还原大唐文成公主与吐蕃王松赞干布和亲的历史画面，气势恢宏。这个项目在建设期间为周边村民提供近5 000万元收入，提升了区域基础配套设施的建设和完善，提高了公共服务质量。同时，慈觉林藏院风情街及相关文化旅游产业的发展，为当地农牧民提供保安保洁、服务接待、行政后勤等就业岗位，实现了经济效益和社会效益的双赢。

资料来源　佚名. 大力发展文化旅游产业 实现社会与经济效益双赢［EB/OL］.［2018-07-04］. https：//www.sohu.com/a/239262678_266317.

三、提高宏观旅游经济效益的途径

（一）改革落后的旅游经济管理体制

1.转变政府职能

明确行政管理部门和企业的职能，变直接管理为间接管理，通过规划、指导、协调和制定旅游产业政策，为旅游产业的发展创造良好的外部环境。

2.强化旅游行业管理

旅游产业的综合性要求变部门管理为行业管理，强化旅游行业管理是提高旅游产业经济效益的关键。

3.转换旅游企业经营机制

旅游经济管理体制改革的中心是转换旅游企业经营机制，推进旅游企业建立现代企业制度，大力推进企业集团化的发展，建立跨地区、跨行业的大型旅游企业集团，是提高旅游宏观经济效益的有效途径。

（二）提高旅游宏观经济决策的科学化水平

旅游宏观经济决策是对旅游经济活动总体和长远方向的决策，主要包括旅游经济发展战略，旅游经济增长速度，旅游投资规模、方向及重点，旅游经济技术政策，旅游产品结构等。坚持实事求是的基本原则，建立和完善旅游宏观经济决策体系，提高决策人员的素质及决策能力，是提高旅游宏观经济决策科学水平的三个关键性因素。

（三）完善旅游产品结构

产品结构的不合理会影响旅游消费结构的不合理，进而影响宏观旅游经济效益的提高。完善旅游产品结构，一是要适应旅游市场变化的需要，开发多种旅游项目；二是要建立旅游产品升级换代机制，实现旅游产品结构调整的良性循环。

（四）加大旅游市场营销力度，提高整体竞争力

旅游产品的无形性决定了市场营销的重要性。在旅游市场竞争中，将行政力量与市场力量结合起来，政府负责整体形象的宣传和策划，企业负责具体旅游产品的营销推广，二者相互补充、相互促进。这种宏观与微观协调运作的机制，将有利于旅游市场营销效果的提高，从而有助于旅游宏观经济效益的全面提高。

项目测试

一、单选题

1.机会成本是指如果一种生产要素被用于某一特定用途，它便放弃了在其他替代用途上可能获取的（　　）。

A.最大收益　　B.最低收益　　C.平均收益　　D.超额收益

2.关于成本的说法，正确的是（　　）。

A.企业的总成本由所有的外显成本和隐含成本共同构成

B.隐含成本是指企业购买的生产要素所实际支付的货币支出

C.企业的经济利润包括正常利润

D.隐含成本是指企业租用的生产要素所实际支付的货币支出

3.（　　）指的是增加一单位的产量随即而产生的成本增加量。它是企业在决策时考虑的一个非常关键的要素。

A.沉没成本　　B.边际成本　　C.私人成本　　D.社会成本

4.（　　）反映了旅游企业的利润与资金占用的关系，其高低直接反映了旅游企业效益的好坏，是判断一个旅游企业经营状况的重要指标。

A.资金利润率　　B.成本利润率　　C.销售利润率　　D.投资利润率

5.旅游企业遵循MR=MC这一原则，是为了实现（　　）。

A.产量最大化　　B.收益最大化　　C.利润最大化　　D.成本最大化

6.旅游企业经济效益是指（　　）。

A.旅游企业经营收益与成本的比较　　B.旅游企业的营业收入

C.旅游企业的经营利润　　D.旅游经济活动所得

7.（　　）又称最大利润分析法，即通过比较边际收入与边际成本来分析旅游企业实现最大利润的经营规模的方法。

A.边际分析法　　B.盈亏平衡分析法　　C.利润率分析法　　D.定量分析法

8.在有关旅游宏观经济效益评价的指标中，不属于总量指标的是（　　）。

A.旅游业产值　　B.旅游经济产值　　C.就业人数　　D.旅游影响指数

9.旅游业发展应当遵循社会效益、经济效益和（　　）相统一的原则。

A.环境效益　　B.环保效益　　C.生态效益　　D.文明效益

10.提高旅游宏观经济决策的科学文化水平的关键性因素不包括（　　）。

A.坚持实事求是的基本原则

B.建立和完善宏观旅游经济决策体系

C.提高决策人员的素质和决策能力

D.转变政府职能

项目测试5-1

单选题

二、多选题

1.关于旅游经济效益的说法，正确的有（　　）。

A.是经济产出与经济投入之差　　B.反映了对资源的利用情况

C.是经济产出与经济投入之比　　D.反映了经济效果的情况

E.是净收益和经济效率的综合

2.某一旅游经济活动存在外部影响，是指该活动的（　　）。

A.私人利益大于社会利益　　B.私人利益等于社会利益

C.私人成本大于社会成本　　D.私人成本等于社会成本

E.私人成本小于社会成本

3.旅游企业经济效益的分析方法包括（　　）。

A.利润率分析法　　B.盈亏平衡分析法

C.边际分析法　　D.就业率分析法

E.旅游业贡献率法

4.宏观经济效益对旅游业发展的意义有（　　）。

A.有利于宏观调控旅游业

B.激发政府进一步扶持旅游业发展的动力

C.旅游企业整体素质提高的强化剂

D.是衡量和判断一个国家或地区旅游业发展水平的主要标志

E.促进旅游的可持续发展

5.提高旅游宏观经济效益的途径有（　　）。

A.改革落后的旅游经济管理体制

B.提高旅游宏观经济决策的科学化水平

C.促进旅游产品结构的完整

D.加大旅游市场营销力度，提高整体竞争力

E.合理利用外部经济，提高旅游企业经济效益

项目测试5-2

多选题

三、判断题

1.沉没成本，是指以往发生的，但与当前决策有关的费用。（　　）

2.旅游产品数量和相应的成本之间的函数关系，称为生产函数。（　　）

3.旅游客源是旅游业赖以生存和发展的前提条件，也是增加旅游企业营业收入的重要途径。（　　）

4.旅游业并不是无污染的产业。（　　）

5.旅游业产值等于旅游总收入。（　　）

项目测试5-3

判断题

四、简答题

1.携程《2019国民旅游消费报告》中指出，2019年选择“私家团”“私人定制”等定制旅游服务的消费者大幅度增加，小众化的深度游需求增长较快。但业内人士认为，定制旅游普遍呈现流量成本高、专业客服成本高、转化率低、定制周期长，但利润可观的特点。请你谈一谈定制旅游如何在规模和成本间找到一个合适的平衡点？

2.中国旅游研究院《2018年在线旅游报告》指出，旅游成本与目的地距离成正比，比如西藏和云南的旅游成本指数最高；经济发展水平较高的地区酒店等设施价格也相对较高，也会相应推高旅游成本，如京沪两地；而中部地区旅游成本普遍较低。请你谈一谈如何协调旅游企业供给成本和旅游者需求成本之间的矛盾？

3.目前国家在积极推进旅游标准化管理，你认为它是提高旅游经济效益的有效途径吗？

项目测试5-4

简答题

实战演练

1.调查你所在地区的旅游景区门票价格及其成本构成，并撰写调研报告。

2.计算题

（1）某酒店拥有客房400间，全年分摊客房固定成本为400万元，单位变动成本为20万元，全年出租率为80%，求该酒店客房出租的保本价格。

（2）某景点对游客开放，该景点的年固定成本为200万元，门票为45元/张，每接待一位游客的单位成本为5元。为使该景点达到盈亏平衡，每年接待的游客总人次应为多少？

（3）某酒店的期初投资为1 000万元，当年产生收益，预计以后每年的净现金收入

为160万元，求该酒店的静态投资回收期。

推荐阅读

1.《中华人民共和国旅游法》(2018年10月26日第十三届全国人民代表大会常务委员会第六次会议《关于修改〈中华人民共和国野生动物保护法〉等十五部法律的决定》第二次修正).

2.佚名."优质旅游时代"的家庭旅游：经济效益与社会效益的和音［EB/OL］.［2018-07-01］. https：//www.sohu.com/a/238723149_99936216.

3.吴泽斌，王宏挺，吴立珺．农村旅游项目的外部性分析［J］．商业经济，2018(10).

6 项目六 做好市场监管：旅游市场及管理

项目概述

旅游市场是旅游产品交换的场所，也是实现旅游供求平衡的重要机制。本项目通过分析旅游市场的概念和特点，阐述了旅游市场在旅游经济发展中的重要作用。并在此基础上，对旅游市场进行了科学的分类，分析旅游市场竞争的类型及结构，并探讨旅游市场管理的内容与手段。

项目导图6-1

项目六

项目目标

知识目标

- 了解旅游市场的概念、形成与条件；
- 熟悉旅游市场的分类、特点及发展趋势；
- 了解旅游市场体系内容及市场机制表现形式；
- 掌握旅游市场竞争的内容及竞争结构；
- 了解旅游市场的待业管理与价格监管；
- 了解旅游市场调查和预测的内容；
- 掌握旅游市场开拓策略。

能力目标

- 能够通过调查与分析对旅游市场发展趋势进行预测；
- 能够结合旅游市场调查的结果制定市场开拓策略。

素养目标

- 能够遵循市场规律，按市场规律办事；
- 能够通过旅游标准化建设，树立规矩意识，促进旅游业高质量发展；
- 能够坚持“以人民为中心”的思想，加强法治建设，强化行业监管。

任务一　旅游市场认知

任务导入

2021年中国旅游市场分析

2021年是“十四五”开局之年。旅游业逐步恢复，旅游企业生产经营向好，旅游业投资保持恢复势头。在新冠肺炎疫情控制向好的大背景下，复苏仍是行业的主题。2021年，文化和旅游深度融合进程加快；国内旅游市场有序恢复，假日旅游有力带动全年旅游消费；局部地区旅游热度不断攀升，其中西北旅游成为区域旅游经济中的一大亮点；我国人均出游花费不断增长，城镇居民旅游消费增速较快。

一、国内旅游人次

2020年受新冠肺炎疫情影响，旅游业呈断崖式下降，2021年相比2020年旅游业有所恢复，但是还未恢复到疫情之前。从国内旅游人次来看，2021年，国内旅游人数32.46亿人次，比上年同期增加3.67亿人次，同比增长12.8%，恢复到2019年的54.0%。

从城乡划分来看，城镇居民是我国国内旅游的主要客源市场。其中，2021年城镇居民出游23.42亿人次，较上年增加2.77亿人次，同比增长13.4%，占旅游总人次的72.15%；农村居民出游9.04亿人次，较上年增加0.9亿人次，同比增长11.1%，占旅游总人次的27.85%。

二、国内旅游收入

2021年，国内旅游收入2.92万亿元，比上年同期增加0.69万亿元，同比增长31.0%，恢复到2019年的51.0%。其中，2021年城镇居民旅游消费2.36万亿元，较上年增加0.56万亿元，同比增长31.6%，占旅游总收入的81.2%；农村居民旅游消费0.55万亿元，较上年增加0.12万亿元，同比增长28.4%，占旅游总收入的18.8%。随着乡村振兴战略全面推进，农村居民的出游率和旅游消费在稳步提升，是国内旅游发展的重要潜在市场。

旅游业是国民经济的重要组成部分，对一个国家或地区经济增长有着重要的贡献作用，旅游业综合贡献占国内生产总值总量大小是社会经济发展与产业结构观察的重要指标。自2016年以来，中国旅游业总收入占国内生产总值的比例逐年攀升，2019年中国旅游业总收入占国内生产总值的6.72%，较2018年增长了0.23%，2020年受新冠肺炎疫情影响，下滑明显，2020年中国旅游业总收入占国内生产总值的2.19%，较2019年减少了4.53%，2021年中国旅游业总收入占国内生产总值的2.55%，较2020年增长0.36%，国内进一步巩固疫情防控和经济复苏成果，虽然存在局部地区疫情反弹压力，但整体呈现有效控制态势，旅游市场企稳复苏。

三、人均旅游消费

2021年，国内人均每次旅游消费899.28元，比上年同期增加125.14元，同比增长16.2%。其中，城镇居民人均每次旅游消费1 009.57元，较上年增加139.32元，同比增长16.0%；农村居民人均每次旅游消费613.56元，较上年增加83.09元，同比增长15.7%。

资料来源 佚名．2021年中国旅游市场分析报告［EB/OL］．［2022-03-25］．https：//baijiahao.baidu.com/s?id=1728237403346594333&wfr=spider&for=pc.

思考：

（1）中国旅游市场是怎样分类的？

（2）以上数据反映了中国旅游市场结构有什么特点？

（3）你认为中国旅游市场前景如何？

旅游市场是旅游需求市场和旅游供给市场的总和。了解旅游市场形成的条件，熟悉旅游市场的分类，掌握旅游市场特点、功能及趋势，有助于建立一个健康有序的旅游市场，促进旅游业的快速发展。

一、旅游市场的概念

市场是社会生产力发展到一定阶段的产物，哪里有商品生产和商品交换，哪里就有市场。早期的旅游活动并不是以商品形式出现的，而是一种社会现象。随着生产力的发展，社会分工的深化，商品生产和商品交换得到了发展，旅游活动逐渐商品化。因为一方面社会中出现了旅游活动的购买者，另一方面形成了专门为旅游者提供服务的行业，于是出现了以旅游者为一方的旅游需求和以旅游经营者为另一方的旅游供给，二者间的经济联系就构成了旅游商品交换，随着旅游商品交换的发展，旅游市场也随之产生并扩大。旅游市场的概念有广义和狭义之分。

（一）广义的旅游市场

广义的旅游市场是指在旅游产品交换过程中反映的各种经济行为和经济关系的总和。在现代旅游经济中，旅游市场反映了旅游需求者与供给者之间、旅游需求者之间、旅游供给者之间的关系，集中反映了旅游产品实现过程中的各种经济关系和经济行为。

因此，旅游市场的广义概念包含三个基本要素：一是必须有旅游市场交换的主体双方，即旅游需求者（旅游者）和旅游供给者（旅游经营者）；二是必须有供旅游市场交换的对象，即旅游产品；三是必须有助于旅游产品交换的手段和媒介，如货币、网络、信息、营销等。旅游市场是由这三大要素组成的，随着经济的发展，旅游市场规模不断扩大，旅游需求者和旅游供给者之间的交换行为和交换关系也日益密切和复杂，共同构成了现代旅游市场。

（二）狭义的旅游市场

狭义的旅游市场是指在一定时间、一定地点对某种旅游产品具有支付能力的现实购买者和潜在购买者。从这个意义上说，旅游市场就是旅游需求市场或旅游客源市场，由不同国家、地域、阶层、年龄的游客构成，一般所谓的旅游市场，是指狭义的旅游市场。

从以上定义可知：狭义的旅游市场主要由旅游者、旅游支付能力、旅游消费欲望和旅游消费权利四个要素构成。其用公式表示为：

旅游市场=旅游者+旅游支付能力+旅游消费欲望+旅游消费权利

1.旅游者

旅游市场大小取决于该市场上人口数量的多少，一个国家或地区总人口越多，则潜在的旅游者就越多，需要旅游产品的基数就越大。因此，人口的多少反映了旅游产品潜在市场的大小，而旅游者数量的多少则反映了旅游市场规模的大小。

2.旅游支付能力

旅游市场大小还取决于人们的旅游支付能力。所谓旅游支付能力，是指在人们的全部收入扣除必须缴纳的税金和必需的生活及社会消费支出后的余额中，可能用于旅游消费的货币量，一般以可自由支配收入的高低作为衡量旅游支付能力的指标，可自由支配收入越高，则表明旅游支付能力越强。没有足够的支付能力，旅游者便无法成行，旅游市场也只是一种潜在市场。

3.旅游消费欲望

旅游市场大小还取决于旅游消费欲望，旅游消费欲望是反映旅游者购买旅游产品的主观愿望和需要，是把潜在购买力变成现实购买力的重要条件，如果没有旅游消费欲望，即使有旅游购买能力也不能形成现实的旅游市场。

4.旅游消费权利

旅游消费权利是指旅游者可以购买某种旅游产品的权利。就国际旅游市场而言，由于国际关系的复杂烦琐，或旅游目的地国和旅游客源国单方面的政策限制，如不发放旅游签证或限制出境等，即使人们有旅游消费欲望，有旅游支付能力，也会由于旅游权利受阻而无法形成国际旅游市场。

旅游市场的四个要素是密切联系、缺一不可的，其中人口因素是前提，没有旅游者就没有市场；人口多且居民收入又高的国家或地区才是真正具有潜力的市场；有了人口和收入，还必须使旅游产品符合旅游者的需求，引起其消费欲望，并在具备旅游权利的情况下，使潜在旅游市场变成现实的旅游市场。

二、旅游市场形成的条件

旅游市场是旅游需求市场和旅游供给市场的总和，反映了国家之间、国家与旅游经营者之间、旅游经营者之间、旅游经营者与旅游者之间错综复杂的经济关系。旅游市场的形成和发展是这些关系协调发展的必然产物。旅游市场形成的条件主要有：

1.资源状况

旅游资源是旅游市场形成的首要条件。凡是世界著名风景名胜和历史遗址所在地区，必定会形成发达的旅游市场。比如，世界四大古都埃及开罗、希腊雅典、意大利罗马、中国西安，世界音乐之都奥地利维也纳，世界花园国家瑞士等都形成了重要的国际旅游市场。

2.经济发展水平

旅游市场形成与经济兴衰是同步的。首先，旅游客源市场分布格局与国家经济发展水平和国民人均收入水平是一致的，并且这种客源市场结构具有一定的稳定性。经济的发展是旅游市场形成的主要条件，凡是经济发达和经济向好的国家或地区都是发展得好和发展得快的旅游市场。第二次世界大战以后，欧美地区是世界上经济发展最快的地区，从而也使这些国家一直是国际旅游市场的主体，既是世界最大的旅游客源市场，又是世界最大的旅游供给市场，并一直保持着世界旅游强国的地位。其次，随着世界经济格局的变化，世界旅游市场的分布也会发生一定的改变。近年来，东亚、太平洋地区的旅游市场崛起，就与欧美发达国家的经济波动及东亚、太平洋地区的经济充满活力息息相关。最后，旅游供给市场的综合经济实力是建设旅游市场和旅游环境的物质基础。

3.人文地缘关系

许多地域接壤、相互毗邻的国家或者地区之间都有着不可阻隔的政治、经济、历史、文化、通婚等密切交往，形成比较大规模的、长期稳定的人员旅行往来。其中，比较典型的是欧洲国家间、欧美之间、欧洲与前殖民地国家间、英联邦国家间，以及中国的华侨、海外华人和港澳台同胞，他们每年都有大量探亲观光、寻根祭祖、旧地重游的人员流动，占各国每年入境旅游者总数的60%以上，形成世界人数最多的国际旅游客源市场。

4.市场开发水平

旅游供给市场从形成到成熟，必须经过适应需求、引导需求、刺激需求和创造需求不同层次的实践过程。许多国家在很短的时间内就在竞争激烈的世界旅游市场上成为旅游强国，靠的就是不断提高旅游服务质量，加速更新和开发旅游产品，增加旅游产品的销售渠道，增加旅游产品的促销力度，提供并创造能够满足旅游者各种需求的旅游服务产品，使自己的国家迅速形成具有竞争力的旅游市场，并跻身于世界旅游强国的行列。

5.政府发挥作用

政府的旅游政策也是影响旅游市场形成的一个重要因素。积极的旅游政策将鼓励旅游经营者采取各种措施满足旅游市场的需求，简化旅游者的出入境手续，促进旅游市场的发育和形成；相反，则会抑制客源的增长。同时，政府通过对旅游市场有效的宏观调控和宣传促销，维护稳定的政治环境，提高国民素质，重视旅游人才培养，推进旅游设施建设，促进科学技术成果在旅游市场建设中的运用等方面发挥作用，直接影响旅游市场的形成和发展。

三、旅游市场的分类

世界旅游市场是一个整体，在世界旅游市场中，任何一个旅游产品的供给者，都不可能也没有足够的实力占领整个旅游市场，满足所有旅游者的需要。因此，要从不同角度对旅游市场进一步分类，以便于各个国家或地区和各个企业确定自己的目标，并采取相应的旅游市场开发策略。

（一）旅游市场分类的必要性

旅游市场分类也称旅游市场细分，是指根据旅游者的需求、偏好、购买行为和购买习惯等方面的差异性，把一个整体旅游市场划分为若干个消费者群的市场分类过程，所划分出来的每一个消费者群就是一个细分市场。因此，旅游市场分类或旅游市场细分是将全部旅游市场根据旅游消费者的某种或某些特点划分为不同的细分市场。

对旅游市场进行细分的必要性在于，任何一个旅游目的地和旅游企业都难以有足够的实力吸引和满足所有种类旅游消费者的需求，因而有必要在众多的旅游消费者中，选择某些适合自己经营能力的市场作为自己的目标市场。在选择目标市场时，要考虑以下三个因素：一是要考虑细分市场的需求趋势和规模。若市场规模太小，则会使企业因开发成本过大而影响效益；若市场规模太大，则促销的效果不佳。因此，应该选择合适的规模。二是要考虑市场的竞争状况。若市场竞争很激烈且该市场已被竞争对手所控制，则不宜选为目标市场。只有当市场未被竞争对手完全控制，企业进入该市场后才能充分发挥优势，提高市场占有率并获得预期的收益。三是要考虑企业旅游产品的特点及企业的经营实力。通常不同的旅游产品有不同的销售对象，只有明确了旅游产品的特点，才能正确选择好目标市场。四是要考虑企业的营销能力及人力、财力、物力条件，使所选目标市场能够得到很好的开发。

（二）旅游市场分类的方法

旅游市场分类是一个涉及多个变量的技术。市场细分的目的是要寻求合适的变量并将其作为对旅游者群体划分的标准。因此，正确选择旅游市场细分变量是十分关键的。通常，旅游市场细分变量可分为地理、国境、消费水平、旅游目的、组织形式五个因素。

1.按地域划分旅游市场

以现有及潜在客源的发生地为基础，根据旅游者的国家或地区的不同而划分旅游市场。世界旅游组织根据全球地区在地理、经济、文化、交通以及旅游者流向、流量等方面的联系，将整个世界旅游市场分为六个大的区域，即欧洲市场、美洲市场、东亚及太平洋市场、南亚市场、中东市场和非洲市场。这是一种传统的、重要的市场划分，反映了当今世界旅游市场的基本格局。

另外，在按地域划分旅游市场时，可以按接待国（地区）与客源国（地区）距离远近分为近程旅游市场和远程旅游市场。近程旅游市场，是指旅游接待国所在洲内或地区内的国际客源市场。在全世界国际旅游中，近距离出国旅游，尤其是前往邻国的国际旅游，一直占据绝大部分比重。近程旅游市场的特点有文化差异小、时间短、重复使用率高、消费相对低，而且入境手续和交通情况都较为便利，易于接待。远程旅游市场，是指旅游接待国所在洲或地区以外的国际客源市场。远程旅游市场的特点有消费水平高、停留时间长、文化差异大、影响因素多，变化较大。因此，在制定营销策略时，应充分考虑这一细分因素并予以区别对待。

2.按国境划分旅游市场

按国境划分旅游市场，一般分为国内旅游市场和国际旅游市场。国内旅游市场是指国境线范围以内的市场。国际旅游市场是指国境线范围以外的市场。国内旅游市场主要是本国居民在国内各地进行旅游；国际旅游市场主要是接待外国旅游者到本国各地旅游，以及组织本国居民到国外进行旅游，即我们常说的入境旅游市场和出境旅游市场。在国内旅游市场上，旅游者是本国居民，使用本国货币支付各种旅游开支，游客可以自由地进行旅游，而不受国界的限制。发展国内旅游可以对国内商品流通以及货币回笼起促进作用。在国际旅游市场上，旅游者是其他国家居民，使用其他国家货币支付旅游开支，涉及货币兑换问题，参加旅游要有足够的证件，出国要有本国护照，进入旅游目的地国要得到旅游目的地国家的签证许可等。国际旅游市场的营业额直接关系到一国外汇贮备的增加或减少，出境旅游会导致旅游客源国外汇贮备减少；入境旅游会导致旅游接待国外汇收入增加。

3.按消费水平划分旅游市场

根据旅游产品质量或旅游需求者的消费水平，可将旅游市场划分为豪华旅游市场、标准旅游市场和经济旅游市场。由于人们的收入水平、年龄、职业以及社会地位、经济地位的不同，其旅游需求和消费水平不同，对旅游产品质量的要求也不同。豪华旅游市场的旅游对象是少数的社会上层人士，他们有丰厚的收入，一般对旅游价格不敏感，而是希望旅游活动能满足他们的旅游需求。所以，尽管豪华旅游市场规模有限，但其高额的旅游收入对经营者仍具有很大的吸引力。经济旅游市场主要是由广大中产阶级、固定收入者以及青年学生等组成。虽然他们的消费能力不及社会上层人士，但这个市场的规模和潜力是巨大的。因此，旅游经营者应根据其提供的旅游产品的等次，科学地进行市场定位，选择合适的目标旅游市场，以增强对旅游市场的吸引力和扩大市场占有率。

4.按旅游目的划分旅游市场

根据旅游目的可分为不同性质的旅游市场，如观光旅游市场、文化旅游市场、商务旅游市场、会议旅游市场、度假旅游市场、宗教旅游市场等。自21世纪以来，除了以上传统旅游市场外，又出现了一些新兴的旅游市场。例如，满足旅游者健康需求的体育旅游市场、疗养保健旅游市场、狩猎旅游市场；满足旅游者业务发展需求的修学旅游市场、工业旅游市场、务农旅游市场、学艺旅游市场；满足旅游者享受需求的豪华列车旅游、豪华游船旅游和美食旅游市场；满足旅游者寻求刺激心理需求的探险与冒险旅游市场、秘境旅游市场、惊险游艺旅游市场，以及海底、火山、沙漠旅游市场等。由于不同旅游者的旅游目的不同，对旅游产品需求不同，不同旅游市场各有自己的市场范围和市场对象。

5.按旅游组织方式划分旅游市场

根据旅游组织形式不同，可将旅游市场分为团体旅游市场和散客旅游市场。团体旅游也称包价旅游，一般是指人数在15人以上的旅行团，其旅行方式以包价为主，包价的内容可以灵活多样，通常是包括旅游产品基本部分，如食、住、行、游、娱，也可以包括基本部分中的某几个部分。旅行社往往以优惠的价格分别购买各单项旅游产品，然后组织成旅游线路产品出售给旅游者，因而旅游者参加团体包价旅游其价格一般较便宜。由于包价旅游通常是提前安排好日程，因此安全系数大，语言障碍少，可以使旅游者放心地随团旅游。但是，包价旅游也有其缺陷，如不能很好地满足旅游者个人的特殊兴趣和爱好，行动上不能自由灵活，时间上受旅行团的约束。散客旅游主要是指个人、家庭及15人以下的自行结伴的旅游活动。散客旅游者可以按照自己的意向自由安排活动内容，也可以委托旅行社购买单项旅游产品或旅游线路中的部分项目，这样比较灵活方便。散客旅游的主要缺点是每到一处需要考虑下一站抵达和离开的进出海关手续及住宿安排等问题，而且散客旅游者所购买的各单项旅游产品的价格之和比旅行社同样内容的包价旅游的价格要贵。但是，由于散客旅游灵活方便，随着现代旅游业的发展，散客旅游迅速增加，已成为国际旅游市场发展的新趋势。

四、旅游市场的特点

虽然旅游市场庞大而复杂，但它是围绕旅游产品的需求和供给而建立起来的整体机制。因此，一般认为，与其他商品市场和服务市场相比，旅游市场具有以下特点。

1.全球性

旅游市场是由全球范围的旅游需求与旅游供给组成的，有全球性的特征。市场对产品的选择有全球性的自由，不受地域、政治、民族等因素的局限。旅游地的接待对象无民族、国界之分，旅游者的旅游活动也不受地方和国界的束缚。

2.波动性

旅游业作为一种综合性社会经济现象，它影响和被影响的因素涉及社会的方方面面。许多社会因素都会对旅游需求以及旅游地产生很大的影响，而这种影响常常是全球关联的作用。战争、政治风波、治安、民族歧视、经济水平等，都可能导致旅游市场的关联性的波动甚至变局。既可能引起旅游流向的变化，也可能引起市场结构的变化，还可能引起消费结构的变化。

3.季节性

旅游市场受自然条件及旅游者闲暇时间等因素的影响，季节性十分明显，有旺季和淡季之分，这就要求旅游经营者采取一些行之有效的政策和措施，调节旅游客流量，相对缩短淡旺季之间的差距，使旅游业协调发展。

4.多样性

旅游市场的多样性主要体现在以下方面：首先，旅游者的需求具有多样性。在大众旅游时代，旅游者的构成多种多样，其需求也千差万别。其次，旅游购买形式多样化，有包价旅游、半包价旅游、小包价旅游、散客旅游等多种形式。最后，旅游产品多样化。由于旅游者的需求多种多样，这就决定了旅游产品必须多样化，才能满足旅游者的不同需求。

五、旅游市场的功能

旅游市场是社会经济高度发展的产物，是旅游业赖以生存和发展的条件，它对旅游经济的发展起着十分重要的作用，具体表现在以下四个方面：

1.旅游产品交换功能

旅游市场是联结旅游产品生产者和旅游需求者的纽带。通常旅游产品开发出来以后，必须在市场上进行销售，使旅游产品的价值得以实现。旅游需求者通过市场选择并购买自己感兴趣的旅游产品，因而旅游市场是实现旅游产品供给者和需求者之间交换的桥梁。旅游市场把旅游需求和供给衔接起来，能灵敏地反映旅游市场的供求状况，使旅游企业的生产和销售有据可依，解决了供求之间的矛盾，从而更好地满足旅游者的需求，更充分地发挥旅游接待设施的能力，促进旅游经济的健康发展。

2.旅游经济调节功能

旅游市场的调节功能表现在两个方面：首先，旅游市场是调节旅游供求平衡的重要杠杆，在旅游市场上，当供求双方出现矛盾时，就会引起旅游市场竞争加剧和价格波动，于是市场竞争机制和价格机制就会产生作用，调节生产和消费，使供求重新趋于平衡；其次，通过旅游市场对旅游经济的调节，可以实现整个旅游业按比例配置各种资源，进一步实现社会经济资源的优化配置，并通过市场调节，使旅游部门和企业根据市场需要和供求状况合理分配劳动。

3.旅游信息反馈功能

在市场经济条件下，旅游者的经济活动会通过市场动态变化表现出来。从总体上来看，旅游市场通过信息传递，为旅游目的地国家或地区制定旅游业发展规划和经济决策提供依据。对旅游企业而言，一方面将旅游产品信息传递给市场，另一方面根据市场反馈的旅游需求信息和市场供求状况，调整旅游产品价格，组织生产适销对路的旅游产品，市场信息为旅游企业提供了经营决策的依据。对旅游者而言，一方面将需求信息传送到市场，为旅游产品的生产经营者开发旅游产品提供依据；另一方面又从旅游市场上获取经济信息，指导、调整和变更旅游需求。总之，旅游市场通过信息反馈，成为旅游经济活动的“晴雨表”，指导旅游经济的发展。

4.旅游产品检验功能

旅游市场还可以检验旅游企业及其产品质量的优劣，推动旅游企业改善经营管理，提高服务质量。在旅游经济活动中，旅游者因支付一定的旅游费用而成为旅游服务的享有者；旅游企业则因获得一定的旅游收入而成为旅游服务的承担者，它们之间的相互关系是通过市场买卖的形式实现的。因此，旅游产品价格的高低、旅游服务质量的好坏、旅游住宿等级如何、旅游交通和旅游景点状况如何，都必然反映到旅游市场上来，旅游市场成了检验旅游企业经营管理的一面镜子。旅游者在购买决策过程中，必然要对旅游市场上的各种产品进行比较，只有适合旅游者需求的产品，才是他们愿意购买的旅游产品。因此，旅游企业只要通过旅游市场竞争分析，就可以看到自身经营管理方面的优势和劣势，从而使旅游企业根据旅游市场的选择及时调整旅游产品，并不断改善和提高旅游企业的经营管理水平和服务质量，提供旅游者易于接受、乐于消费的旅游产品。

六、旅游市场的发展趋势

1.全球旅游经济增长趋缓

近年来，尽管全球经济复杂多变、经济下行压力持续，但依然抵挡不住世界人民的旅游热情。有数据显示，2019年全球旅游总人次（包括国内旅游人次和入境旅游人次）为123.10亿人次，较上年增长4.6%；全球旅游总收入（包括国内旅游收入和入境旅游收入）为5.8万亿美元，相当于全球国内生产总值的6.7%，较上年下降0.1%；全球入境旅游收入与国内旅游收入波动趋势放缓。

2.五大区域的旅游经济发展差异更加明显

欧洲地区：入境旅游领先优势逐渐缩小，2019年下降为39%。亚太地区：“三个增速”位居全球五大区域之首。第一，国内旅游人次增速和稳定性排名第一。2019年，亚太地区国内旅游人次为76.08亿人次，同比增长5.2%。第二，国内旅游收入增速趋势排名第一。2019年，亚太地区国内旅游收入达到1.6万亿美元，增速达到2.5%。第三，旅游总收入占国内生产总值的比重增速排名第一。亚太地区旅游经济占国内生产总值的比重从6.4%增长到7.0%，增长了0.6个百分点。美洲地区："一稳二降"，旅游发展日渐式微。国内旅游人次长期平稳低速增长，入境旅游收入增速处于下降趋势，2019年增速仅为0.2%，旅游总收入占国内生产总值的比重处于下降趋势，2019年下降到5.6%。非洲和中东地区：全球旅游的长尾，不稳定性突出。非洲和中东接待入境旅游人次之和不足全球入境旅游总人次的1/10，且其发展波动性较强。

3. 全球旅游经济高度集中于T20国家

全球旅游经济80%集中于T20国家，国内游是T20国家的旅游经济支柱，旅游稳步促进T20国家的经济发展。分析T20国家的旅游发展趋势，可将其归为四种类型：一是以美国为代表的"低速稳增型"；二是以中国、印度、菲律宾为代表的"减速缓增型"；三是以德国、日本、英国、意大利、巴西等为代表的"正负增长交替型"；四是以法国、墨西哥、澳大利亚、西班牙、加拿大、韩国、土耳其、俄罗斯等为代表的"收入波动型"。

经济广角6-1　我国旅游业未来发展三大趋势

随着社会的不断发展和进步，国内经济持续增长，人民生活水平大幅度提升。在满足了基本的生活需要之后，人们把更多的时间成本和金钱投入到精神层面的消费。由此，旅游业的崛起势不可挡。据不完全统计，在居民消费领域中旅游业带来的消费增长最快，并且仍在逐年上升。

疫情的暴发给旅游业带来了巨大的冲击，国家及文化和旅游主管部门积极应对，出台了一系列扶持类政策，帮助旅游企业排忧解难，包括退还旅行社质量保证金、出台旅游业复工复产指导意见等。这些措施不仅缓解了旅游机构及企业的短期压力，更促进了旅游业恢复发展，甚至是转型升级。旅游企业也在积极展开自救，通过景区设备升级改善，加强员工培训，提高景区整体服务水平方式蓄力。与此同时，也在尝试新的模式，如"云旅游""无接触服务"等模式。我国旅游业未来发展三大趋势主要表现在以下方面：

1. 周边游、自驾游会成为旅行主题

因为疫情期间倡导不外出，许多人长时间待在家里，日复一日，周而复始，无疑增加了对外出的期待和渴望。被压抑的旅游需求将在疫情转晴时逐步得到释放，但由于人们对不确定因素仍存在一定的戒备心理，会更多选择在现居住地周边旅行，既能满足外出愿望又有一定的地域保障，因此周边游会日渐火热，在疫情过后的初期成为大多数人的出行首选。

因此，疫情过后，对旅游企业来说，可以更加注重本地游客的旅游需求，将旅游活动渗透进人们的日常生活中，重点推出周末、节假日等短期旅行项目，既满足人们"出去透透气"的需求，又不会因为行程太远或者时期太长而有心理负担，甚至排斥。

2.低密度康养式旅游体验将更受人们青睐

新冠疫情唤醒了人们的危机意识，促使人们更加看重生命健康，养生意识也有所提高，由此人们想获得健康、舒适等体验的呼声高涨。低密度、生态旅游、乡村旅游的关注度将会有较大幅度的提升，相应的康养类旅游产品也会更加热销。

3.“云旅行”模式将有更大发展空间

针对疫情期间线下旅游市场的萎缩，不少旅游景区推出“云旅行”，尤其是众多打通了线上浏览通道的博物馆。“云上文博”悄然进入人们枯燥无味的生活，不仅满足了大众足不出户就可以饱眼福，也响应了他们对文化的需求，同时博物馆也赢得了口碑，无疑是一个共赢的局面。对馆方来说，在闭馆的日子里先建立流量，通过“云上文博”的方式刺激人们的感官体验进而激发他们对线下参观的渴望，到重新开馆之后将会把这些流量转化为线下收益。“云旅行”虽火爆于疫情期间，但对旅游业的未来发展却有很大的借鉴作用。随着经济社会的不断发展，人们的消费水平虽有提高，但因工作越来越忙碌，空闲时间越来越碎片化；而“云旅行”则可以合理利用人们的这些碎片化时间，打造线上旅行，开阔人们的视野，通过线上传播引流客户到线下旅游景点参观。

综上所述，我国旅游业越来越发达，尤其是国民经济的发展夯实了旅游业消费的物质基础，并且在疫情期间，旅游业虽受到沉重的打击，但仍在继续创新发展模式，在不断地探索和实践中为未来旅游业的发展谋求新的生存法则。

资料来源 杨思乔. 我国旅游业发展现状及未来发展三大趋势［EB/OL］.［2020-07-01］. https: //www.sohu.com/a/405160578_120775007.

任务二 旅游市场体系及机制

任务导入

出境游人次稳定增长

2018年国内旅游市场持续高速增长，入出境旅游市场进入缓慢回升通道，出境旅游市场平稳发展。全年实现旅游总收入5.97万亿元，同比增长10.5%。初步测算，全年全国旅游业对国内生产总值的综合贡献为9.94万亿元，占国内生产总值的11.04%。旅游直接就业2 826万人，旅游直接和间接就业7 991万人，占全国就业总人口的10.29%。

穷游发布的“会玩的中国人：穷游2018出境游大数据报告”显示，截至2018年，全国有效的因私普通护照持有量达到了1.3亿本。换言之，90%的中国人还未进入出境游市场，整体出境游渗透率仍拥有巨大空间。

该报告显示，2016年到2018年，旅游者在当地娱乐产品的客单消费额持续增加，更多的国人愿意为体验买单。旅游者花费在住宿上的比例相较于2017年增长9.02%，对四星、五星酒店的选择率也逐年增长。

资料来源　佚名. 2018年出境游人数1.5亿“休闲度假游”比重提升［EB/OL］.［2019-02-13］. https：//news.china.com/socialgd/10000169/20190213/35205759.html.

思考：

（1）面对中国出境游市场的巨大空间，旅游企业该如何应对？

（2）国家应该建立什么样的市场机制促进出境游市场的发展？

市场体系是相互联系的各类市场的有机统一体。旅游市场要能够平稳健康发展，必须了解市场体系相关内容，掌握旅游市场机制的表现形式，进而有效地发挥各类市场机制的作用。

一、旅游市场体系的含义及内容

（一）旅游市场体系的含义

旅游市场体系是指旅游市场内部各种运行要素的有机组合体系，具体说来就是指在市场经济条件下，构成旅游市场的各类市场体系在时间和空间上有机结合的动态体系。旅游市场体系具有系统性、动态性、发展性的特点。系统性是指构成旅游市场体系的各类市场是一个有机的系统。动态性是指旅游市场是一个不断变化的市场。发展性是指旅游市场会随着现代旅游的发展而不断发展和优化。

（二）旅游市场体系的内容

根据上述旅游市场体系的含义，其具体内容如下：

1.旅游需求市场体系

旅游需求市场体系主要指由旅游者市场所决定的旅游需求类型及其变动趋势。所谓旅游者市场，是指旅游客源国或地区，即产生或输出旅游者的国家或地区。随着社会经济发展和人们生活水平不断提高，旅游需求市场不断壮大和发展，为旅游需求市场体系的完善奠定了前提和基础。

人们对旅游需求的变动趋势大致可分为：从出游目的来看，人们的旅游需求正从单一的观光旅游、文化旅游进一步扩展到度假旅游、商务旅游、特种旅游等综合性旅游；从消费水平来看，旅游消费正从经济型消费向中高档消费乃至豪华型消费发展；从组织形式来看，旅游需求正从传统的单一的团队旅游形式，逐步向以散客、团队和自助游相结合的多样性旅游形式发展。正是人们的这种多样性、高层次的旅游需求，促使旅游需求市场体系得以不断完善。

2.旅游供给市场体系

旅游供给市场体系是指为满足日益扩大的旅游需求，由旅游经营者市场所提供的全部旅游产品的总和。旅游经营者市场是指在一定地域范围内向旅游者提供旅游产品的所有旅游企业的集合。随着现代旅游经济的发展，旅游经营者市场也在不断发展和完善，除了传统的旅行商外，旅游商品企业等也迅速产生和发展，从而推动了旅游经营者市场的不断壮大和扩展，加快了旅游企业的集团化、规模化和连锁化发展，促进了旅游供给体系的丰富和完善，更好地满足了旅游市场上日益扩大的旅游需求。

3.旅游产品市场体系

旅游产品市场体系是指为满足旅游者旅游活动中所消费的各种物质产品和服务的总和。随着现代旅游的发展，旅游产品日渐丰富、种类日渐繁多，促进了旅游产品体系的进一步完善。例如，度假旅游产品从原来的温泉度假旅游，进一步扩展到包括温泉疗养、湖滨休闲、海滩度假、乡村旅游、野营度假等在内的度假旅游产品；观光旅游产品从原来的自然风光游览，进一步扩展到包括自然景观、人文古迹、民族风情、城市风光等在内的观光旅游产品。另外，还发展了以商务旅游、会展旅游、康体旅游、生态旅游、业务旅游为内容的特种旅游产品。

4.旅游要素市场体系

旅游要素市场体系可分为两大类，一是指构成整体旅游产品的食、住、行、游、购、娱等服务要素体系，二是指形成旅游产品的资源、资金、技术和劳动力等生产要素体系。由于旅游市场上的旅游产品大多数是组合旅游产品和综合旅游产品，因此必须把食、住、行、游、购、娱等服务要素有机组合，才能满足旅游者的需求。由于任何旅游市场都离不开丰富的、具有较强吸引力的旅游资源，离不开一定的开发建设资金的投入，离不开具有较强业务技能和较高服务水平的旅游人才，因此旅游资源、资金、技术和劳动力等构成了旅游市场的生产要素体系。正是由于旅游市场上服务要素体系和生产要素体系的有机组合，共同构成了旅游要素市场体系，为旅游产品体系的形成和优化，以及旅游供给体系的丰富和完善创造了良好的条件和基础。

二、旅游市场机制及表现形式

（一）旅游市场机制的内涵

一般来说，旅游市场经济中各市场要素互相适应、互相制约，共同发挥作用形成的市场自组织、自调节的综合机能，即旅游市场机制。其动力源于旅游市场主体对其个体利益的追求，并通过传动系统转换为旅游企业目标和社会经济目标。传动是通过旅游市场信息、交通运输以及各项服务来实现的。旅游市场的自调节则是通过价值规律和竞争规律来实现的。

（二）旅游市场机制的主要特征

1.自行调节性

首先，这种自行调节性来源于微观主体的自调节能力。旅游企业生产者根据价格自动调节旅游产品生产量，消费者根据价格自动调节购买旅游产品的数量及选择不同的旅游产品组合；其次，旅游市场客体也具有自调节特点。旅游产品价格具有与供求相结合自动发挥调节作用的机能；再次，自调节远非市场经济的充分调节。由于市场经济以利益目标的传导为特殊机理，自调节以个体利益为基本目标，多数情况下，微观不能与宏观有效衔接，自调节效果受到影响，有时调节成本也是相当高的，所以这种自行调节性并不能保证市场的良性循环，必须辅以其他调节方式。

2.自平衡性

首先，旅游供需双方的天性及其相互制衡性使旅游市场机制能够实现自平衡。价格机制是市场机制的典型表现形式，当旅游供给小于旅游需求时，旅游价格就会上升；反之，当旅游供给大于旅游需求时，旅游价格就下降。通过旅游价格的变动促使旅游供求之间趋于平衡。其次，市场机制自平衡的特点是不充分的，它受到旅游市场外部环境和内部条件的制约。

3.动态相关性

首先，旅游市场机制的运行是靠各市场要素间相互联动、传导和制约实现的。例如，旅游产品供不应求引发旅游产品价格上涨，由此会在一定时期内形成超额利润，将吸引其他投资者进入旅游市场。当新增旅游投资增加到一定程度时，就会缓解供不应求，甚至导致供过于求，于是价格又会下降，引发需求增加。再如，在日常竞争过程中，某一方出台的经营策略会引起其他竞争者对竞争手段的调整等。这种相关性是市场机制运行作用的前提，一旦这种联系被人为地割断，市场机制便无法正常起作用。其次，这种相关性是处于动态之中的，正是由于市场要素的动态相关，因此社会资源在动态中实现优化配置。

4.发展性

正如产品具有生命周期一样，市场机制从产生到发展也有一个不断进化和成长的过程，在这一过程中市场机制的内涵、功能都获得了日益的丰富和加强，最终成为微观与宏观经济的纽带和资源配置的基本方式。

（三）旅游市场机制的表现形式

1.旅游供求机制

旅游供求机制是指旅游供给和旅游需求之间通过竞争而形成的内在联系和作用形式，也就是旅游供求关系在旅游市场中的规律性反映。旅游供求机制不仅对旅游供求的均衡起着调节作用，而且对旅游者的合理流动也具有一定的引导作用。旅游供求机制的作用主要表现在三个方面：

（1）旅游供求机制与其他机制的配合作用，有效实现了合理配置旅游生产要素和服务要素的功能，从而调节旅游市场供求结构的平衡。

（2）旅游供求机制及时、灵敏地反映旅游经济运行的内在矛盾，反映旅游市场上供求双方的变化及发展趋势，从而为旅游者和旅游经营者提供信号和指示方向，调节旅游市场的供求平衡。

（3）旅游行政管理部门通过旅游供求机制对旅游经济进行宏观调控，促进旅游业的可持续发展。

2.旅游价格机制

旅游价格是旅游产品价值的货币表现，它既是旅游者与旅游经营者之间进行旅游产品交换的媒介，又是衡量旅游经营者生产和经营旅游产品的劳动耗费量的尺度。因此，旅游价格机制是旅游经济有效运行的重要机制，是旅游供求机制发挥作用的前提。在市场经济条件下，旅游价格机制对旅游经济运行的作用是多方面的。对旅游者而言，旅游价格机制是调节旅游需求方向和需求规模的信号，即通过旅游价格的涨落，反映旅游供求的变化，从而影响旅游者的购买欲望，并调节旅游者的需求方向、需求规模和需求结构。对旅游经营者而言，旅游价格机制是旅游市场竞争和旅游供给调节的重要工具，即旅游经营者通过价格的灵活变动来占领市场，调节旅游产品生产和供给的数量和结构。对政府而言，通过旅游价格机制的作用，一方面为国家制定旅游政策，为旅游经济的运行提供必需的信息，另一方面也自发地调节着旅游总供给和总需求的平衡。

在线课堂6-1

旅游价格对旅游供求的调节作用

3.旅游竞争机制

旅游竞争机制是指旅游市场中各旅游经营者之间为了各自的利益而相互争夺客源，从而影响旅游供求及资源配置方向的过程。旅游竞争机制作为市场机制的基本要素之一，其核心内容是争夺旅游者。因为争夺到的旅游者越多，表明旅游产品的销售量越大，从而为旅游目的地国家或地区及旅游企业带来的收入越高，经济效益就会越好。同时，争夺旅游中间商，即对从事旅游产品销售、具有法人资格的旅行社或旅游经纪人的争夺，也是旅游竞争机制的重要内容。因为各种各样的旅行社和旅游经纪人，是销售旅游产品的重要分销渠道，争夺到的中间商越多，得到的支持越大，旅游产品的销量就越大。争夺旅游者和中间商的目标又集中表现为提高旅游市场占有率，因为旅游市场占有率的高低对旅游供求和旅游价格产生决定性作用。因此，在市场经济条件下，旅游竞争机制是客观存在的，是同旅游供求机制和价格机制紧密结合并共同发生作用的。

4.旅游风险机制

在市场经济条件下，任何一个经济主体在市场经济活动中都面临盈利、亏损和破产的多种可能性，都必须承担相应的风险。因此，旅游风险机制是指旅游经济活动同盈利、亏损和破产之间的相互联系及作用的运动形式。旅游风险机制作为旅游市场机制的重要部分，是一种无形的市场强制力量，促使每个旅游经营者承认市场竞争的权威，从而自觉地对市场信号作出灵敏的反应，形成适应旅游市场竞争的自我平衡能力。同时，旅游风险机制也利用市场利益动力和破产压力的双重作用，促使每个旅游经营者的行为合理化，并按照旅游需求提供适销对路、价廉物美的旅游产品。

任务三 旅游市场竞争与结构

任务导入

旅游业逐渐步入寡头时代

除交通类公司行业性质决定其寡头垄断的市场格局外，其他类型公司经过多年充分的竞争后，通过并购、参股等形式，部分有先发优势或者独到眼光的公司的市值稳步增长，行业寡头逐渐凸显。近年在线旅游迅速崛起，旅行社公司中形成Priceline、Expedia双寡头格局，与其他在线旅行社和传统旅行社逐渐拉开差距；各酒店集团中，万豪国际集团（MARRIOTTINTL）通过收购喜达屋（STARWOOD）一跃成为行业龙头，与希尔顿酒店并列成为酒店行业的第一集团；综合类公司中，迪士尼和金沙集团分别作为主题公园类和娱乐休闲类公司，都占有绝对领导地位。目前，各行业的市场格局及地位基本确立，无论是作为追随者要撼动领先者的地位，还是作为闯入者谋得一席之地，都绝非易事，未来行业的融资、并购仍会时有发生，通过优势互补、强强联合，才是发展的长久之计。

资料来源　根据《世界旅游经济趋势报告（2018）》整理.

思考：

（1）市场结构有几种类型？每种类型各有哪些特点？

（2）分析旅游业竞争与垄断程度如何？

竞争是市场经济的必然产物，旅游市场的竞争不可避免。了解旅游市场竞争的目的，掌握市场竞争的策略，认识旅游市场结构特点，对发挥旅游市场的效率有着积极的作用。

一、旅游市场竞争

旅游市场竞争是指旅游产品供给者之间、旅游产品需求者之间以及旅游产品供需双方之间为了获得经济利益，在市场上进行的抗衡或较量。这种抗衡或较量存在于市场经济的各个方面和全过程，是价值规律、供求规律的特殊表现形式。

（一）旅游市场竞争的客观性

旅游市场是实现旅游经济活动不可缺少的条件，旅游供给和旅游需求是通过市场连接起来的，只要存在市场就会存在竞争，竞争是商品经济的必然产物。商品经济的基本规律——价值规律是通过竞争得以贯彻和实现的，旅游市场竞争是旅游经济运行得以实现的内在机制，其存在具有客观必然性。在市场经济条件下，旅游业的市场竞争还体现在不同国家、不同旅游企业之间。

1.旅游市场竞争是价值规律的客观要求

价值规律是商品生产的基本经济规律，它要求商品必须按照社会必需劳动所决定的价值进行交换。就旅游市场而言，不同的旅游企业生产和经营同种旅游产品所花费的个别劳动时间是不相同的。因此，为了尽快将自己的产品销售出去，市场上生产同种旅游产品的供给者之间会展开激烈竞争，结果使得市场成交价格在较低价位上实现；同样旅游需求者为了尽快购买并消费到所需的旅游产品也会存在竞争，结果往往使得成交价格在较高价位上实现。因此，旅游市场竞争是价值规律实现的客观要求，只有在旅游市场竞争条件下，才能按照价值规律进行有效的旅游产品交换活动。

2.旅游产品的替代性及不可储存性

旅游供给者总期望高价出售产品，而需求者总想实现低价购买，双方便为实现各自目标而展开竞争。竞争中哪一方的力量更强大，价格就会向哪一方倾斜。如果市场处于买方市场，则成交价格会向下倾斜；反之，如果市场处于卖方市场，则成交价格会向上倾斜。通常旅游市场是一个供大于求的买方市场，旅游者在市场上占据主导地位，况且作为一种消费行为，旅游需求的可替代性是很高的，这必然激化旅游企业与其他行业，以及旅游企业之间的竞争。此外，旅游产品的无形性和不可储存性等特点，使得旅游企业对市场的依赖性比其他行业更强，而旅游市场又是比较脆弱和易波动的，因此旅游企业之间必然要为抓住稍纵即逝的机会而展开激烈的竞争。

3. 旅游市场的全球化

世界各国旅游业的发展进一步加剧了全球旅游市场的竞争，现在大多数国家或地区都在尽可能多地吸引国外游客。国际旅游市场的竞争主要表现在两个方面：一是国内各旅游企业之间在国际市场上为招徕客源而展开竞争，各旅游企业在服务质量、价格水平、旅游产品、目标市场等各方面具有很大的相似性，他们之间是现实的、直接的竞争对手关系；二是与我国旅游企业拥有同一客源目标市场的其他国家或地区的旅游企业展开竞争，这些国家或地区的旅游企业虽然提供的旅游产品与我国不同，但可能选择的是同一个目标市场，为吸引更多客源，彼此间必然开展激烈竞争，这种竞争必然导致客源市场的重新分配，加之旅游者在选择目的地方面的自主性和不确定性，使这种竞争更加激烈。

（二）旅游市场竞争的目标

旅游市场竞争的主要内容包括争夺旅游者、争夺旅游中间商和提高市场占有率三个方面。

1. 争夺旅游者

旅游者是旅游市场竞争的根本目标。游客是旅游产品的购买者、消费者和旅游企业的服务对象，因此以各种有效的、合理合法的手段争取更多的游客是旅游企业开展市场竞争的根本目的。一个国家、一个地区、一个企业所吸引的游客数量的多少及游客消费能力，决定着该国、该地区和该企业的收入与利润，也决定着旅游经营的成败。

2. 争夺旅游中间商

旅游中间商是帮助目的地企业在客源市场上销售旅游产品的中介机构，作为客源的组织者、提供者，旅游中间商自然成为市场竞争的重要目标。其中，以旅行社为主，它们是旅游产品得以实现的中间渠道，特别是在远程国际旅游中，中间商在旅游者和旅游目的地的经营者之间架起了一座桥梁，既为旅游者提供各种旅游相关服务，也向旅游企业输送客源，旅游企业争夺的旅游中间商越多，也就意味着该旅游产品赢得的市场越大，旅游产品销量就越大，因此各旅游企业都必须重视与较大的、实力强的旅游中间商的合作。在信息技术不断发展和消费者消费方式不断变化的情况下，要关注旅游中间商经营业态的变化，关注专业销售网站的变动趋势，实力强大的旅游企业集团已自办网站直接和消费者进行实时互动和在线销售。总之，关注销售渠道种类的变化、增强销售渠道上的影响力是竞争中的重要目标。

3. 提高旅游市场占有率

旅游市场占有率指的是旅游企业在一定范围内的旅游市场上所处的地位或在它所处旅游市场产品总量中所占的比重。旅游市场占有率反映的是旅游企业在市场竞争中的地位、实力和状况，可分为绝对占有率和相对占有率。其计算公式为：

$$\text{旅游市场绝对占有率}=\frac{\text{一定时期某经营主体接待的旅游者人数}}{\text{同期同一目标市场上存在的旅游者总人数}}\times 100\%$$

$$\text{旅游市场相对占有率}=\frac{\text{一定时期某经营主体的市场绝对占有率}}{\text{同期同一目标市场上的市场绝对占有率}}\times 100\%$$

在市场绝对占有率的计算中，除了可以用旅游者人数作为衡量指标外，还可以用接待人天数、旅游收入等指标来计算。尤其是从旅游收入方面去考察市场占有率，有利于引导一国旅游业或某一旅游企业走内涵集约式发展道路，通过市场绝对占有率指标，可以清楚地了解本企业、本地区在旅游市场中所处的地位，反映自己的实力，通过市场相对占有率指标，可以了解到本企业或本地区在市场竞争中所处的地位。若旅游市场相对占有率大于1，则表明本企业或本地区在市场竞争中处于优势地位，应继续维持其市场占有率；若旅游市场相对占有率等于1，则说明该企业或该地区与其最大竞争者实力相当，这预示着二者之间下一步的竞争将更加激烈；若旅游市场相对占有率小于1，则说明该企业或地区落后于其最大竞争者，应据此制定下一步的竞争策略，提高占有率。

（三）旅游市场竞争的策略

在市场机制的作用下，旅游企业在明确了自己的竞争目标之后，还必须选择恰当的竞争策略来实现目标。通常旅游企业会选择以下竞争策略：

1.价格竞争策略

价格竞争策略是指以价格变化为手段赢得顾客或市场而采取的竞争策略。它是市场竞争最初也是使用最普遍的策略。经常采用的价格竞争策略有低价策略、高价策略、同价策略。

（1）低价策略。旅游企业尽可能地把产品价格定得很低，以图迅速占领市场，并阻止竞争对手对目标市场的介入。但实行这种策略必须注意低价产品的旅游需求弹性、相关产品的价格变化情况以及旅游产品成本控制等问题。

（2）高价策略。当新产品刚进入市场时，竞争者为数少，市场潜力大，旅游产品质量高，而旅游需求价格弹性小，这时企业采取高价策略，不但能为旅游者所接受，还可以在短期内获得大量利润。

（3）同价策略。旅游企业使用这种策略的目的是使自己的产品定价尽可能与竞争对手保持同一水平。

除采取上述价格策略外，旅游经营者还可采用成本价、门市价、批发价、季节优惠价、试营业期间的特殊价等策略。

2.非价格竞争策略

非价格竞争策略是指在产品、销售渠道、促销、服务及创新等方面赢得顾客或市场而采取的竞争策略。非价格竞争策略主要有以下四种：

（1）高质量创新策略。通过提供更高品质的旅游产品从而赢得顾客和市场的竞争策略。由于旅游产品是服务型产品及其现场消费的特点，一旦产品出现质量问题，旅游企业就无法退换和维修。所以，同种旅游产品在价格相同的条件下，提高服务水平，始终维持旅游产品的高质量，是积极参与市场竞争的有效手段。

（2）新产品策略。在非价格竞争中，新产品策略占有相当重要的地位。因为旅游市场需求是不断变化的，旅游产品又存在生命周期，所以旅游企业应当有一个合理的产品结构，不断开发新产品，以开拓新市场，扩大市场份额，有效地避开竞争。

（3）宣传促销策略。通过一系列信息传递手段，将旅游产品的信息传递给顾客，利用多种传播方式来影响顾客需求、创造顾客需求，进而达到提高市场占有率的策略。宣传促销策略的效果要落实在两个方面：一是影响现实的旅游需求及其选择决策；二是引导潜在的旅游需求，并激发其需求动机，以极快的速度进入到超越竞争的垄断阶段，从而获取竞争优势地位。

（4）旅游供应链整合竞争策略。旅游需求的多样化和个性化与旅游供给的技术化和人性化驱使旅游竞争进入到新的发展阶段，竞争优势也越来越取决于目的地旅游供应链结构如何及其可靠性的高低。因为这直接影响着旅游目的地对游客服务质量的好坏，进而影响游客对旅游目的地的满意度，所以旅游企业必须树立联合协作的思维理念，以供应链整合竞争策略参与竞争，确保提供高质量的整体旅游产品，提高竞争能力和顾客满意度。

二、旅游市场竞争结构

旅游市场竞争结构，是指旅游市场竞争的程度，即根据旅游者和参与竞争的旅游经营者的数量多少、旅游产品之间的差异程度、旅游信息的完全程度和旅游市场进出的难易性等划分的旅游市场。通常可将旅游市场竞争结构分成四种类型：完全竞争旅游市场、完全垄断旅游市场、垄断竞争旅游市场、寡头垄断旅游市场。在不同类型的市场上，竞争的激烈程度和竞争行为、竞争方式都会存在一定的差异。

（一）完全竞争旅游市场

完全竞争又称纯粹竞争，是指不受任何阻碍和干扰的市场竞争情况，即由众多旅游者和旅游经营者所组成的旅游市场。完全竞争仅具有理论意义，因此在现实生活中并不多见。一般完全竞争必须满足以下条件：

（1）信息是完全畅通的，生产者和消费者对不同的市场有充分的认识和了解；

（2）市场上有大量的购买者和销售者，没有任何人或企业可以影响他人的决策，支配市场的交换；

（3）每个企业提供的产品都是同质的，因而购买者不会对任何一个销售者产生偏好，从而排除垄断因素；

（4）各种生产要素可以在各行业间完全自由流动；

（5）产品生产者和消费者可以随时不受其他非经济因素的影响而自由进入或离开市场。

（二）完全垄断旅游市场

完全垄断旅游市场，是指旅游市场完全由一家旅游经营者单独生产一种或数种产品的旅游市场，市场上不存在任何可以替代的其他产品，因而旅游经营者对其他产品的价格和产量具有很大的控制权。完全垄断并不多见，其最突出的特征是旅游产品的唯一性，即在旅游经济中，某些独特的旅游资源具有稀缺性，旅游经营者将其开发的旅游产品打造成完全垄断旅游产品，进而形成完全垄断旅游市场，如中国的长城、埃及的金字塔、法国的凯旋门等都是世界上独一无二的旅游景区（点）。

（三）垄断竞争旅游市场

垄断竞争旅游市场介于完全竞争和完全垄断之间，既包括竞争因素，也包括垄断因素的旅游市场结构。垄断竞争存在于商品经济发展的高级阶段。其满足以下条件：

（1）旅游市场上存在较多的经营者，他们对价格、数量的影响有限，彼此之间竞争激烈。

（2）不同厂商的旅游产品存在一定的差异，即同类产品在质量、服务、包装、商标、销售方式等方面独具特色。

（3）尽管新的旅游经营者进入或退出旅游市场时存在一些自然和非自然障碍，但相对容易。

（4）旅游者和旅游经营者可以通过旅游市场获得大量但不充分的旅游信息。

课堂互动 6-1

课堂互动 6-1

答案提示

什么是旅游产品差异化？旅游企业如何创造产品差异？

（四）寡头垄断旅游市场

寡头垄断旅游市场，是指为数不多的旅游经营者控制了行业绝大部分旅游供给的市场结构，在市场结构中，每个旅游经营者在行业中都占有相当大的份额，对价格、产量有很大的支配权和控制权。因此，新的旅游经营者要进入该市场参与竞争是很不容易的。寡头垄断旅游市场也是介于完全垄断旅游市场和完全竞争旅游市场之间，并偏向于完全垄断旅游市场的一种市场结构。在现实市场经济中，寡头垄断旅游市场往往比完全垄断旅游市场更为普遍，尤其对于某些独特的或稀少的旅游资源，通过开发和建设往往容易形成寡头垄断的旅游产品和旅游市场。

从旅游市场的发展总体来看，它属于不完全竞争，即垄断竞争市场，既包括垄断因素，又包括竞争因素，具体表现为：

（1）各国旅游产品差别较大，每个国家或地区的旅游资源不可能是完全相同的，如中国的长城，埃及的金字塔，都具有不可替代性，能构成卖方垄断。

（2）人为制定的壁垒限制会形成一定的垄断。例如，政府对外资进入当地旅游业的限制等。

（3）旅游市场开放度较高，新的竞争者能够随时加入竞争行列。

（4）大多数旅游产品如客房、餐饮、娱乐场所等，都具有一定的可替代性和同质性，这也导致旅游经营者之间的激烈竞争。

任务四　旅游市场价格监管

任务导入

新规促进在线旅游行业规范发展

2020年8月20日，文化和旅游部印发《在线旅游经营服务管理暂行规定》（以下简称《规定》），于2020年10月1日起正式施行。

在线旅游经营服务是旅游产业链的核心环节，是满足人民日益增长的美好旅游需要和推动旅游业高质量发展的重要力量。近年来，我国在线旅游市场快速增长，在线旅游企业和平台的数量不断增多，方便了广大人民群众出游，促进了旅游消费，带动了行业发展。同时，一些在线旅游经营者上线不合规旅游产品，扰乱市场秩序，侵害游客合法权益，给行业健康有序发展带来了负面影响，要求加强法治建设、强化行业监管、规范市场秩序成为社会共识。此外，随着《中华人民共和国旅游法》《中华人民共和国网络安全法》等法律的颁布实施，出台《规定》的上位法基础初步完备，立法时机基本成熟。

《规定》坚持以人民为中心，把“保障旅游者合法权益”作为首要立法目的，积极回应群众呼声，兼顾企业长远利益，力求以“最大公约数”凝聚共识。坚持安全底线思维，以政治内容安全为根本，以生命财产安全为宗旨，配合做好网络安全保障。坚持问题导向，集中总结市场管理、行业发展经验与教训，明确回应近年来社会反映的热点、市场监管的难点、行业发展的痛点，填补了在线旅游领域立法的空白。坚持包容审慎监管，贯彻落实《国务院办公厅关于促进平台经济规范健康发展的指导意见》，以立法促规范，规范促发展，着力推动行业依法发展、市场规范有序和游客权益充分保障的有机统一。

《规定》共计五章三十八条，分别是总则、运营、监督检查、法律责任和附则。一是明确了适用范围和相关主体。在中华人民共和国境内通过互联网等信息网络为旅游者提供包价旅游服务及交通、住宿、餐饮、游览、娱乐等单项旅游服务的经营活动，适用本规定。在线旅游经营者包括平台经营者、平台内经营者、自建网站或通过其他网络服务提供在线旅游经营服务的经营者。二是压实了平台企业责任。遵循“政府管平台，平台管供应商”基本思路，要求在线旅游平台经营者坚守人身财产安全、信息内容安全、网络安全等底线，遵守社会主义核心价值观要求，诚信经营、公平竞争，承担产品和服务质量责任，接受政府和社会的监督，切实维护旅游者的合法权益。三是回应了社会热点问题。将不合理低价游、评价权保障、旅游者信息使用等热点纳入监管，作出相应规定，既体现了行业监管的刚性，也保持了一定的开放性。四是统筹抓好疫情防控和复工复产。增加助力复工复产、促进行业健康发展的条文，提出进一步发挥在线旅游经营者在旅游目的地推广、景区门票预约和流量控制等方面的积极作用，强调旅游者对国家应对重大突发事件暂时限制旅游活动等措施的配合义务。

资料来源　佚名. 文化和旅游部印发《在线旅游经营服务管理暂行规定》[EB/OL]. [2020-08-31]. https://www.mct.gov.cn/whzx/whyw/202008/t20200831_874553.htm.

思考：

（1）旅游行业管理手段有哪些？以上规定属于哪种手段？

（2）新规对规范旅游市场有哪些作用？

在消费不断升级，旅游市场规模不断扩大的情况下，市场监管就成为旅游市场发展的难点，特别是在线旅游市场的兴起，更需要加强旅游行业市场监管，通过进一步完善管理机制及措施来维护市场秩序。

一、旅游市场的行业管理

（一）旅游行业管理的定义

旅游行业管理是指政府通过规划、法律、政策，引导市场趋势，建立市场规则，进而协调、监督、维护市场秩序，以规范企业行为，维护旅游者的权益，为旅游产业快速、健康、持续发展树立良好形象，创造良好的经营环境。简言之，旅游行业管理就是在遵循市场经济规律的前提下，协调和规范旅游行业内各经营主体的关系，解决各经营主体无法自行解决的行业性问题，提供各种有效服务，以实现旅游行业利益的最大化和行业的健康发展。

旅游行业管理和旅游规制既有区别又有联系，二者都体现了对旅游经济和旅游市场主体行为的干预，但前者的管理主体既有政府各职能部门，又包含各类行业性组织（如行业协会），后者仅仅包含政府机关；前者更强调利用市场经济规律，培育旅游市场，对企业的行为进行引导，以实现整个行业的良性发展，而后者则侧重于政府对市场失灵的补充，以实现产业内的公平竞争，资源的有效配置，保护旅游消费者和社会公共利益的目的。对旅游市场主体的规制，可以涉及众多的政府职能部门，如工商、质监、环保、物价等，而旅游行业管理，主要是由旅游行业主管部门和行业协会牵头负责。实际上在一些场合，旅游行业管理和旅游规制常常被看作是对同一事物的不同侧面的认识。

（二）旅游行业管理的特征

旅游行业管理的主体是各级旅游行政部门和旅游行业组织。因此，旅游行业管理有以下主要特征：

1.综合性

旅游行业管理具有综合性的特征。旅游业是一个关联性极强的行业，旅游业的六大要素“食、住、行、游、购、娱”使旅游行业管理涉及的面非常广泛，旅游行业管理不仅涉及旅游行业内部，还涉及其他相关行业。

2.宽泛性

旅游行业管理幅度具有宽泛性特征。旅游活动是涉及多个地区、多个部门的活动，由此旅游行业管理涉及的职能部门广泛，旅游行政管理部门协调难度大，在现实中存在较为严重的“政出多门”“多头管理”的现象。

3.动态性

旅游行业管理具有动态性特征。旅游行业管理是一个动态的管理，涉及旅游企业运行的全过程。以旅行社为例，旅游行业管理从许可证的审批、质量保证金的收缴、年检、投诉处理、不合格企业的处理等，形成了一个动态的管理过程。

4.脆弱性

旅游行业管理具有脆弱性的特征。旅游产业的综合性使旅游部门的行业管理应是一个综合性的管理，但目前我国旅游主管部门却没有综合部门的职权，其职权范围仅仅涉及旅行社、饭店、景区等级评定，旅行社准入等旅游核心领域，其他相关领域则由其他政府职能部门按相关法规和授权各自管理，没有形成大旅游、大市场的格局。这种情况使得旅游行业管理的困难较大，管理基础比较脆弱。

5.滞后性

旅游行业管理方式和手段具有滞后性特征。我国目前旅游行业管理还带有一定的计划经济色彩，在行业管理过程中政府对市场主体的微观经营行为直接干预过多，行业协会的管理协调职能薄弱，政企不分等现象还较为突出。随着我国旅游市场的逐步发展，应对目前的行业管理模式进行相应的改革。

（三）旅游行业管理的对象

一般来讲，旅游行业管理的对象有狭义和广义之分。狭义的旅游行业管理对象是指直接从事旅游经营活动的企业；广义的旅游行业管理对象不仅包括直接从事旅游经营活动的企业，而且包括为旅游经营活动服务的社会机构。

根据经营业务范围，狭义的旅游行业管理对象可分为旅行社业、以饭店为代表的住宿业、旅游交通运输业、旅游景区业四大旅游经营行业的企业。广义的旅游行业管理的对象不仅包括上述四大行业，还包括娱乐业、旅游商品、旅游信息（如通信、新闻媒体等传播机构）、旅游咨询业（如诊断、策划、规划、设计、认证等机构）、旅游教育、法律服务、医疗服务等行业的社会机构。

（四）旅游行业管理的内容

1.促进旅游产业规范化

目前，我国旅游供求存在总量和结构的失衡，旅游竞争较为激烈、无序，市场处于相对混乱的状态，行业内外对维护旅游行业秩序的要求很强烈。因此，应加快旅游行业法治建设，加强对旅游行业的监督和执法力度，给旅游业的发展创造一个良好的环境。

2.提供行业服务

随着我国市场机制的逐步成熟，旅游行政管理部门对旅游企业的直接干预应逐渐减少，行业管理的重点将向为旅游行业的健康发展提供行业性服务转移。这些行业性服务包括：

（1）旅游信息服务。它包括旅游信息的统计和发布、旅游信息市场和信息平台的建设等。这是行业管理部门服务整个行业，提供公共产品的重要方面。

（2）旅游宣传。它包括旅游产品的促销和旅游目的地国家或地区的形象宣传。

经济广角6-2　　杭州文化旅游推介会在越南举行

由中国浙江省杭州市政府主办的“丝路记忆、最忆杭州”文化旅游推介会日前在越南首都河内举行。

推介会以“生态杭州、文化杭州、数字杭州、现代杭州”为重点内容，向越南各界展示了杭州的深厚文化底蕴和现代化发展水平。推介会现场还通过虚拟激光换装秀、VR游杭州现场体验、丝绸华服秀等环节，让越南民众在互动中感受中国城市文化与旅游、传统与现代的完美融合。

越南文化体育旅游部旅游总局副总局长何文超表示，推介会为双方旅游企业加强交流与合作提供了重要机遇，为双方旅游产业实现互利共赢创造了良好条件。

资料来源　刘刚．杭州文化旅游推介会在越南举行［N］．人民日报，2019-07-14（3）．

（3）协调有关部门的关系。旅游业涉及众多的产业部门，旅游管理职能也涉及众多的政府部门，旅游行政主管部门应在这些错综复杂的关系中做好协调工作。

（4）旅游教育培训工作。对行业的从业人员进行教育培训是一个行业可持续发展的重要保证之一，因教育培训有较强的外部性和准公共物品的属性，旅游行业管理部门应加大这方面的投入，通过适当的机制鼓励市场主体的参与。

（5）旅游标准化工作。旅游标准化对于规范旅游企业的经营行为，明确旅游企业和旅游消费者之间的权利、义务关系，形成统一的旅游市场等具有重要的意义，旅游主管部门和旅游行业协会应加大旅游行业标准的制定和执行力度。

行业感悟6-1　**旅游标准化与规矩意识**

推动旅游业高质量发展，必须强化标准引领，实施旅游标准化行动，把各项工作全面纳入标准化的轨道。当前，我国旅游业标准体系初步形成。据统计，旅游业现有国家标准31项、行业标准78项。全国有20个省份建立了地方旅游标准化机构，共编制发布了664项地方旅游标准，共有190个地方单位获评全国旅游标准化试点示范单位。同时，全国旅游标准化技术委员会正式成为国际标准化组织旅游及相关服务技术委员会（ISO/TC228）成员单位，代表中国参与国际旅游标准制定。

标准化引领高质量发展。有什么样的标准就有什么样的质量，旅游业作为服务性行业，一个关键性的问题是如何提升服务质量。要解决好这一问题，基础在于制定高标准。比如，由于标准化滞后，过去一些年我国旅游民宿服务与品质参差不齐，发展受到影响。为了规范和引导旅游民宿业高质量发展、充分发挥行业标准的引领作用，文化和旅游部发布《旅游民宿基本要求与评价》等政策规范并不断修订完善，引导旅游民宿业逐步走上高质量发展之路。因此，推动旅游业高质量发展，必须进一步优化标准化治理结构，增强标准化治理效能，加快构建推动高质量发展的标准体系。

由此可见，标准化的推广有助于我们树立一种“规矩意识”，从小到大，从工作到生活，规矩无处不在：在学校里需要遵守校规校纪；在生活中需要遵守交通规则；在工作中遵守职业操守……然而，不守规矩的事件时有发生。究其原因，一方面，在于很多人规矩意识不强，习惯性地按照自己的想法自由行事，殊不知已经游走在规矩的边缘外；另一方面，在于很多人被错误的思想所误导，把不守规矩当作是智慧、是准则。这就需要我们从小事做起，提高规矩意识，树立正确的规则，规范自己的言行，在规则面前，“知敬畏，守初心，担使命”。同时，要完善规矩制度，强化规矩制度的执行。一个优秀的制度并非只是推出而已，更重要的是后续的执行。古人云：“无规矩不成方圆。”守规矩是人们社会生活中必须要遵循的基本原则，只有做到了守规矩，按规矩办事，才能有良好的社会秩序，从而在新时代中有所作为，为国家的繁荣富强作出自己的贡献。

资料来源　陈志辉．以标准化助推旅游业高质量发展［N］．中国旅游报，2021-11-11（3）．

3.编制实施旅游规划

各国政府都重视旅游规划的编制和实施。旅游规划是旅游业发展的重要指导文件，是各级政府确定旅游业发展方向，实现旅游业发展目标和旅游生产力布局，实施宏观调控，引导企业行为的重要手段。

4.促进旅游业的国际交流

在全球经济一体化的背景下，旅游市场的竞争已经不再仅仅局限于一国之内，而是上升到包括国家与国家之间，本国企业与外国企业之间的竞争。同时，旅游业的国际合作和交流也日趋紧密。提升本国旅游业的国际竞争力，促进旅游业的国际交流与合作，是旅游行业管理的又一重要内容。

5.保护旅游资源，实现可持续发展

在旅游资源的开发和使用过程中，政府职能部门应对企业的行为进行有效的监督和管制。要协调好短期利益与长期利益、个别利益与公共利益的关系，为旅游业的可持续发展打下基础。

（五）旅游行业管理的手段

管理手段是与管理主体相联系的，其具体形式受到管理主体自身性质的深刻影响。旅游行业管理主体有政府的相关职能部门和民间的行业管理组织。政府的行业管理部门，主要是以行政手段为中心建立旅游管理手段体系；民间的行业管理组织，主要是以服务为中心，依靠协会章程和规则来建立旅游管理手段体系。具体而言，我国的行业管理主要有以下手段：

1.旅游市场准入手段

为了保证旅游经营者和从业人员的基本素质，确保旅游产品质量，我国旅游管理部门制定实施了相应的旅游政策和法规，建立了旅游市场准入制度，主要有旅行社许可证制度、导游人员资格证制度、旅游定点和饭店星级评定制度。旅游市场准入制度是通过授予相关主管部门行政审批权来实现的。

2.旅游市场监督管理手段

对于已经进入旅游市场的经营者和从业人员，我国旅游行业管理部门也形成了一套规范监督其行为的机制。比如，旅游投诉制度、旅行社质量保证金制度、年检与复核制度、旅游市场专项整治制度等。旅游市场监督管理制度集中体现了政府运用行政权力对市场主体行为的规范和约束。

3.旅游市场引导和服务手段

除强制性的行政管理手段外，我国还形成了一些引导旅游企业行为，服务旅游市场的制度和惯例，如制定出台各级各类旅游规划、开展旅游标准化工作、旅游市场推广和旅游信息服务等。旅游市场引导和服务手段，体现了政府职能和行业管理方式的转变，为适应我国市场经济体制的发展状况，在今后的工作中应该得到进一步的强化。

在我国现有的旅游行业管理制度中，行业管理的范围较宽，基本全由政府行使管理职能，政府主导明显，各级行业协会在行业管理中的作用非常有限。管理的手段以行政手段为主，在很大程度上干预了市场主体的正常经营行为，在政府“失灵”存在的情况下，可能会出现决策失误、寻租、部门利益争夺等现象，降低了行业管理的有效性和效率。随着我国市场经济的逐步完善，我国旅游行业管理体系需要作出相应的改革。

二、旅游市场的价格监管

伴随着旅游活动的进行，游客必然要解决食、住、行、游、购、娱等需求，在市场经济条件下，这种需求的满足要借助于交换活动来实现，而旅游价格是旅游交换活动顺利进行的条件。从旅游者的角度来看，旅游产品的价格就是游客为满足旅游活动的需要所购买的旅游产品价值的货币形式。从旅游经营者的角度来看，旅游产品价格表现为向游客提供的各种产品和服务的收费标准。因此对旅游产品价格的管理就成为旅游市场管理非常重要的内容。可以说，当今世界，几乎没有一个国家对市场价格不实施一定的干预政策，只是表现为干预程度、干预形式不同而已。

（一）旅游产品价格监管的作用

1.促进旅游市场机制作用的发挥，维护竞争秩序

市场机制是资源有效配置的基本机制之一。只有在国家合理有效的干预下，市场机制才能正常运转，竞争才能有效充分展开。价格是市场机制的核心，完全自由的价格调节并不能保证价格体系的合理化，混乱的价格极易导致价格体系的崩溃，导致资源配置的失衡。完全依靠市场价格的波动来调节经济活动具有很大的盲目性，在很多情况下不一定能反映市场供求的真实情况。因此，国家必须采取有效的管理措施，对市场价格的波动实施一定程度的干预，以保证市场体制的正常运转，维护市场竞争的正常进行。

2.防止旅游市场价格大起大落，保持旅游业稳定发展

在市场经济条件下，价格的起伏涨落是由市场供求关系所决定的。旅游业也是十分敏感的行业，由于某种原因而导致市场上的供求关系发生急剧变化的现象会经常发生，从而造成市场上价格的大起大落，这对于社会经济正常运行和旅游业的稳定发展都是极其不利的。因此，政府对市场价格进行有效的管理，给予正确的引导，是完全有必要的。

3.加强旅游市场价格管理，保护广大消费者的利益

在激烈的市场竞争中，一些企业往往不是采用正当手段去获取利益，而是采取一些不正当的手段牟取暴利。突出的是采取价格欺骗的方式，这是某些旅行社在经营中经常采用的手段。由于旅游活动的异地性，旅游者一旦参加了某一旅游团，他对产品购买的选择权就基本结束，而在旅游活动中是否能真实地实现原有的承诺，游客在购买时是无法得到证实的。因此，为了防止旅游活动过程中价格欺诈现象的发生，维护游客的利益，政府有关部门必须对旅游价格进行有效的管理和监督。

经济广角6-3　　河南将进一步降低国有景区门票价格

河南省发改委日前制定了《关于进一步降低国有景区门票价格的指导意见》（以下简称《指导意见》），推动2018年未降价或已降价但降价不到位的景区进一步降价，加快河南旅游业转型升级，增强人民群众获得感。

按照《指导意见》的要求，此轮降价将重点降低偏高的景区门票价格和配套服务价格，其中配套服务价格包括交通车（含区间车、观光车等）、停车、缆车、游船等服务收费。除单项价格偏高的景区外，景区门票和配套服务综合价格超过200元、往返交通费用超过40元的景区也被纳入降价范围。

降价幅度方面，《指导意见》规定，在开展定价成本监审或成本调查、价格评估的基础上，降低偏高的景区门票价格和配套服务价格，降价幅度原则上为20%~30%。同时，对军人、未成年人、老年人、残疾人等特定群体，鼓励景区在现行优惠政策基础上，加大优惠力度。9月底前，各地要明确降价方案并向社会公布。

为确保取得实效，《指导意见》指出，各地不得只降低淡季价格、不降低旺季价格；不得以降低联票、通票价格替代具体景区门票及游览服务项目降价；不得以降低特定售票渠道、特定群体、特定时段价格或实行价格优惠替代普惠降价；不得强制购买通票、联票；不得通过不合理设置“园中园”门票，提高其他游览服务价格；不得以门票、相关游览服务项目强制捆绑销售等方式，搞“明降暗升”；不得在降低门票价格后，提高交通服务价格等。

资料来源 李文哲. 河南将进一步降低国有景区门票价格［EB/OL］.［2019-08-20］. https://baijiahao.baidu.com/s?id=1642349131605896115&wfr=spider&for=pc.

（二）旅游产品价格监管的形式

1.市场调节价

市场调节价是指由经营者自主制订，通过市场竞争形成的价格。对市场调节价的理解应当把握以下四点：

（1）市场调节价是由市场主体即经营者制订，这种市场主体就是在市场经济条件下自负盈亏、自主经营的经营者，依据生产经营成本和市场供求状况等决定自己经营产品的价格。

（2）市场调节价是由经营者在经营过程中自主制订的价格。所谓自主，一是表示市场调节价，它是经营者按照自己的意愿制订和调整的价格；二是表示经营者在制订价格时，主要依据生产经营成本和市场供求关系来决定价格的高低，经营者的定价权力不受任何单位和个人的干涉。

（3）市场调节价是一种竞争性的价格。经营者具有自主的定价权，这只是市场调节价发挥作用的必要条件，而不是充分条件。让市场调节价发挥合理配置资源的作用还要求经营者之间有充分的竞争关系。因为经营者有了自主权后，就要寻找一种对自己有利的经营条件，经营者之间将会产生排他性。如果没有竞争，经营者的定价自主权就可能变成垄断权。

（4）市场调节价是经营者依法制订的价格。虽然经营者是自主制订价格，不受任何单位和个人干涉，但经营者必须是在遵守国家的法律、法规、规章和有关政策的前提下，自主制订价格，不能实施任何违法行为。

2.政府指导价

政府指导价是指由政府价格主管部门或其他相关部门，按照定价权限和范围规定基准价及其浮动幅度，指导经营者制订的价格。对政府指导价的理解应当把握好以下三点：

（1）政府指导价的定价主体是双重的，即由政府和经营者共同制订价格。其中，第一主体是政府，第二主体是生产经营者。

（2）第一定价主体，即政府必须按照规定的定价权限和范围，先制订一个基准价及其浮动幅度。

（3）政府指导价是两个定价主体结合的产物。政府制订一个基准价及其浮动幅度后，经营者可以在这一基准价及其浮动幅度的范围内自主制订价格。

3. 政府定价

政府定价是指由政府价格主管部门或者其他相关部门，按照定价权限和范围制订的价格。对政府定价的理解应当把握好以下三点：

（1）定价主体是政府，是单一主体而不是双重主体。

（2）政府定价也必须按规定的定价权限和范围进行。

（3）政府对产品和服务直接制订价格，有很大的强制性和相对的稳定性。

一般说来，只有垄断性的、稀缺的、需要保护的、关系社会稳定和公益性行业的价格需要保留政府定价权。

4. 价格管制

价格管制是指政府根据形势和既定政策，运用行政权力直接规定某些产品的价格或价格变动幅度，并强制执行。这种价格管理不仅不受市场影响，反而影响市场，从而调整供求关系，以满足国家管理的需要和大众的根本利益。价格管制主要有最高限制价格、最低支持价格、双面价格管制和绝对价格管制四种类型。

最高限制价格是指政府对某一产品设定市场最高价格，这一设定通常小于市场均衡价格，导致供给的减少，需求大于供给会产生排队、黑市交易、限额购买等现象，造成社会福利的损失，增加社会成本。最低支持价格是指政府对某一产品设定市场最低价格，这一设定通常高于市场均衡价格，导致供过于求。由于多出的部分常由政府购买，如农业，因此导致政府支出的增加，使政府背上沉重的包袱。二者都会造成资源配置的无效率。双面价格管制是指同时规定最高限价与最低限价。绝对价格管制是指政府对某些产品直接规定的价格。

价格管制是一把双刃剑。管制价格的确定，应根据价格管制的目标、市场供求关系、货币供应量、利率、汇率水平等多种因素科学确定，否则可能既达不到价格管制的预期目标，又破坏市场机制的自动发挥，对整体经济运行造成不必要的冲击。

（三）旅游产品价格监管的手段

旅游产品价格监管的手段比较多，主要有经济手段、行政手段、法律手段。其中，经济手段是价格监管的主要手段。

1. 经济手段

价格监管中的经济手段，包括政府运用货币投入、银行利率、投资、信贷、税收、补贴及重要物资储备等经济政策和经济手段对市场价格进行有计划的指导和调节，间接控制商品价格的相对水平和物价总水平。比如，当经济发生衰退萧条时，实行扩张性的宏观财政政策和货币政策，以求通过刺激总支出或总需求来使价格回升并加速经济增长；当经济中出现不合理的商品比价关系及由此而导致的资源配置不当时，对那些价格过低和盈利过少的行业或产品，或给予财政补贴，或减免税收，或提供较低利息率的贷款，或是政府组织收购，增大需求量。

2.行政手段

价格监管中的行政手段是指运用行政命令，采取行政强制手段来管理和协调各种价格关系的一种方法，如传统的价格监审制、定价许可证制、提价申报制等各种行政规章制度。在有些领域出现法律监督和经济手段干预不够有效的情况下，国家将动用行政力量和权力来直接介入有关价格的决定，即对价格进行直接干预。例如，在旅游旺季，因部分旅游产品价格疯涨或某些旅游企业恶性价格战而影响了旅游市场的健康发展，国家可以采取行政手段进行干预。

3.法律手段

价格监管中的法律手段是指国家通过制定有关价格法律规范来实现对价格的管理。价格法律规范包括价格法律、法令、条例、决定、规定及管理办法等法规形式，国家可以将有关价格的方针、政策，有关管理价格的经济手段、行政手段，有关控制价格机制运行所要遵循的准则，通过法律形式固定下来，赋予其法律效力，使之具体化、条文化、定型化和规范化，实现以法治价。众多的法规条例可以形成一张密实的大网，使企业紧紧地置于其中，迫使其定价行为和经营行为规范化，并符合国家利益和社会利益。

行业感悟6-2　加强法治建设，推动文化和旅游高质量发展

为深入学习贯彻习近平法治思想，落实党中央关于全面依法治国的决策部署，进一步提升文化和旅游领域治理法治化水平，2022年3月，文化和旅游部印发了《关于加强文化和旅游领域法治建设的指导意见》（以下简称《指导意见》），明确当前和今后一个时期推动文化和旅游领域法治建设的指导思想，并进行部署。

《指导意见》要求，以习近平法治思想为指导，以解决文化和旅游领域法治建设突出问题为着力点，坚持高质量立法与高水平实施相结合，扎实做好立法、执法、普法和法治文化建设等工作，为建设社会主义文化强国、推动文化和旅游高质量发展提供有力的法治保障。

《指导意见》部署5方面主要任务，即深入学习宣传贯彻习近平法治思想、加快完善文化和旅游法律法规体系、进一步转变政府职能、严格规范行政执法和持续推进法治宣传教育。同时强调，要加强党对法治建设的领导，加强法治机构和队伍建设，对法治建设中涌现出的先进人物、先进单位及时予以通报表扬，加大对法治建设典型经验的宣传推广力度。

《指导意见》的出台将对进一步加强文化和旅游领域法治建设，推动社会主义文化强国建设和旅游高质量发展具有重要意义。

资料来源　王洋．文化和旅游部印发《关于加强文化和旅游领域法治建设的指导意见》[N]．中国旅游报，2022-03-07（1）．

（四）旅游产品价格监管的内容

旅游产品价格监管是指县及以上各级人民政府价格主管部门及受其委托的组织对管理对象执行价格法律、法规、规章和政策的情况进行监督检查活动。

价格监督检查的主要内容包括：

1.宣传国家价格法律和政策，保证其贯彻实行

国家价格法律和政策是国家实行宏观经济管理目标及价格水平控制目标的首要保证，其正确贯彻实施，依赖于全体公民对国家价格法律、政策的认识水平和贯彻国家价格法律、政策的自觉性。因此，开展价格监督检查工作，既要监督检查价格法律、政策的执行情况，及时纠正和处理价格违法行为，又要大力宣传，加强各方面自觉守法的意识，维护法律和政策的严肃性。

2.监督中央和地方各项价格调控措施的贯彻落实，确保价格改革和管理任务的实施

中央和地方各项价格测控措施是促进国民经济两个根本性转变，实现经济建设的持续、健康发展的重要手段，需要有计划、有步骤地贯彻落实。价格监督检查，通过查处各种价格越权行为和价格违法行为，发挥着推动和保障价格调控措施贯彻落实的作用，从而保证各项任务的顺利完成。

3.建立完善的价格监督检查网络，有效地规范价格行为

促使商品生产企业积极与监管部门良性互动，建立价格收费目录清单，搞好明码实价工作。通过网络、报纸等平台发布游客普遍关注的景区景点、旅游服务项目收费等价格信息，增强价格监测预警能力，为市场创建一个公开、透明、平等的竞争环境，增强经营者价格诚信的信誉度，促进和保障市场经济的健康发展，切实维护好消费者的价格权益，增强市场监管能力。一旦发现价格运行中的苗头性、倾向性问题，要采取有力措施并加以研究分析，及时解决问题。

4.加强领导，搞好队伍建设

建立一支高素质的价格监督检查队伍，是我国价格监督检查顺利有效实施的可靠保证，各级组织都要为此而努力。

（五）价格监督检查的组织形式

1.国家监督

国家监督是指各级政府的物价检查机构对价格的监督检查，这是价格监督的主要形式。我国从1983年开始建立各级省、市、县物价检查所，它们是物价监督检查的行政执法机关，国家监督具有法定性、严格的程序性、强制性和直接效力性等特点。

2.社会监督

社会监督是指由国家机关以外的社会组织和公民（如消费者组织、新闻媒体、居民或村民委员会及消费者个体等）对价格行为进行的不具有直接法律效力的监督检查。社会监督具有广泛性、标志性和启动性（其积极、主动的监督方式可能引发和启动国家监督机制，导致带有国家强制性的监督手段的运用）的特点。它的不足之处是缺乏强制性和震慑性。

3.企业内部监督

企业内部监督是指企业价格管理机构或人员对本单位执行物价政策和纪律的情况实行监督。它与价格的国家监督、社会监督一样，是物价工作的一项重要和必要的内容。企业内部监督的优点是对情况比较了解，能够有的放矢；缺点是有些监管人员工作缺乏主动性、责任心，对内部违纪现象不闻不问，甚至说情维护。

任务五 旅游市场开拓及策略

任务导入

深耕文化旅游资源 拓展高端旅游市场

9月8日至10日，2019中国（泰安）旅游采购商大会暨泰安·巫溪文化和旅游对接洽谈会在泰安举行。此次活动是第三十三届泰山国际登山节文旅板块的一项重要内容，活动的举办旨在深耕文化旅游资源、全力拓展国内高端旅游市场，进一步提升泰安文化和旅游的知名度、美誉度，加深旅游界对泰安城市、文化以及旅游产品的了解，架起业界合作的桥梁，织起互动的纽带。同时，助推文旅扶贫工作落到实处，全力构筑旅游资源共享、旅游市场共拓、旅游区域共建、旅游互利共赢的大格局。

据了解，2019年以来，泰安市文化和旅游局紧紧围绕“建设友好型文化旅游名城”奋斗目标，以勇做新时代泰山“挑山工”主题活动为契机，积极推进文化和旅游融合，全力开展立体化旅游营销，高标准打造旅游品牌，深层次开发旅游产品，进一步调整客源结构，大力提升“中华泰山 天下泰安”文化旅游目的地品牌形象，助推旅游产业转型升级和新旧动能转换。从研究制定政策入手，着力抓好亮点打造、品牌培育等营销推广工作，制定出台了《泰安市旅游营销优惠奖励办法》，加大对旅行社、旅游景区、旅游电子商务平台、研学基地、涉旅酒店的奖励扶持，带动旅游消费，充分发挥泰山旅游的龙头带动作用，调动市内外旅游企业拓展客源市场的积极性，大力推广全域旅游产品，推动泰安全域旅游一体化发展。改进完善旅游宣传营销推广体制机制，采取“走出去”与“请进来”相结合的方式，瞄准高铁沿线经济发达重点客源城市，全方位、多渠道、深层次组织开展泰安旅游形象宣传、产品营销和线路推送等系列营销推广活动，策划开展“中华泰山 天下泰安”2019泰安旅游走进豫皖苏系列推广营销活动，组织旅游景区、企业参加各种国内外旅游交易会6次，加强了旅游合作交流，推动了区域旅游营销共融、共建、共享。同时，着力加强与重点旅游OTA合作，打通线上营销渠道，泰安文化旅游产品持续在携程、马蜂窝等网站上热销。做大以文旅融合为本，做大“旅游+体育、旅游+研学、旅游+乡村、旅游+美食、旅游+节庆”等主题旅游产品，高标准打造旅游品牌产品。央视新闻多次点赞泰安文化旅游，在2019年“五一”全省5A级景区好评度排名中，泰山景区位列第一。城市便捷度、市民好客度和游客满意度全面提升，使泰安真正成为海内外游客向往的旅游目的地。

资料来源 李继泽. 泰安：深耕文化旅游资源 拓展高端旅游市场［EB/OL］.［2019-09-09］. http：//w.dzwww.com/p/3459874.html.

思考：

（1）开拓旅游市场的策略有哪些？

（2）泰安市旅游市场开拓的做法给我们带来了哪些启示？

旅游市场的繁荣与发展是旅游经济的目标。在旅游者需求不断变化的情况下，旅游企业必须不断开发新产品，以适应旅游者的需求。

一、旅游市场开拓的概念及意义

旅游市场开拓是指旅游企业为了实现战略目标，扩大旅游产品销售、实现旅游产品价值，提高市场占有率而进行的一系列经营活动。旅游市场的开拓包括两个方面：一是充分挖掘现有市场的潜力，提高现有市场的占有率；二是开发新的旅游市场。

旅游市场是旅游业赖以生存和发展的前提和条件，旅游业对市场的依赖性，决定了旅游市场开拓的重要性。

1.旅游产品的特性决定了必须不断开拓旅游市场

旅游业是一个服务行业，旅游产品具有不可转移性和不可储存性的特点。因此，比起其他行业，它对市场有更强的依赖性，而市场对于旅游业也是必不可少的。

2.只有提高市场份额，才能确保旅游企业的生存和发展

对旅游企业而言，无非面临两种市场——现有市场和潜在市场。现有市场是企业已进入和占领的市场，企业要生存，至少要维持住现有市场规模，但这只能解决生存的问题，解决不了发展的问题。在激烈竞争的旅游市场上，企业若不积极进取，努力寻求开拓新的市场，只是消极防御，不仅市场发展问题解决不了，而且现有市场也难以维持。因此，企业必须积极挖掘市场潜力，扩大市场销售，提高市场占有率。

3.市场开拓能力是企业经营能力的重要标志

旅游市场是竞争激烈的买方市场，在这个市场上，旅游者的需求不断变化，竞争对手不断变化，旅游企业由于自身的发展也不断变化。面对这个动态的市场，企业只有开发新产品、开拓新市场，才能满足旅游者的需求。

二、旅游市场调查和预测

旅游市场调查有利于企业发现市场机会，开拓新市场。要成功开拓旅游市场，必须以大量准确、翔实的市场信息为基础。因此，运用科学的方法和手段，加强旅游市场的调查和预测，掌握旅游市场的现状、发展特点及变化趋势，才能制定正确的市场战略目标和旅游市场开拓策略。

（一）旅游市场调查

旅游市场调查是指用科学的方法和手段，收集和分析旅游经济活动中的旅游需求、旅游供给和旅游环境等各方面的信息和资料，为有关部门准确预测未来或作出正确的经营发展策略提供依据的活动。科学的旅游市场调查，必须了解和掌握调查的类型、程序和方法。

1.旅游市场调查的类型

旅游市场调查的类型可以根据不同的标准分类。

（1）按旅游市场调查范围，可分为宏观旅游市场调查和微观旅游市场调查。宏观旅游市场调查主要是为旅游目的地国家或地区制定旅游发展战略、确定旅游市场开拓策略提供依据，调查内容主要是旅游市场总需求，旅游市场总供给及旅游市场环境的调查。

微观旅游市场调查主要是为旅游企业制定正确的市场营销策略、开拓客源市场提供依据，调查内容包括旅游者需求、旅游市场营销状况和旅游市场竞争等。

（2）按调查目的可分为探索性调查、描述性调查和因果关系调查。探索性调查是指进行正式调查前的试探性调查，一般是通过二手资料或召集专家开展询问调查，其主要目的是收集资料。描述性调查主要是通过大量调查研究，收集整理分析调查资料，形成调查报告，如实反映和描述旅游市场的客观情况。因果关系调查主要是为了掌握有关市场现象之间的因果关系，即专门研究“为什么”的问题。

2.旅游市场调查的程序

旅游市场调查的程序一般分为三个阶段，即调查准备阶段、实地调查阶段和结果处理阶段。

调查准备包括拟订调查计划、设计调查问卷、组织调查队伍等；实地调查主要是指收集一手资料和二手资料，通过资料收集掌握旅游市场的状况；结果处理是指对资料进行处理和分析，得出调查结果，为决策提供参考。

3.旅游市场调查的方法

常用的旅游市场调查方法有观察法、询问法、实验法和会议法。观察法是指调查人员在现场观察有关参与者（旅游者）及其环境（旅游环境）而达到调查目的的一种方法。观察法一般只能看到表面现象。询问法是指通过人员访谈（预约访问及街头采访）、电话访问、发放问卷等方法进行调查，这是运用最多、适用面最广的市场调查方法。实验法是指从影响调查对象的若干因素中选出一个或几个作为实验因素，了解实验因素变化对调查对象的影响，从而获取所需资料的方法。实验法适用于因果调查。会议法是通过召开专门的调查会议收集原始资料的方法。由于会议上集中了各种专门人才，因此采用会议法一般能收集到内容广泛、水平较高的信息和资料。

（二）旅游市场预测

旅游市场预测是指运用各种方法对旅游市场未来发展变化及旅游需求趋势作出分析和判断。科学而准确的旅游市场预测需要应用定性分析和定量分析研究方法，并且将两种方法有机结合。

1.旅游市场定性分析

定性分析法是通过逻辑分析、演绎、归纳等对旅游预测目标的性质及可能估计到的发展趋势作出分析，一般包括旅游者意见法、销售人员综合意见法和专家意见法。

（1）旅游者意见法。它是通过对旅游者进行调查或征询来进行旅游市场预测的一种方法，包括当面询问、电话征询、信函调查、填写调查表、召开座谈会等。

（2）销售人员综合意见法。它是由旅游企业内的营销人员对市场作出预测的方法，如销售人员对今后的销售作出估计，营销经理再与各个销售人员一起复核估计数字并逐级上报。由于销售人员及营销经理熟悉旅游市场情况，因此作出的分析和推断比较符合实际。同时，这种方法也简便易行，节约费用。

（3）专家意见法。它是由旅游企业聘请具有丰富经验的旅游市场专家进行旅游市场预测的方法。常用的方法有德尔菲法，即以匿名的方式书面轮番征求专家们的意见，最终得出预测结果的一种集体经验判断的方法。

2.旅游市场定量分析

定量分析法是运用数学方法来分析、计算和预测旅游市场未来发展变化趋势的方法，常用的方法有时间序列分析法和回归分析法。

时间序列分析又包括简单平均法、移动平均法、指数平滑法和变动趋势预测法。回归分析法包括一元线性回归分析法和二元线性回归分析法等。

三、旅游市场开拓策略

旅游市场的开拓策略是指企业为取得最佳经济效益，在选定的目标市场上，在一定时期内，有计划地运用各种可能的市场营销策略和手段，进行旅游市场扩展。

1.选择和确定客源市场

旅游者的需求是多种多样、千变万化的，任何一个国家或地区及旅游企业，都不可能满足旅游者的全部需求。因此，每个旅游目的地国家或地区及旅游企业，都应当在市场预测的基础上，为自己的旅游产品选择相应的客源市场，并根据客源数量或购买力的大小确定顺序。

2.旅游产品策略

旅游产品是开拓旅游市场的基础，在开发旅游产品时，必须把握市场需求，根据市场需求有针对性地开发旅游产品，要大力开发具有民族特色、地方特色和游览区特色的旅游产品，旅游产品的形式也要丰富多样。从我国目前情况来看，团体包价形式、观光型的旅游产品仍占主导地位。在继续经营团体包价旅游的同时，要大力发展散客旅游和半包价旅游；在继续经营观光旅游的同时，要大力开发度假旅游、会议旅游、商务旅游和专项旅游，推动旅游经济活动的全面发展。

经济广角6-4　　“红色+旅游”产品：山西文旅市场新亮点

重温入党誓词、推独轮车运粮、重走支前路，体验当年红军战士的生活；手剥玉米、用柴火做饭、学蒸窝头，感受劳动的艰辛与快乐……近期，山西省多家旅行社整合文旅资源，推出的这些“红色+旅游”系列新品，既能让游客欣赏自然风光，又能让他们接受红色洗礼，受到越来越多的游客青睐。

进入6月以来，山西省在认真做好疫情防控的基础上，恢复跨省团队旅游和“机票+酒店”业务，同时推出“美在身边、晋在眼前”山西人游山西活动。一系列精品线路满足了不同游客的需求，其中，以“红色之旅”为主题的线路备受游客关注。

山西省文化和旅游厅资源开发处负责人表示，厚重辉煌的山西革命历史，为发展红色文化旅游产业提供了得天独厚的优质资源。在此基础上，许多红色旅游景点运营方进一步从中深挖红色文化内涵，打造红色旅游品牌，推动红色旅游产品不断创新、出彩，吸引越来越多的游客纷纷踏上山西这片红色热土，在行走中感受红色文化，在旅游中接受红色精神洗礼。

资料来源　粟美霞.“红色+旅游”产品：山西文旅市场新亮点［N］.山西经济日报，2022-07-05（10）.

3.旅游价格策略

旅游价格制定得是否合理，直接关系到旅游产品的竞争力，影响旅游市场开拓的效果。因此，在制定旅游价格时，要明确定价目标，根据旅游市场开拓的任务、目标市场的实际情况及竞争对手的价格，有针对性地确定旅游产品的价格，避免定价的盲目性和随意性，要根据定价目标选择适当的定价方法和定价形式，并注意保持价格的相对稳定。

4.旅游渠道与促销策略

在旅游产品的交换过程中，旅行社、旅游饭店及其他旅游企业均面临销售渠道的选择问题。毫无疑问，旅行社仍然是销售渠道的主体，绝大多数旅游产品的价值和使用价值还是通过旅行社来实现的。按照销售职能，可以将旅行社分成两类，即旅游批发商和旅游零售商，旅游批发商的业务涉及旅游产品的组合、定价、促销和配销等。旅游零售商的主要业务是直接向旅游者销售旅游产品。旅游产品的销售渠道是否合适，直接影响旅游产品的销售状况。现阶段我国以发展入境旅游为主，我国的客源市场在相当程度上还依赖国外旅游批发商和零售商，应当选择那些与我国的旅游市场相适应的旅游商，特别要加强与国外旅游商的业务关系，发展、壮大销售网络。旅游促销是旅游产品销售的一种有效手段，也是我国进一步开拓国际旅游市场的主要途径。旅游促销的方式有广告宣传、公关活动、参加或举办旅游博览会等。旅游促销的顺序是从大到小，首先宣传中国的形象，然后宣传中国的旅游形象，进而宣传旅游地的形象，最后宣传传统旅游企业和旅游产品的形象。

项目测试

一、单选题

1.由于旅游是人们的一种高层次需求，而影响旅游者需求的因素又是多种多样的，从而使旅游市场具有较强的波动性，任何一个因素的变化都会引起旅游市场的变动，这说明了旅游市场的（　　）。

A.多样性　　B.竞争性　　C.波动性　　D.全球性

2.旅游市场的自调节是通过（　　）实现的。

A.价值规律和供求规律　　B.竞争规律和供求规律

C.价值规律和竞争规律　　D.市场规律和供求规律

3.下列关于市场体系的表述，正确的是（　　）。

A.市场体系是指由各类相互联系的市场有机结合在一起的市场统一体

B.市场体系是指市场不断突破原有边界和范围，同国际市场建立广泛联系

C.市场体系是指全国各地市场是统一的

D.市场体系是指市场是一个充分竞争的市场

4.以各种有效的、合理合法的手段（　　）是旅游企业开展市场竞争的根本目的。

A.提高信誉　　B.树立良好的品牌形象

C.争取更多的旅游者　　D.打击竞争对手

5.下列关于竞争旅游中间商的描述，不正确的是（　　）。

A.旅游中间商是帮助目的地企业在客源市场上销售旅游产品的中介机构

B.旅游中间商对市场销售状况没有直接影响

C.旅游中间商成为市场竞争的重要目标

D.关注销售渠道种类的变化、增强销售渠道上的影响力是竞争中的重要目标

6.在旅游经济中，某些旅游区域的景色具有垄断性。例如，中国的长城、埃及的金字塔、法国的凯旋门等都具有世界上独一无二的特色。这体现了旅游市场竞争中的（　　）类型。

A.完全竞争　　B.完全垄断　　C.垄断竞争　　D.寡头垄断

7.下列关于市场机制自行调节性的说法错误的是（　　）。

A.这种自行调节性源于微观主体的自调节能力

B.旅游市场主体具有自调节能力，而市场客体不具有自调节能力

C.自调节远非市场经济的充分调节

D.自行调节性并不能保证市场的良性循环，必须辅以其他调节方式

8.当新产品刚进入市场时，竞争者为数少，市场潜力大，旅游产品质量高，而旅游需求价格弹性小，这时企业应采取（　　）策略。

A.低价　　B.高价　　C.同价　　D.优惠价

9.旅游业是一个关联性极强的行业，旅游业的六大要素“食、住、行、游、购、娱”使旅游行业管理涉及的面非常广泛，旅游行业管理不仅涉及旅游行业内部，还涉及其他相关行业。这反映了旅游行业管理具有（　　）特征。

A.综合性　　B.宽泛性　　C.动态性　　D.脆弱性

10.形成旅游市场机制的动力之源是（　　）。

A.旅游目的地政府的行政干预

B.旅行社对旅游活动的组织

C.旅游市场主体对利益的追求

D.旅游目的地对宣传促销经费的供应

项目测试6-1

单选题

二、多选题

1.下列关于旅游市场形成条件的表述，正确的是（　　）。

A.旅游目的地的旅游资源状况

B.旅游供求市场的经济发展水平和前景

C.旅游供求市场的人文地缘关系

D.旅游目的地的市场开发水平

E.旅游流量和流向

2.下列关于旅游市场机制内涵的说法，正确的有（　　）。

A.旅游市场机制是旅游市场经济中各市场要素相互适应、相互制约，共同发挥作用形成的市场自组织、自调节的综合机能

B.动力源于旅游市场主体对自身价值实现的追求

C.旅游市场机制通过传动系统转换为旅游企业目标和社会经济目标

D.传动是通过旅游市场信息、交通运输以及各项服务来实现的

E.旅游市场的自调节是通过价值规律和竞争规律等来实现的

3.衡量竞争游客结果的市场占有率包括（　　）。

A.平均市场占有率　　B.最低市场占有率

C.最高市场占有率　　D.绝对市场占有率

E.相对市场占有率

4.旅游市场实现竞争目标的途径包括（　　）。

A.竞争旅游中间商　　B.国内旅游企业之间的竞争

C.提高市场占有率　　D.竞争游客

E.价格竞争与非价格竞争

5.非价格竞争策略主要有（　　）。

A.高质量创新策略　　B.销售渠道策略

C.旅游供应链整合竞争策略　　D.宣传促销策略

E.促销策略

项目测试6-2

多选题

三、判断题

1.旅游目的地市场开发水平是旅游市场形成的条件之一。（　　）

2.旅游竞争机制作为市场机制的基本要素之一，其核心内容是争夺旅游者。（　　）

3.政府的行业管理部门，主要是以服务为中心，依靠协会章程和规则来建立旅游管理手段体系。（　　）

4.旅游投诉制度、旅行社质量保证金制度、年检与复核制度、旅游市场专项整治制度等属于旅游市场准入制度。（　　）

5.市场开拓能力是企业经营能力的重要标志。（　　）

项目测试6-3

判断题

四、简答题

1.在线旅游经营服务是旅游产业链的核心环节，是满足人民日益增长的美好旅游需要和推动旅游业高质量发展的重要力量。近年来，我国在线旅游市场快速增长，在线旅游企业和平台的数量不断增多，方便了广大人民群众出游，促进了旅游消费，带动了行业发展。同时，一些在线旅游经营者上线不合规旅游产品，扰乱市场秩序，侵害游客合法权益，给行业健康有序发展带来了负面影响，要求加强法治建设、强化行业监管、规范市场秩序成为社会共识。2020年8月20日，文化和旅游部发布了《在线旅游经营服务管理暂行规定》，该规定中对在线旅游市场的监督有哪些要求？

2.市场秩序是旅游业的生命线，关乎旅游行业的整体形象，是社会关注的焦点话题，《“十四五”旅游业发展规划》在完善旅游市场监管方面有哪些安排部署？

项目测试6-4

简答题

实战演练

1.2019年4月3日，安徽省文化和旅游厅印发《2019年全省智慧旅游工作要点》，全省将推进旅游大数据研发应用，实施旅游客源市场监测和大数据报告编制项目，对各市和4A级以上旅游景区的游客数量、结构特征、兴趣爱好、上网行为、消费习惯等信息进行收集分析，对在线旅游消费进行大数据分析，为旅游市场细分、精准营销、旅游战略制定提供依据，为景区流量控制及安全预警提供数据支持。请调研你所在地区在运用大数据监测旅游客源市场方面做了哪些工作？并在对调研结果进行分析的基础上，撰写调研报告。

2. 目前旅游企业同质化现象非常严重，请你从旅游产品差异化的角度，谈谈如何挖掘旅游产品特色以满足旅游者的需求？

推荐阅读

1. 魏小安. 中国旅游市场的40年起伏变迁［J］. 旅游学刊，2019（2）.

2. 2021年中国旅游市场分析报告，迈点网（https：//zhuanlan.zhihu.com/p/487236944）.

3. 在线旅游经营服务管理暂行规定，中华人民共和国文化和旅游部官网（https：//zwgk.mct.gov.cn/zfxxgkml/zcfg/zcjd/202012/t20201205_915487.html）.

7 项目七　规范经济管理：旅游经济运行与调控

项目概述

旅游经济运行包括微观旅游经济运行和宏观旅游经济运行两个层次。前者主要分析微观旅游经济主体（如旅游者、旅游企业等）的经济行为和经济决策，涉及的是旅游经济运行的个量；后者采用总量分析方法，以旅游经济整体作为考察对象，主要阐述宏观旅游经济运行的规律和特点。一方面，二者存在密切的内在联系：微观旅游经济运行是宏观旅游经济运行的基础，宏观旅游经济运行则在总体上制约着微观旅游经济运行；另一方面，二者有着各自独特的运行方式和规律，并构成整个旅游经济运行的不同层次，因此有必要分开进行研究。本项目在简要介绍微观旅游经济运行失灵及调节的基础上，主要介绍宏观旅游经济运行及其调控的相关内容。

项目导图7-1

项目七

项目目标

知识目标

- 了解旅游经济失灵的原因；
- 掌握政府干预的必要性和实现干预的途径；
- 了解宏观旅游经济运行的基础和条件；
- 掌握宏观旅游经济运行的过程；
- 了解旅游经济宏观调控的必要性；
- 掌握旅游经济宏观调控的目标和手段。

能力目标

- 能够分析旅游经济失灵的原因；
- 能够灵活运用各种宏观调控手段实现旅游经济宏观调控目标。

素养目标

- 能够结合政府对旅游发展的干预，树立旅游法治意识，增强旅游法律素养；
- 能够通过环境保护意识的培养，宣传可持续发展理念，培养学生的社会责任感。

任务一　微观旅游经济运行失灵及调节

◎ 任务导人

景区禁止游客讲解：维持秩序还是强化服务垄断

近日，北京市民路一夫（化名）反映，他在恭王府博物馆展厅内为朋友介绍相关历史知识时被工作人员劝阻，不允许他在展厅内做讲解，这让路先生非常费解，“我又不是‘野导游’，只是给朋友介绍历史，为什么不行？”恭王府博物馆的工作人员表示，恭王府确实禁止非本博物馆的讲解员或志愿者讲解，是为了防止博物馆内游览混乱，以及“野导游”传播错误的历史信息。而之所以制止路先生，是因为他在展厅内讲解时声音太大。

资料来源　付垚，戴幼卿．游客恭王府内给朋友做讲解被阻拦？［EB/OL］．［2018-08-19］．http：//news.cyol.com/co/2018-08/19/content_17494867.htm.

思考：

（1）博物馆禁止游客讲解是否妥当？

（2）服务垄断属于旅游市场的失灵吗？

（3）旅游市场还存在哪些失灵现象？

按照古典经济学信条，完全竞争的市场经济会实现资源最优配置。但是，这个信条是建立在一系列理想化的假设条件（如完全竞争、完全信息、不存在外部性、涉及的是私人物品等）之上的。而现实经济活动告诉我们，完全竞争、完全信息、不存在外部性等假设离现实经济生活太遥远。就微观旅游经济而言，旅游市场竞争的垄断性、旅游资源的公共性、旅游活动的外部性、旅游信息的不完全性都与帕累托最优条件相背离。因此，完全依靠市场自发调节会造成市场失灵，不能实现资源的最优配置，也不能实现微观旅游经济的顺利发展，而必须运用合适的微观经济政策进行调节，进而在一定程度上弥补、完善市场功能，促进旅游经济的发展。

一、旅游市场的垄断性

不同旅游产品之间都存在一定程度的差别，因此旅游市场的垄断性不可避免。根据垄断程度的不同，有完全垄断、寡头垄断和垄断竞争三种形式。旅游市场垄断性的存在，使旅游者以较高的价格购买数量较少的旅游产品，导致旅游者的消费剩余会部分或完全被旅游经营者掠夺，并且社会净福利会减少。就旅游经营垄断而言，旅游垄断经营者会寻求、利用并强化进入壁垒（如通过寻租方式等）排斥市场竞争。此时，它所面临的需求曲线向右下方倾斜，因而旅游垄断经营者可以通过控制旅游产品的生产数量来控制价格，以较高的价格出售旅游产品从而获得高额利润。相对于完全竞争市场结构而言，完全垄断的旅游市场的价格最高而生产的旅游产品量却最少，因而经济效率最低。

下面以一个直观的图形（如图7-1所示）来说明。

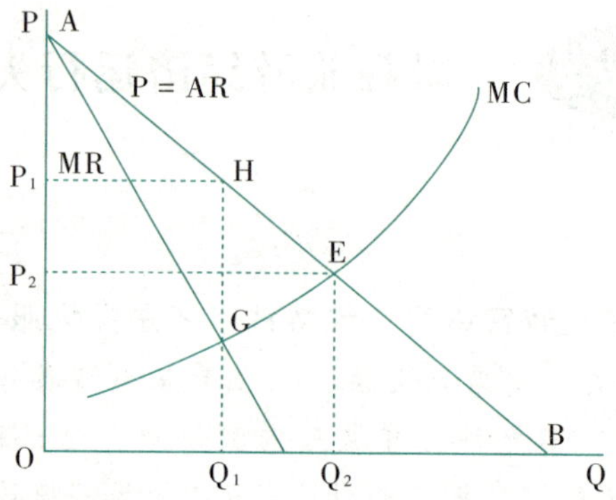

图7-1 垄断和低效率

图7-1表示某个旅游垄断经营者的市场行为。AB表示该垄断者的需求曲线，也是他的平均收益曲线。为了获得最大化利润，他将根据MC=MR确定所要提供的旅游产品数Q，并根据Q的产品量确定能给他带来最大化利润的价格P_1。这是市场机制下该旅游垄断者的决策，这一决策与该旅游垄断者的利益追求完全符合，但是并没有达到帕累托最优状态。帕累托最优状态下的价格和产量分别是P_2和Q_2（即在P=MC条件下达到）。因为在利润最大化的产量上，P_1>MC，即价格高于边际成本，这说明，若能增加一单位的产品或服务，旅游者愿意为此支付的金额超过了生产该产品所引起的成本。换言之，还存在帕累托改进的余地，并且帕累托改进要在P=MC的产量上才会消失。

对寡头垄断和垄断竞争可以进行同样的经济分析，但结果大体一致：都没有达到帕累托最优状态。

可见，旅游市场不完全性是对帕累托最优条件的破坏，它不利于整个旅游资源的有效配置。现有的解决方法有两个，一是对垄断进行管制，由国家对垄断价格和垄断产量进行管制，如某些关键性的旅游产品和服务价格由政府部门确定，使之既能促进社会福利又能使旅游垄断者获得合理的利润。二是以立法形式限制垄断，通常采用的是制定反垄断法，通过司法制度对垄断行为提出警告、罚款、改组或拆分公司乃至判刑等处罚形式来限制垄断，促进竞争。

二、旅游资源的公共性

一般来说，资源配置的帕累托标准是针对私人物品而言的。而作为旅游经济活动的主要对象，大多数旅游资源都具有公共物品（Public Goods）的性质，不论是自然禀赋因素所形成的山水风光、森林草原、海滨沙滩、阳光气候等自然旅游资源，还是保留了人类劳动的古迹遗址、文化艺术、民族风俗等人文旅游资源，都属于全社会和全人类所共有，任何个人或组织都不能将其据为己有。从经济学上说，旅游资源的公共性是因为旅游资源消费具有非竞争性和非排他性的特征。

1.旅游资源消费的非竞争性

旅游资源消费的非竞争性，是指具有公共性特点的旅游资源一旦提供给人们消费，在一定的范围之内增加旅游者的边际成本为零，即不会因为每增加一个旅游者而相应增加成本，如一个容纳上千人的旅游景点接待100个旅游者与800个旅游者的成本是相同的，从而在这个限度内不存在甲进行了旅游消费而乙就不能消费的情形。

2.旅游资源消费的非排他性

旅游资源消费的非排他性，是指具有公共性的旅游资源提供给人们消费时，无论人们是否支付费用，都不能排除他们对该旅游产品的消费。比如某旅游城市绿化变好了，空气变清新了，任何城市居民和游客，不论是否为城市绿化支付费用，都可以享受到绿化的好处。

通常将具有消费的非竞争性物品称为公共物品，如果兼具有消费的非排他性，则称为纯公共物品。旅游资源的非排他性容易导致“搭便车”现象：人们会降低或隐瞒其真实支付意愿倾向，因而旅游资源在市场机制下供给不足，旅游者或旅游经营者很可能以零价格来进行更多的旅游资源消费，从而容易导致对旅游资源的过度使用，造成旅游景区景点拥挤，甚至污染、损坏等。

可见，旅游资源的公共性特征是引起旅游市场失灵的重要原因，此时就不能完全依靠旅游市场机制来调节旅游资源的合理开发和利用，替代的改进方案是发挥国家和政府的作用。因为政府具有强制性权力，因而有可能超越“搭便车”难题。所以，由政府制订计划并按照社会福利原则来开发、生产和分配旅游资源，可以在一定程度上消除旅游市场失灵带来的负面影响，促进旅游资源的合理利用和可持续发展。

三、旅游活动的外部性

市场配置资源有效性的另外一个假定是经济主体承担自身行为带来的所有成本并享有其创造的所有收益，当这一条件不能满足时就会发生外部性问题。外部性作为市场失灵的典型特征，是指个体经济活动所产生的个人收益和个人成本与社会收益和社会成本不一致的现象。外部影响分为外部经济和外部不经济。旅游经济活动也存在外部效应。

1.旅游活动的外部经济

旅游活动的外部经济，是指从事旅游经济活动的旅游经济主体除了本身获得直接经济效益或满足外，还给他人和旅游目的地国家或地区带来额外的经济社会效益。具体而言，第一，某个旅游经济主体除了本身获得直接经济效益或满足外，也可能给他人带来额外的好处。如开发旅游风景点不仅会使开发者自身受益，也会使周围的居民受益。第二，依托旅游目的地的旅游资源优势和各种经济社会条件，发展旅游经济不仅可以直接获得经济收入，还可以带动旅游目的地的经济、社会发展。

当旅游活动存在外部经济时，市场提供的旅游产品数量往往不能达到社会需要的水平。如图7-2所示。

图7-2表示完全竞争市场结构下，生产的外部经济如何造成社会资源配置失当，水平直线$d_1=M_R$表示某旅游竞争厂商的需求曲线和边际收益曲线。由于存在外部经济，社会收益会高于私人收益，在图中以虚线$d_2=-M_R+M_S$表示社会收益，M_S为社会收益与私人收益之差（即$M=P_1-P_2$），在市场机制下，厂商为了获得最大利润，要按照价格（即

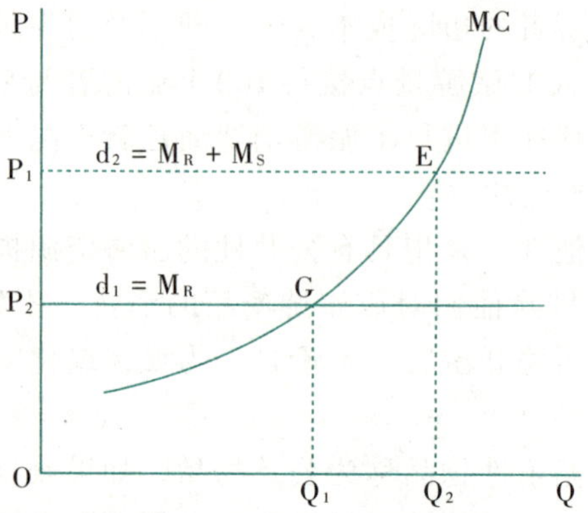

图7-2 外部经济下产品供给不足

私人边际收益）等于他的私人边际成本来确定旅游产品的生产量Q_1；但如果考虑到社会收益，则生产量应定在Q_2，换言之，存在外部经济时，市场提供的旅游产品和服务量低于社会需要水平。

2.旅游活动的外部不经济

旅游活动的外部不经济，是指开展旅游经济活动除了产生自身的直接成本支出外，还给社会和其他经济主体带来额外的成本支出。旅游活动的外部不经济突出表现在大量的、超过环境承载力的旅游活动，如旅游景区景点的拥挤、旅游设施的过度使用和生态环境的破坏和污染、外来文化价值观念对当地传统文化的冲击、地方优秀传统文化的消退和对文物古迹的磨损、破坏等。上述这些情况的产生，必然造成旅游目的地的额外社会成本的支出。

当旅游活动存在外部不经济时，市场提供的旅游产品数量往往会超过社会需要的水平（注意存在外部不经济时，需求曲线不动，但边际成本曲线会向左上移动）。

市场机制无法对旅游活动的外部性进行调节，主要原因也在于无法克服“搭便车”现象。此时，可以考虑采用以下措施：

（1）采用税收和津贴。即对造成外部不经济的旅游企业和个人征税，使其私人成本和社会成本一致；反之，对产生外部经济的旅游企业和个人提供补贴，使得其私人收益和社会收益相等。

（2）合并企业。使外部影响内部化。

（3）重新划分产权。以最小社会成本解决外部性矛盾，其依据是科斯定理。

以上措施和方法的目的是，使个体经济活动所产生的个人收益和个人成本与社会收益和社会成本达成一致，以便充分发挥旅游活动的外部正效应，尽量消除或减少旅游活动的外部负效应。

在线课堂7-1

从经济的外部性谈旅游企业的效益最大化

四、旅游信息的不完全性

信息不是经济生活某一特定侧面的问题，而是市场经济包括旅游经济运行所面临的普遍性问题。市场结构不完全和外部性存在以及其他很多经济现象，都与信息不完全或不对称存在联系。旅游信息的不完全性，是旅游者受认知能力的限制不可能知道关于产品的所有市场信息（如旅游产品本身的功能、价格、质量；相关产品的功能、价格、质量；交易主体尤其是旅游者的信息；旅游市场供求状况等），而市场本身也不能产生出足够的信息进行有效配置（因为旅游信息的收集和获取是需要成本的，而过高的旅游信息成本使旅游者或旅游经营者无法获得充分的旅游信息，通常只能在有限的旅游信息条件下作出决策）。旅游信息的不对称性，是指作为交易双方的旅游者和旅游经营者掌握的旅游信息不一致，尤其是旅游经营者掌握的旅游信息通常要多于旅游者，从而导致旅游市场机制不能正常发挥作用而使微观旅游经济运行失灵。信息不对称可能导致逆向选择（Adverse Selection）问题，这在旅游经济中表现为“劣质服务驱逐优质服务”，从而造成旅游市场秩序的混乱。

应对旅游信息不完全问题既需要旅游者和旅游经营者采取行动，有时也需要政府管制措施配合。前者的解决途径之一是利用市场信号（Market Signals），即市场上作为卖方的旅游经营者向买方旅游者用令人信赖的方式发出信号，以显示其旅游产品或其他交易对象的质量信息。除了市场主体采取应对行动，有时也需要政府管制措施配合，如实施信息披露制度，增加市场的透明度。某些信息也可以直接由政府提供，以保证旅游生产者和消费者能够得到充分和正确的市场信息。

课堂互动7-1

旅游市场是否存在道德风险？请分析原因。

课堂互动7-1

答案提示

五、政府干预的必要性和实现干预的途径

（一）政府干预旅游经济的必要性

政府干预是指政府以管理者的角色，通过一系列相关的政府规制措施，对旅游经济进行某种程度的干预，以使旅游经济运行和发展符合政府预定的目标。理解政府干预概念要注意以下两点：首先从范围来看，政府干预的范围较宽，不仅限于宏观上的干预，也涉及对微观经济领域的干预，这一点与宏观调控是有区别的；其次从手段上看，政府干预的手段运用较为灵活，既可以运用经济手段和法律手段，也可以运用行政手段。

在旅游经济运行中，由于市场不完全性、信息不对称性、自然垄断性、经济外部性以及公共物品存在性等原因，市场会出现失灵现象。市场失灵的结果导致旅游经济活动会按照资源的优化配置运行，为了保证旅游经济运行的资源有效配置，有必要通过政府行为对旅游经济进行干预。政府干预旅游经济的必要性表现为以下几个方面：

1.政府协调是旅游业发展的前提

旅游业发展要有一定的基础设施，交通设施，餐饮住宿设施等的提供为基础，这就涉及许多与旅游活动相关的其他行业，政府依靠其行政优势可以协调各主体之间的关系，这就是旅游业发展的前提条件。

2.政府宏观管理是旅游业健康、持续发展的保证

由于有些从事旅游活动的主体视野较短，追求自身利益而不顾及旅游业的整体发

展，这就需要政府作为旅游业发展的宏观管理者和指导者，以保证旅游业和社会、经济、环境等的协调、持续和健康发展。

3.政府是旅游基础设施等公共设施的主要提供者

旅游基础设施可以由私人或政府提供，但大多数基础设施都需要较大的投入，而其收益却不明显。政府提供旅游基础设施既方便了旅游活动的开展，又改善了当地居民的生活条件，改善了当地的投资环境，可以说是一举多得。

4.政府干预有利于旅游国际形象的建立

随着国际旅游的发展，旅游业在国民经济的作用已十分显著，良好的国际形象有助于旅游业的跨国发展，而政府干预可以形成旅游业良好发展的导向，突出本国旅游业的优势，增加本国旅游业的吸引力。树立良好国际形象。

5.政府干预保证了社会安定

旅游业的发展并生着许多社会问题，出现了许多违法和不当的行为，为了社会的安定，政府有必要采取严厉的措施来规范这些行为。

6.政府干预是环境保护和旅游业可持续发展的保障

在旅游业初始发展的地区，旅游业的自由发展往往会造成对生态环境的破坏，如果没有政府的干预，就很难在旅游发展中采取各项积极的措施，切实保护生态环境，以消除和削弱旅游发展的影响。

（二）政府干预旅游经济的实现途径

1.培育市场体系

在旅游经济运行中，市场缺陷主要是由于市场发育不完善而出现的功能性障碍。政府培育市场的过程实际上是政府职能转变的过程。政府要从以行政手段直接管理和干预旅游企业的活动中解放出来。对于培育市场主体来说，一方面要进行经济体制改革，建立现代企业制度，提高旅游企业参与市场竞争的能力，另一方面要为民营企业的发展营造公平的市场环境，鼓励民营企业的发展；对于市场体系的完善来说，要结合旅游业发展阶段的需要，协调入境、出境、国内旅游市场发展的关系，保证三大市场协调有序发展。

2.弥补市场不足

外部性和自然垄断的存在会使市场出现失灵，由市场失灵所导致的市场缺陷需要政府出面对旅游经济进行干预。对此，政府要通过各种干预手段，减少市场主体的外部不经济现象。同时，由于垄断会破坏市场功能，所以政府还要对市场的垄断行为实施干预，通过各种手段来限制市场的垄断行为，以确保市场机制有效发挥作用。

3.提供公共物品

向市场提供公共物品是政府干预旅游经济行为的具体途径。旅游经济的发展在很大程度上依赖于公共物品的建设，如通过旅游基础设施的建设改善目的地的可进入性，加强对旅游目的地的形象宣传，提升目的地的旅游形象等。这些公共物品的建设是单个旅游企业无法实现的，政府应充分发挥自身优势，建设公共物品，促进旅游经济发展。

4.维护市场秩序

建立旅游经济市场规则，维护市场交易秩序是政府干预旅游经济的重要途径。旅游经济中，旅游企业与市场主体进入和退出市场的规则、旅游市场运行的规则和旅游企业制度等大量的市场规则都是由政府制定的。

任务二　宏观旅游经济运行及条件

任务导入

2021年上半年旅游经济运行分析报告

7月9日，中国旅游研究院举办2021年第二季度学术成果线上发布活动，其间发布了《2021年上半年旅游经济运行分析报告》。报告显示，2021年上半年，我国旅游经济运行呈现旅游消费信心稳步回升、利好政策蓄势待发、产业动能进一步积聚、稳定性仍有待加强等特点。预计上半年，国内游客达23.55亿人次，恢复至2019年的77%，较2020年同期增长153%；国内旅游收入为1.95万亿元，恢复至2019年的70%，较2020年增长208%。

报告显示，2021年上半年旅游市场全面复苏，市场格局正在重构。一是旅游市场整体呈现稳步复苏态势，出游人次指标好于消费。二是出游距离、停留时长和游憩半径较去年收缩，呈扩张态势，跨省游向疫前常态回归。三是都市休闲、乡村度假、文化消费景气较高，红色旅游、旅游演艺等主题游持续升温。四是假日市场作用更为突出，小镇青年、农民成为出游新力量，消费下沉现象值得关注。

报告还显示，产业动能进一步积聚，产业升级和融合创新态势明显。一是企业家信心稳步上扬，国有资本作用凸显。旅游市场主体对上半年旅游行业总体发展形势持乐观态度的占比78%。二是外资品牌加速进入中国市场，大项目和示范点建设推进产业升级。三是旅游跨界融合亮点纷呈。比如，文化、娱乐、体育业与数字经济深度融合；线上演播、沉浸式体验、线上种草—线下体验等新文娱业态涌现；密室、剧本杀等与旅游结合；观演+旅游、博物馆+旅游、美食+旅游、研学+旅游升温。

报告显示，旅游供需利好政策集中释放，红色旅游是主基调。旅游供给侧政策迎来系列政策利好，比如，革命老区、乡村振兴、冰雪旅游、博物馆等文化和旅游相关领域政策出台，“十四五”文化和旅游系列专项规划发布，金融对文化产业和旅游产业高质量发展的支持，金融对演出企业和旅行社纾困政策。

报告还对2021年下半年旅游经济发展作出预测。报告认为，2021年下半年，旅游产业有望迎来投资加速的转折点。市场景气持续上升，六成左右受访者认为新冠疫情形势向好和疫苗接种工作持续推进将会增加2021年旅游和休闲消费的需求。此外，企业家信心和产业景气指数有望加速恢复到2019年水平。

资料来源　佚名. 2021年上半年旅游经济运行分析报告［EB/OL］.［2021-07-15］. http://www.ctaweb.org.cn/cta/ztyj/202107/b077e15956ef40d98a1b3f4ecf8509de.shtml.

思考：

（1）根据以上资料，你认为我国宏观旅游经济运行情况如何？

（2）宏观旅游经济运行的条件包括哪些？如何发挥它们在实现旅游总供求均衡中作用？

2016年，李克强总理在夏季达沃斯论坛致辞中明确指出：旅游、文化、体育、健康、养老“五大幸福产业”快速发展，既拉动了消费增长，也促进了消费升级。作为“五大幸福产业”之首的旅游业，在国民经济中有着非常重要的地位和作用，因此，大力发展旅游业，确保旅游总供给与总需求的平衡是宏观旅游经济运行的目标。掌握宏观旅游经济运行的基础与条件，了解宏观旅游经济运行的过程是非常必要的。

一、宏观旅游经济运行的含义

宏观旅游经济运行，是指一个国家或地区在一定时期内旅游总需求和旅游总供给的发展变化的矛盾运动过程。从运行过程看，它表现为旅游产品生产、交换、分配和消费的不断循环的运动过程。在这个循环运动过程中，旅游市场的总供求及其内部各要素之间形成了稳定的联系，宏观旅游经济就是要研究这种联系并在遵循这些联系的情况下采取适当的调控手段促进旅游经济的发展。

宏观旅游经济运行的中心问题是旅游总供求运动及其均衡问题。由于旅游产品生产、交换、分配和消费的运动过程，在市场经济条件下也可概括为供给和需求活动及其宏观表现——旅游总供给和旅游总需求，因而要正确理解宏观旅游经济运行的有关内容，首先必须理解和掌握旅游总需求、旅游总供给、旅游总供求平衡及旅游经济核算等内容。

（一）旅游总需求

旅游总需求，是指旅游经济消费主体对旅游最终产品和服务的需求总量。这里，最终产品是指在一定时期内生产的、由其最后使用者购买和消费的产品和服务，它可以分为两类：一类是可以直接用于投资的产品（如旅馆），另一类是可以直接用于消费的产品（如食品）。就旅游消费主体而言，通常可以划分为家庭（或个人）、厂商（或企业）、政府和国外四大部门。其中，家庭部门消费是指包括个人、家庭和非营利组织对旅游产品的消费，它构成了旅游经济中的个人消费支出的部分；厂商部门消费，是指包括所有以追求利润为目的的企业对旅游产品和旅游生产要素的消费，通常也称为旅游企业的投资消费，这种投资品在生产旅游产品的过程中只是部分被消耗；政府部门消费，是指政府对旅游产品和服务的购买，它构成旅游经济中的政府消费支出；国外部门消费是指外国旅游者在本国的旅游消费和本国旅游商品出口收入的总和。

以上四个部门的旅游消费总支出构成了一个国家或地区一定时期内的旅游总需求，它对旅游总产出水平具有决定作用。因此，对旅游总需求分析和研究的重点，主要是对以上四个部门的旅游消费支出总量、消费结构及有关的影响因素进行分析和研究。

（二）旅游总供给

旅游总供给，是指一个国家或地区在一定时期内所有旅游企业能够提供的旅游最终产品或服务的总和，它取决于一国的资源禀赋（包括自然资源、劳动力等）、资本存量、技术水平和制度结构及其在旅游部门的配置。在实际中，为了对现实旅游总供给进行对比和考察，通常采用潜在旅游总供给指标。所谓潜在旅游总供给是指现有资源均得到充分利用（即充分就业）状态下整个社会所能提供的旅游产品的总量。因此，对旅游总供给的分析和研究，主要是对潜在旅游总供给、现实旅游总供给的数量、结构、发展变化及有关影响因素进行分析和研究。

此外，由于决定旅游总供给的因素受时间长短的影响，因而对旅游总供给的分析还必须从短期和长期两个方面进行。

从短期看，由于旅游企业和行业的资本存量、技术水平、制度结构等因素在短期内一般是既定的，因而需求变化引起的旅游产品价格涨落可能促使旅游企业改变其劳动投入（更多的是提高劳动强度或延长劳动时间），从而可能使短期内旅游产品和服务的供给量上出现一定的变化，但这种变化只是与短期旅游总需求的变化相对应，而不会引起整个旅游总供给的能力和水平的变化。也就是说，短期旅游总供给决定于短期旅游总需求，并且具有一定的刚性。

从长期看，旅游企业和行业的资本存量、技术水平、劳动投入、制度结构等因素都是可变的，因而价格变化使旅游产品的开发和旅游接待设施的建设也会发生变化，进而引起旅游行业中资本存量、技术水平、劳动就业等都发生相应的变化，最终导致整个旅游总供给能力逐步扩大、供给水平不断提高。

（三）旅游总供求均衡

旅游总供求均衡是指由旅游企业决定的旅游总供给与由消费方决定的旅游总需求刚好相等的运动状态，是一种理想的经济运行状态。在这种状态下，每个旅游企业生产的产品都能够全部售出，产品价值都能够得到实现；每个旅游者能够用他的收入购买到能带给他最大满足的旅游产品并进行消费；所有旅游资源都得到最优利用，从而所有旅游经济主体都不愿意改变其经济行为。

但供求均衡的理想状态只是暂时的，旅游总供求始终存在着从不平衡到平衡的动态变化过程。在市场经济下，旅游企业和个人实行分散决策，市场调节并不能实现个人利益与社会利益的一致；再加上工资和价格刚性以及外部冲击等因素，市场调节会滞后于人们的需要，因而难以使旅游总需求与总供给经常一致：要么出现需求不足，要么出现需求过剩等，从而旅游总量失衡在所难免。

因此，从宏观总量角度对旅游总供求均衡进行分析，既是促进旅游市场上短期旅游供求均衡发展，不断提高旅游经济效益的要求；又是在长期内实现旅游资源有效配置，促进旅游经济持续健康和均衡发展的关键。

通常，旅游总供求均衡的分析重点主要包括对旅游总供求的平衡及其变化分析，对旅游宏观经济效益分析，对旅游经济增长与发展及其影响因素分析等，对旅游总供求的平衡与变化分析，主要是分析决定旅游总需求的旅游消费变化，以及分析决定旅游总供给的旅游投资和旅游经济结构的变化，从而掌握旅游经济活动的总体规模、发展结构和产出水平，探寻实现旅游总供求平衡发展的对策和措施等。对旅游宏、微观经济效益分析，主要是对旅游经济活动的投入-产出状况和影响旅游经济效益的因素进行分析，以探寻不断提高旅游经济效益的途径和措施。对旅游经济增长和发展分析，主要分析影响旅游经济增长和发展的各种因素及其变化，掌握旅游经济增长和发展的客观规律，探寻促进旅游经济快速增长和持续均衡发展的主要方法和措施等。

（四）旅游经济核算

旅游经济核算，是以旅游经济整体为对象的宏观分析与核算，是对一个国家或地区在一定时期内的宏观旅游经济运行及其经济成果进行全面的统计、分析和测度。旅游经济是一种以服务为主的综合性经济，其产品内容和构成要素涉及众多行业和部门，其消费支出、旅游收入和旅游投资大多数分散在不同行业之中，因而到目前为止旅游经济尚未作为独立的经济产业部门列入国民经济核算体系中。为了正确反映旅游经济整体运行状况，综合反映旅游经济对国民经济的贡献，以及旅游经济在社会经济中的地位和作用，就必须按照国民经济核算的原理和要求对旅游经济进行客观、全面的核算、分析和评价。

对旅游经济进行核算、分析和评价，必须符合以下要求：

（1）按照国民经济核算的要求，建立与国民经济核算相对应的旅游经济核算指标体系，综合反映整个宏观旅游经济运行状况和发展水平。

在线课堂7-2

旅游卫星账户

（2）建立符合国民经济核算体系的旅游经济核算账户体系，计算和测定旅游经济活动的成果和效益，分析旅游经济成果的形成过程和结构关系，从总体上反映旅游经济的宏微观经济效益。

（3）通过对旅游经济指标和宏观旅游经济运行的核算、分析和比较，科学地反映旅游经济对国民经济的贡献，客观地评价旅游经济在社会经济中的地位和作用。

二、宏观旅游经济运行基础和条件

人们进行旅游经济活动需要具备一定的物质技术条件，也离不开一定的经济环境条件。前者是宏观旅游经济运行的重要基础，后者是宏观旅游经济运行必不可少的重要条件。二者既共同构成宏观旅游经济运行的基础和条件，也是促进旅游经济健康持续发展的重要保障。

（一）宏观旅游经济运行的基础

宏观旅游经济运行的基础是一个国家或地区所拥有的物质技术条件的丰裕程度，它主要包括自然资源、国民财富、劳动力、一定的经济制度和科学技术水平。通常，社会拥有的物质技术条件丰裕，则宏观旅游经济运行的基础好，旅游经济发展的潜力就大；反之，社会拥有的物质技术条件贫乏，则宏观旅游经济运行的基础差，旅游经济发展的潜力就小。因此，物质技术条件集中反映了一个国家或地区旅游经济的发展潜力和可能的发展水平。

1.自然资源

自然资源是指一切可用作旅游经济活动的天然资源，如土地、矿藏、森林、湖泊、气候等。通常，自然资源的丰裕程度、质量高低直接决定和影响着旅游经济的发展规模、产业结构和发展水平。由于大多数自然旅游资源是不可再生的，因此，科学保护和合理利用自然旅游资源，不仅是宏观旅游经济运行的基础条件，也是实现旅游经济可持续发展的重要保障。

2.国民财富

国民财富是国家在某一时期所拥有的全部物质资料，是使用价值的总和，它反映了一个国家或地区的经济实力和经济发展水平，是社会再生产的重要物质条件。国民财富一般包括生产性（固定和流动）财产、非生产性财产和居民个人财产等。从旅游经济的角度看，生产性财产包括各种住宿接待设施、旅游景区景点、旅游交通工具、娱乐购物设施、邮电通信设施以及旅游活动中消耗的各种原材料、辅助材料、一次性用品等；非生产性财产包括交通基础设施、城市公共设施和医疗保健、教育培训等设施以及各种文物古迹、特色建筑、大型工程及相应发生的各种流动性财产等；居民个人财产包括个人所拥有的不动产、耐用消费品、非耐用消费品及储蓄存款等。一个国家或地区国民财富的规模、结构和水平状况，对宏观旅游经济运行和旅游业发展具有决定性作用。

3.劳动力

劳动力是社会生产的主体，是推动社会进步的主要动力，尤其是劳动者的经验和技能是构成国民财富的重要内容之一。在宏观旅游经济运行中，由于劳动者是整个旅游活动的经营管理和服务主体，因此对作为生产要素的劳动力的基本要求是：

（1）要从数量上适应旅游经济发展的需要，不断提供满足宏观旅游经济运行的合格劳动力，保障旅游再生产顺利有效地进行。

（2）要加强对旅游从业人员的教育培训，提高劳动者的素质和业务技能，输送大量具有旅游专业知识和技能的高素质劳动者，不断提高旅游服务的质量和经营管理水平。

（3）要积极应用现代科学技术，不断改善各种劳动工具和手段，充分发挥劳动工具和设备的使用功能，降低劳动消耗、提高劳动生产率，推动整个旅游生产力水平不断提高。

4.科学技术

科学技术的应用是旅游经济运行和发展的重要基础。尤其是进入21世纪后，旅游业成为现代经济中的新兴产业，现代科学技术的推动作用日益明显。因此，必须大力推动科技进步和创新，不断用先进科技改造整个旅游产业，不断提高景区景点、旅游商品、旅游交通运输、旅行社、旅游饭店、旅游教育等方面应用现代科技的能力和水平，推进旅游信息化发展，加快旅游网络促销、旅游电子商务、旅游远程教育及旅游行政管理现代化的步伐；努力提高旅游产业的科技内涵，增强旅游经济的发展后劲，把充分应用现代科技作为旅游经济发展的动力，促进旅游生产力的快速提高。

5.制度因素

制度包括正式制度规则和非正式制度规则及其实施机制，前者如法律法规体系，后者如习惯等。一个社会的生产总是在一定的制度环境下进行的；同样，正常的旅游经济活动也需要一个有效的制度环境。没有一个合适的制度做保障，旅游交易不能发生（因为交易成本太高），市场机制不能调节旅游经济主体双方的经济行为。最终的结果是，任何旅游经济活动都不可能发生。进一步，即使建立了某种制度，但如果在该制度下进行交易的成本太高，则旅游交易活动也难以进行。可见，制度是一种重要的资源：一个良好的制度结构有助于克服不确定性和机会主义行为，减少交易成本，从而有助于交易的发生，最终使交易双方都能获得最大满足。

就旅游经济活动看，生产、交换、分配、消费各个环节都是在一定的制度安排下进行的，如旅游生产要在一定的产权制度下进行，产权不明则不能对生产者提供有效的激励，从而导致微观和宏观经济运行出现问题。因此，我们要根据经济发展阶段和水平、资源禀赋状况、人文特征等建立合适的经济制度，为旅游经济主体提供有效的激励和约束，促进旅游经济发展。

（二）宏观旅游经济运行的条件

经济环境是宏观旅游经济运行的重要条件，它反映了在一定的经济模式和经济运行机制条件下，宏观旅游经济运行的基本内容和要求。就旅游经济运行看，旅游企业及其经济行为是宏观旅游经济运行的微观基础，旅游市场是宏观旅游经济运行的客观条件，政府宏观调控是宏观旅游经济运行的重要保障。

1.旅游企业是宏观旅游经济运行的微观基础

在市场经济条件下，旅游经济的总量活动是由各个旅游企业的个别经济活动所构成的，因此在宏观旅游经济运行中，旅游企业是构成旅游经济整体的细胞，是宏观旅游经济运行的微观基础。

旅游企业是进行自主经营、自负盈亏、独立核算，并具有法人地位的旅游经济组织，是为了实现一定的目标而组成的旅游经济实体。旅游企业的目标由多个分目标所组成，包括利润最大化目标、职工收入增长目标和树立良好社会形象目标等，其中实现利润最大化是旅游企业最主要的目标。旅游企业的目标从总体上与宏观旅游经济运行和发展的目标具有一致性，但由于众多旅游企业之间存在着发展规模、经营能力、管理水平方面的差距，也会出现与旅游经济活动总目标不一致的情况。

旅游企业行为的自我约束主要包括三方面：

（1）预算约束，指旅游企业必须用自己的收入补偿支出，属于旅游企业内部的自我约束。

（2）市场约束，即旅游企业在市场竞争中必须服从“优胜劣汰”的市场竞争规律，自动调整自身的经营行为。

（3）规制约束，即旅游企业在整个经营活动中，必须服从政府对企业经营活动的规制要求，做到合法经营、依法纳税，符合整个宏观旅游经济运行的要求。

2.旅游市场是宏观旅游经济运行的客观经济条件

因为旅游经济的实物运动和价值运动都必须通过市场来实现，旅游市场的供求均衡必须以市场为前提条件，旅游经济的宏观调控也必须依靠市场来进行，因此，在宏观旅游经济运行中不仅要重视和研究旅游市场规律，而且要不断完善旅游市场环境，提高市场机制的运行效率，保障旅游经济有效运行。

完善旅游市场环境，必须建立健全有利于宏观旅游经济运行的市场体系，加快旅游产品市场、资金市场和劳动力市场的发展，这是市场机制有效调节各种资源在不同微观旅游经济主体之间流通和配置的前提条件。在此基础上，应创造灵活的旅游市场机制，利用供求机制、价格机制、利率机制、工资机制、竞争机制和风险机制等作用，对旅游经济主体的利益得失进行调节，规范和约束旅游企业的经济行为，实现政府宏观调控旅游经济的目标，保障旅游经济有效地运行和发展。

3.政府部门是宏观旅游经济顺利运行的重要保障

在现代市场经济体制中，市场机制的内在局限性，如市场竞争的不完全性、信息获取的非充分性、市场调节的滞后性等，决定了无法完全依靠旅游市场的自动调节作用来保证旅游经济的良性运行，而必须通过政府部门的宏观调控来实现旅游总需求与总供给的平衡，促进旅游经济有效运行和健康发展。

政府部门作为宏观经济管理和调控的组织者，在宏观旅游经济运行中主要通过提供以下职能，为宏观旅游经济运行和发展创造良好的经济环境：

（1）提供各种旅游公共产品和服务（不一定直接参与公共产品的生产），包括提供各种交通基础设施、城市公共设施、公共医疗卫生、水电等公共产品和提供完善的法律体系，维护社会治安与秩序、保护各类产权主体的合法权益等公共服务。

（2）维护公平竞争的旅游市场秩序，即通过建立健全法律体系，规范各类旅游经济主体的行为，强化旅游市场秩序，限制不正当的旅游竞争行为，创造公平、公开和公正的旅游竞争环境，促进旅游企业在竞争中优胜劣汰。

（3）调节旅游收入分配，即政府通过调整旅游生产要素的价格、制定并实施各种税收政策、实行转移支付制度等来调节旅游收入的分配和再分配，以缩小贫富差距，实现共同富裕。

（4）制定旅游发展战略和规划。确定宏观旅游经济运行和发展目标，采取各种宏观调控方法和手段，促进旅游经济健康发展。

三、宏观旅游经济运行过程

宏观旅游经济运行过程，是指一个国家或地区在一定时期内旅游产品的生产、交换、分配和消费的总运动过程。它通常表现为两种相对的运动过程：一种是旅游产品的实物运动过程，另一种是旅游产品的价值运动过程。两种运动既相互独立又相互交错，二者之间及其内部各要素之间都具有稳定的联系。如图7-3所示，从再生产角度看，它们是一个不断循环的连续过程。

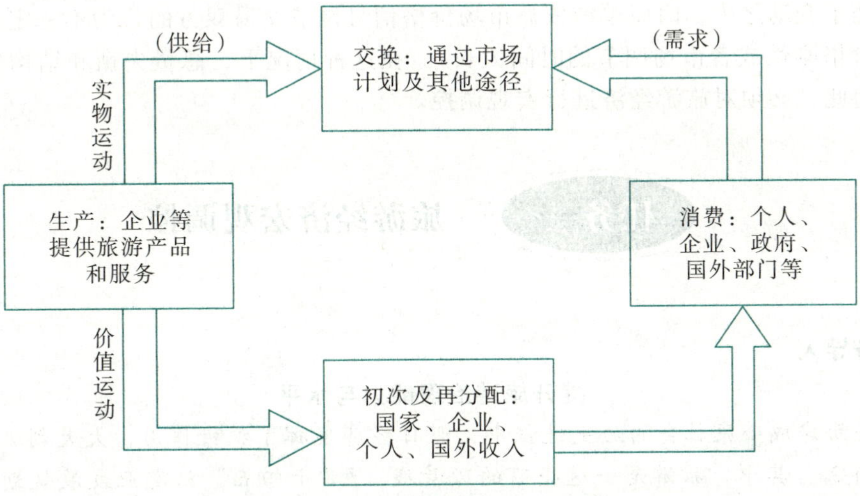

图7-3 宏观旅游经济运行示意图

（一）旅游经济的实物运动

旅游经济的实物运动，是指旅游产品的生产、交换和消费的运动过程，反映了旅游产品在旅游经营者和旅游者之间的流动过程。旅游经济的实物运动通常经过以下三个环节：

第一，旅游经济的实物运动从生产过程开始，即以生产为主的旅游企业通过投入生产资源（劳动、土地、自然资源、资金等）生产出旅游产品（如旅游景区景点提供的观光游览产品、旅游饭店提供的住宿设施、旅游交通提供的运输设施和服务、旅游购物场所提供的购物品和相应服务等），然后转向流通过程。

第二，通过旅游企业（如旅行商、旅游经纪人等）在市场上销售旅游产品，或通过其他途径分配旅游产品给消费者使用，完成旅游产品的交换过程。

第三，旅游者通过对旅游产品的购买、消费和评价，完成旅游经济的实物运动过程。

因此，旅游经济的实物运动实质上就是旅游产品从生产开始，经过流通环节的交换，最后进入消费领域的整个运动过程。旅游产品的实物运动形成了旅游总供给。

（二）旅游经济的价值运动

旅游经济的价值运动，是从价值角度反映旅游产品的生产、分配和消费的全部运行过程，反映了旅游收入在各旅游经营者和各相关部门之间的分配和再分配过程。旅游经济的价值运动是和实物运动相伴随的，即全部旅游产品通过流通环节进行交换后，通过出售形成旅游总收入；旅游收入首先在生产部门进行初次分配，然后通过财政和信贷途径进行再分配，形成国家、企业和个人收入；这些收入的一部分以旅游消费（个人和公共旅游消费支出）的形式花费掉，另一部分以积累（旅游投资）的形式维持和扩大旅游再生产，从而形成旅游经济的价值运动。可见，旅游经济的价值运动形成旅游总需求。

从再生产角度看，旅游经济的顺利运行需要在实物形态和价值形态上都能得到补偿并且对应一致。也就是说，要保持旅游经济的顺利运行，就应当使旅游经济的实物运动形成的旅游总供给与价值运动形成的旅游总需求均衡一致。但现实中，旅游经济运行中的总供给和总需求在客观上和长期中处于不断变化的状态，不平衡是其特点。这是因为，旅游产品各个价值部分的分配和再分配要经过多个层次，再加上旅游需求层次丰富且经常处于变动之中，因而单纯依靠市场价格信号调节交易双方的行为不一定有效（因为存在价格刚性或者市场调节的时间太长）。在这种情况下，总量失衡和结构失衡难以避免。为此，必须对旅游经济进行宏观调控。

任务三　旅游经济宏观调控

任务导入

提升旅游治理能力与水平

在全面建成小康社会的历史进程中，假日经济发挥了积极作用，大大刺激了消费，拉动了内需。其中，旅游是一道亮丽的风景线。《“十四五”旅游业发展规划》指出，我国将全面进入大众旅游时代，旅游业发展处于重要战略机遇期。完善假日经济结构，有利于推动旅游业高质量发展。

在过去20年里，旅游业是假日制度调整的最大受益者，持续增长的假日旅游，在释放需求、扩大消费和拉动经济增长方面取得了明显成效。为提升假日旅游市场发展质量和游客满意度，国家持续提升行业监管、市场监测、应急处理、舆情应对等旅游业治理体系和治理能力现代化水平。

假日办、部际联席会议、部际协调机制，都是假日旅游工作的行政创新。从《关于进一步发展假日旅游若干意见》《“黄金周”旅游信息统计调查制度（试行）》、由18个部门组成的全国假日旅游部际协调会议制度，到《“黄金周”旅游信息统计调查制度》《关于促进智慧旅游发展的指导意见》的印发，政府保障假日经济的机制不断完善，成就日渐明显。同时，政府治理假日旅游的科技程度和现代化水平不断提升。各省积极建设智慧旅游平台，监测疫情常态下的春节40天景区接待和预约人数，预报地级以上和重点热点县级旅游城市热度，以及利用人工智能和数字技术对节假日城市旅游客流进行调控和智能疏导技术研发。

资料来源　戴斌. 大众旅游点亮假日经济 [N]. 经济日报，2022-02-21（11）.

思考：

（1）政府在保障假日旅游方面制定了哪些政策？

（2）这些政策对假日旅游市场的宏观调控起到了什么样的作用？

经济理论和经济实践表明，市场机制和国家宏观调控是实现资源优化配置的两种不同手段。同样，市场机制和国家宏观调控也是实现旅游资源优化配置的两种不同手段，二者可以而且应当相互补充，缺一不可。我们应当在充分发挥旅游市场机制作用的基础上，运用宏观调控的有关工具和手段，有效地调节旅游经济运行，更好地促进旅游经济的发展。

一、旅游经济宏观调控的必要性

旅游经济的宏观调控，是指国家出于满足人们不断增长的需要和旅游经济持续、快速、稳定发展的需要，运用经济的、法律的和必要的行政手段，对整个旅游经济进行的调节和控制。前面讲述的微观经济政策只是针对市场机制本身而言的，亦即部分地补充、修正和完善市场机制的功能，尽可能实现整个社会资源的优化配置。然而，资源优化配置并不意味着整个社会福利实现最大化。因此，虽然我们重视市场机制对资源配置的基础性作用，但对旅游经济进行宏观调控也是不可或缺的。

（1）市场调节具有滞后性。由于工资和价格刚性，再加上外部冲击等因素，总需求与总供给难以经常一致，总量失衡和结构失衡在所难免，从而失业不可避免；即使供求一致，也会存在自愿失业和摩擦性失业。因此，需要国家的宏观调控，以便克服市场调节的盲目性，自觉保持旅游经济总供求的平衡，使旅游微观主体（尤其是旅游企业）在国家宏观调控措施的引导下，按照市场规律和竞争规则进行决策，实现旅游经济的顺利发展。

（2）市场机制关注的是个人利益，难以达成社会目标。在市场机制下，实行分散决策，追求个人利益，不能形成社会一致同意的偏好和选择，从而无法使个人利益与社会利益一致。这就需要国家自觉地对旅游经济进行宏观调节，以便将市场的自发调节纳入整个国民经济有计划的发展轨道，实现社会主义经济发展的预定目标。

（3）市场机制以公平为代价，遵循效率优先原则，从而不可避免地造成收入差距悬殊，社会严重贫富不均。这既与实现共同富裕的社会主义性质相违背，也影响到经济社会的进一步发展。

（4）市场机制关注的是经济利益，而忽视社会利益，从而可能造成严重的社会后果，如生态环境破坏、旅游资源枯竭、文化遗产毁灭等。这就需要一个独立于市场之外的、能够代表全体社会利益的机构或力量来克服和弥补这些缺陷。

（5）面对经济的全球化和激烈的国际竞争，也需要我国政府适度地保护国内经济和民族产业，有计划、有步骤地参与国际经济一体化。

以上五个方面在市场机制内部不能得到解决，只能借助处于市场机制外部的国家和社会的力量。换句话说，旅游宏观调控的目的是，使宏观旅游经济活动通过旅游市场中介和微观经济活动有机结合起来，实现旅游经济总供求的基本平衡和经济社会发展的战略目标。

二、旅游经济宏观调控的目标

旅游经济宏观调控的目标，总体而言就是调节旅游总供求平衡，并在此基础上制定旅游经济发展战略目标。结合我国国情和旅游发展的实践，旅游经济宏观调控的目标主要有以下几方面。

（一）促进旅游经济持续快速增长

保持合理、稳定的增长速度是旅游经济宏观调控的基本目标。旅游业产业关联度高，提供的就业岗位多，在促进社会经济发展方面具有重要的地位和作用。因此，必须把促进旅游经济的持续增长作为旅游经济运行宏观调控的基本目标。从旅游业发展的实践看，经济发达国家不仅在旅游业发展的初期及以后各个时期都加大政府宏观调控力度，推动旅游经济的快速发展；即使在旅游业发展到较高水平之后，依然不断加强政府对旅游经济的宏观调控，采取各种措施和方法推进旅游经济的发展。对我国来讲，尽管拥有丰富的旅游资源，但由于社会生产力和经济发展水平较低，旅游业发展起步较晚、条件较差，更不可能完全依靠市场自发调节来推动旅游经济的发展，必须在充分发挥旅游市场机制作用的基础上，发挥政府在旅游经济发展中的主导作用，加强对旅游经济运行和发展的宏观调控，采取一切可能的措施和手段，促进旅游经济持续快速发展，从而带动整个国家或地区经济的发展。

旅游业的发展要以一定的速度为前提，但重视增长速度也要根据客观实际量力而行，更要讲求效益。旅游经济的发展受到许多客观条件的限制，如旅游资源、技术条件、从业人员素质等，不是无条件地越快越好。如果旅游业增长速度过快，以至于超过了经济承受能力，就会造成经济生活混乱、旅游供求失衡，反而会影响其发展。所以要根据国民经济承受能力确定合理的增长速度。此外，合理的增长速度还要有较好的效益，要走一条既有速度又有效益的发展道路，要摒弃搞数量扩张的旅游发展模式。

（二）实现旅游经济总量平衡和结构优化

旅游经济的总量平衡，就是指旅游总需求和总供给的平衡、旅游行业各部门之间和各部门内部供求均衡问题，具体来讲，它涉及分配结构、产业结构、产品结构、技术结构以及所有制结构、地区结构等方面的比例是否合理的问题，是旅游经济正常运行的基本前提。在市场经济条件下，由于旅游者和旅游企业的旅游经济活动是分散的，其决策是按照各自的利益和意愿进行的，因而他们的旅游经济活动不可能完全与宏观旅游经济运行的目标一致，这就导致旅游供求总量失衡和供求结构失衡的矛盾和问题。

由于总量和结构是旅游经济运行的重要内容，而市场调节又具有滞后性，因而应将其作为旅游经济宏观调控的基本目标之一。国家和社会应制定旅游经济发展计划和旅游经济政策，采取合理有效的旅游经济调节杠杆，实现旅游经济的总量平衡和结构优化。

（1）加强旅游需求和旅游供给管理，利用各种经济政策、经济杠杆以及必要的法律措施和行政措施，刺激或抑制旅游总需求和旅游总供给，实现旅游总供求的数量平衡。

（2）通过旅游发展计划和各种经济杠杆等调控手段，对旅游需求流量进行合理引导和分流，对旅游供给存量和流量进行投资引导和结构调整，使之在现有旅游经济总量内兼顾旅游经济发展和人民生活水平提高的需要，实现旅游供求结构的合理化和高级化。

（三）扩大旅游业就业

就业已成为大多数国家经济发展和制定经济政策时优先关注和考虑的问题。旅游业是一个典型的劳动密集型服务行业，因而已经成为吸纳社会就业的重要部门。从实践看，旅游业不仅为城市新增就业人员提供了大量就业岗位，而且为农村剩余劳动力的转移和下岗职工再就业提供了广泛的就业岗位。因此，不断扩大旅游业的社会就业岗位，吸纳更多的社会劳动力就业，应当成为旅游经济宏观调控的首要目标。

（1）适当加快旅游经济发展速度。产出是就业的函数，经济发展了，就业也会增加，因而旅游经济的发展与就业岗位的增加具有一致性。因此，要通过对宏观旅游经济运行的调控，加快旅游经济发展，不断扩大旅游就业的范围和领域，为社会提供更多的就业岗位。

（2）适度发展劳动密集型旅游，尽可能增加就业岗位，这在我国尤其重要。各地可以通过宏观经济政策的调控和引导（如税收优惠、财政补贴等），适当发展劳动密集型旅游，为社会提供更多的就业岗位。

（3）加强旅游教育培训，不断提高旅游从业人员的素质和水平。这既可以促进旅游就业，也可以为旅游经济发展输送更多高素质的旅游人才，促进旅游经济的快速发展。

（四）满足人们不断增加的旅游需要，提高生活质量水平

实施宏观旅游经济运行调控的最终目的，是满足人们不断增加的旅游需要。这既是保证人们休闲度假、旅行游览自由权利的实现，也是不断丰富人们物质文化生活，提高生活质量的客观要求。1980 年世界旅游大会通过的《世界旅游宣言》指出：“只有人们得到休息、度假和自由旅行的机会，旅游业的发展才是可能的。”“休息的权利，特别是由于工作权利而带来的度假、旅行和游览自由的权利，都被《世界人权宣言》和许多国家的法律视为实现人类自我价值的一个重要方面。”特别是随着社会生产力发展，人们可支配收入的增加，生活质量的不断提高，旅游不仅成为一种大众化的活动，而且成为

人们物质文化生活的重要组成部分。因而，满足人们不断增加的旅游需要，提高生活质量水平应当作为旅游经济宏观调控的重要目标。国家可以运用宏观旅游经济政策发展旅游经济，努力提高旅游服务的质量和水平，满足人们的旅游需要，提高人民生活质量水平，使之既能调动人们的积极性，又有利于旅游经济的协调发展。

（五）发展国际旅游往来，增加外汇收入

发展国际旅游往来是发展旅游经济的重要内容，也是宏观旅游经济调控的重要目标。当今世界是一个开放的世界，世界各国互通往来已成为必然趋势，我们要大力发展国际经济合作关系，增加外汇收入。旅游业创汇能力强且换汇成本低，因而发展国际旅游活动是一种可行的选择。所以，我们要大力发展国际旅游往来，尤其是大力发展入境旅游，吸引大量的国外游客入境旅游，增加外汇收入；要充分运用宏观旅游经济政策，开拓入境旅游市场，引导消费需求发展，以调整消费结构，增加国际旅游收入。

（六）有效地保护和利用旅游资源和生态环境

旅游资源条件是旅游经济发展的重要条件。由于许多旅游资源是不可再生资源，因此，必须坚持旅游资源保护与开发并举、旅游环境保护与利用并重方针，将旅游资源和环境的保护放在首位，在保护的前提下合理开发旅游资源，提高对旅游资源和环境的利用效率，促进旅游经济的可持续发展。由于旅游资源的公共性，市场调节会出现失灵，因而需要国家进行宏观调控，以便有效利用旅游资源和保护生态环境。

保护和利用旅游资源和环境必须重点考虑以下两个方面：

（1）强化旅游经济可持续发展的观念，明确旅游资源和环境是旅游经济存在与发展的基础，自觉地树立对旅游资源和环境的保护意识，不断改善和提高生态环境质量，创造良好的旅游生态环境，国家在实施宏观调控时应优先考虑这一点。

行业感悟 7-1　**环境保护意识的培养**

随着国民经济的增长，旅游业得到快速的发展。在大力发展旅游的过程中，人们往往偏重追求旅游的经济效益，而忽略了普遍存在的旅游带来的环境问题。旅游资源和环境质量是旅游业生存和发展的基础，旅游给环境尤其是自然环境造成的严重破坏不仅会阻碍旅游业的持续发展，还会给其他方面带来负面的影响。因此，保护好优美的自然环境和旅游资源对于发展旅游业起着重要作用。保护旅游环境的方法有很多，例如，加强环境保护宣传，提高游客保护环境的自觉性；健全旅游环境保护管理制度，加强对旅游环境保护的宏观管理；树立防重于治的观念，加强治理已受破坏的环境；大力开发生态旅游等。旅游管理专业的学生作为今后旅游从业人员，使他们具备旅游环境保护方面的知识和技能是非常必要的，对旅游管理专业学生的环境教育，除掌握环境保护的基本知识和技能以外，主要是进行加强责任心和事业心的教育，提高责任感，增强旅游从业者的生态意识。

资料来源　申梦莹. 旅游持续发展与旅游环境保护［J］. 风景名胜，2019（3）.

（2）统筹规划和合理安排旅游资源的开发，建立旅游资源合理开发和有效利用机制，实行旅游资源有偿开发和使用制度，有效遏制对旅游资源的低层次和重复性开发，推动旅游资源从粗放型开发方式向集约型开发方式转变，促进旅游资源的有效利用和旅

游经济的可持续发展。

三、旅游经济宏观调控的手段

旅游经济宏观调控是在充分发挥旅游市场机制作用的基础上，运用宏观调控的有关工具和手段调节旅游经济运行，使之更好地促进旅游经济的发展。具体而言，旅游经济宏观调控的手段主要有以下几方面：

（一）国家计划调控

旅游经济的发展要有国家计划的指导，要用计划及其相应的指标体系来体现宏观旅游经济发展目标、任务、总量平衡和旅游部门各项基本比例关系的协调。当然，这里的国家计划主要是一种旅游发展规划，它不同于传统的指令性计划，而是一种建立在发挥市场调节作用基础上的、以指导性计划和中长期发展规划为主的调控手段。国家旅游局2000年10月颁布的《旅游发展规划管理办法》指出：旅游发展规划是根据旅游业的历史、现状和市场要素的变化所制定的目标体系，以及为实现目标体系在特定的发展条件下对旅游发展的要素所作的安排。

应用国家计划调控旅游经济运行和发展应做到以下几个方面：

（1）制定旅游经济发展目标时，必须系统地考虑社会总体发展目标、经济发展水平和阶段、资源承载能力、社会政治形势、旅游业所处的发展阶段及其发展趋势等各种因素，使得旅游经济发展目标既符合当前的发展要求，又具有前瞻性和指导性，能够更好地指导和促进旅游经济的发展。

（2）旅游规划的制定和实施应该是综合性和跨行业的，应广泛吸收各类政府机构、旅游企业、社会团体和个人参加，使各方面的利益都能够得到体现，保证旅游发展规划制定的科学性、民主性和公开性，以便使旅游发展规划更好地得到实施。

（3）发展规划的内容既要全面又要突出重点，规划内容要充分考虑旅游经济各个方面的协调发展，同时在不同时期或阶段又应该有不同的重点，以便在发展旅游经济时既能抓住重点和主要发展方向，又能兼顾各个方面的协调发展。

（4）发展规划要有明确的量化指标和要求，以便定期进行检查和比较，并根据不同时期经济社会环境的变化及时作出调整。

（二）经济政策调控

经济政策，是由国家制定的用于指导旅游经济活动、调节旅游经济利益关系、促进旅游经济发展的政策体系，是在充分认识旅游经济运行规律的基础上，对旅游经济进行宏观调控的主要手段。应用经济政策对旅游经济进行宏观调控，是为了更有效地发挥经济规律和市场机制的作用，弥补旅游市场失灵的缺陷，调节旅游企业的经济行为，促进旅游经济总量平衡和结构的合理化，推动旅游经济持续、快速、健康发展。

经济政策实践看，对旅游经济宏观调控的经济政策主要有收入政策、产业政策、财政政策、货币政策、汇率政策。

1.收入政策

收入政策是政府根据旅游经济发展的水平和目标，对旅游收入初次分配和再分配进行调节的政策，如提高职工工资水平、降低个人所得税、规定旅游企业利润提留比例等，以刺激旅游消费需求、调动旅游企业和职工的积极性，调节旅游总供求平衡和促进旅游经济发展，不断改善和提高人们的生活质量和水平。

2.产业政策

产业政策是政府根据旅游经济发展的趋势和目标，制定有关旅游经济发展目标、旅游经济结构、技术进步政策、行业标准、企业规模标准的政策措施，有计划、有重点地调节和推动旅游经济发展，并通过市场机制的作用调节旅游企业经济行为，使之符合社会发展目标。旅游产业政策的作用是引导并保证旅游产业结构合理化，并通过结构合理化来促进旅游经济总量平衡的实现。

通常，旅游产业政策应包括两个方面的内容：一是产业政策目标；二是产业政策手段。二者相辅相成，缺一不可。目标不科学将导致政策失误，从而可能使经济发生波动；反之，缺乏有效的政策，发展目标也难以实现。可见，旅游产业政策目标及手段的确定，必须充分考虑旅游经济运行的实际环境，既要考虑经济体制条件，又要考虑社会生产力发展水平和资源状况等因素，在此基础上，不但使旅游产业的发展符合国民经济总的比例要求，而且使旅游产业结构与其技术结构协调发展。

3.财政政策

财政政策包括财政收入政策、财政支出政策，它是市场经济国家调节宏观经济的常用手段，尤其是调节社会总需求的常用工具。

（1）财政收入政策，其基本内容是税收政策，即用税收来调节旅游总需求，具体而言，当旅游总需求不足时，可以采用降低税收和税率的方法提高总需求水平或适当抑制总供给水平，从而使供求总量均衡。例如，当旅游经济发生结构性失衡时，可以采用调整税种和税率的办法使个别旅游产品的需求者和供给者分别受到影响，使之或增加旅游消费，或减少旅游供给，进而实现平衡。再比如，对入境旅游者实施旅游购物退税政策，将会使他拥有相对较多的可支配收入，从而会增加旅游消费，促进旅游总需求上升，也有助于旅游资源开发和各旅游要素的协调发展，最终实现旅游总供给与总需求的平衡。

（2）财政支出政策，是指变动政府支出（如公共投资支出、转移支付以及投资津贴等）来影响旅游需求结构和需求总量的政策行为，其主要内容包括四个方面：一是财政支出的总量；二是财政支出的方向比例；三是财政支出的重点；四是财政支出的程序和制度。国家可以根据旅游经济发展状况和目标，确定财政支出总量及其结构，以便直接而迅速地影响旅游需求总量及其结构，实现旅游总供给与总需求的平衡，促进旅游经济发展。

由于在实际经济运行中，财政收支政策是交织在一起、共同对国民经济发展起调节作用的，因而实施旅游经济宏观调控宜将财政收入政策和支出政策同时并用，使二者互相衔接、互相配合，才能真正起到从宏观上有效调控旅游经济按比例发展的作用。

4.货币政策

货币政策是指通过货币变量尤其是利率变量来间接调节国民经济的政策行为。一般来讲，货币量的变化会引起利率变化，利率变化会引起旅游投资和旅游消费的变化，进而引起旅游供求总量的变动。所以，货币政策是一种重要的调节旅游经济运行的宏观政策。其中，利率是货币和信贷政策的最重要杠杆。但国家不宜采用直接的行政手段控制利率，而必须借助某些中间变量间接影响利率达到调节旅游经济的目标。这些间接变量有公开市场业务、再贴现率、存款准备金制度。因此，一旦旅游开发过热导致旅游供求失衡，国家可以采取某种措施（如在公开市场卖出政府债券回笼货币或直接调高准备金率等）提高利率，以抑制旅游投资，最终达到压缩旅游总需求、保持旅游供求平衡的目的。当旅游消费不足时，则可以采取相反的措施来提升旅游总需求，保持旅游供求平衡。

此外，在政策实践中，通常将财政政策和货币政策配合使用，即根据经济形势的状况和特点采取不同的政策组合，以便更好地调节旅游经济运行。

5.汇率政策

汇率政策是政府通过应用汇率变动和外汇管理等政策来促进旅游经济发展的行为。汇率政策是开放的市场经济国家调节经济的重要杠杆。汇率变化可以改变两国商品的相对价格，并通过商品相对价格变化对旅游需求和旅游供给产生影响，如通过汇率变化调节旅游者的出入境人数，加大旅游业招商引资的力度；而外汇管理和服务会影响资金在两国间的流通和使用方便程度，如通过外汇管理促进旅行社积极招徕入境旅游者，适当发展国内公民出境旅游等。最后，由于汇率政策会影响旅游者的出入境人数和旅游产品的进出口，也会影响到旅游外汇收入水平，这也是汇率政策所要实现的调控目的之一。

（三）旅游规制调控

旅游规制调控就是政府利用行政性资源和行政手段，从维护旅游者的公共利益和国家的整体利益出发，纠正或缓解市场失灵与市场缺陷带来的不经济和不公平，从而维护旅游经济和旅游市场秩序的稳定。其目的是规范旅游企业的经营行为，维护旅游市场秩序，促进市场竞争，提高市场配置资源的效率，并尽可能使旅游经济主体的行为及其目标与社会目标一致。按照实施旅游规制调控的主体不同，一般有政府规制、社会规制和行业规制等。

1.政府规制

政府规制是政府（主要是旅游管理部门，如文化和旅游部）出于一定的社会目标和经济目标，对旅游企业和旅游者行为采取的具有法律约束力的限制和规范，是针对旅游市场失灵而采取的治理行动和措施，目的是维护旅游市场秩序，限制市场垄断促进竞争，提高市场配置资源的效率。政府规制一般分为直接规制和间接规制。直接规制是政府部门直接对旅游经济主体实施的规制，如对旅游企业进入或退出旅游市场实施管制，对旅游价格、旅游服务质量、旅游安全以及投资、财务、会计等方面的活动进行规制。间接规制是政府有关部门通过法律规定的程序而对旅游经济主体实施的规制，如对消费者权益保护、环境保护、文化遗产保护等方面的规制。

今后，政府需要逐步摆脱全面抓行业管理工作的状况，转向集中力量抓策略制定和建议指导（如制订行业的长期发展计划、推行行业标准和服务水准等），克服制约发展的不合理因素，创造公平竞争和发展的良好环境，确保市场高效运转，而不是对旅游行业进行严格监管。

2.社会规制

社会规制是指市场机制对旅游经济主体产生的具有法律约束力的限制和规范，以及社会为促进旅游经济主体行为符合上述规制的各种行动和措施。社会规制的调控作用是间接的，即政府将各种宏观调控意图转化为旅游市场信号，通过旅游市场机制来规制旅游企业的经营行为，促进旅游企业在市场机制作用下自由竞争和优胜劣汰。此外，社会规制也会通过其他途径，如新闻传媒监督、民众意愿、社会团体监督等对旅游企业行为进行规制。

3.行业规制

行业规制是指由旅游行业协会（如旅游饭店协会、旅行社联合会）自主地对旅游企业行为进行约束和规范的行动和措施，是一种旅游企业之间相互约定的自我规制。旅游行业协会是旅游企业在自愿基础上组成的社会组织，是沟通政府与旅游企业的桥梁。具体来讲，旅游行业协会的职能和任务是：开展旅游行业的调查研究，及时为旅游企业经营决策和旅游管理部门宏观调控提供依据和建议；协调旅游企业之间的关系，推动旅游企业之间的联合与协作；按照政府的授权和委托，对旅游行业进行管理和规制，组织旅游信息和经验交流活动，开展各种旅游经济咨询服务；举办各种旅游培训、技术交流、旅游会展等活动。总之，旅游市场的行业规制有着重要的作用。

项目测试

一、单选题

1.以下不属于旅游市场失灵的原因是（　　）。

A.旅游市场竞争的垄断性　　B.旅游资源的公共性

C.旅游信息的完全性　　D.旅游活动的外部性

2.旅游市场的不完全性也称旅游市场结构的不完全性，其主要表现不包括（　　）形式。

A.完全垄断　　B.寡头垄断　　C.垄断竞争　　D.完全竞争

3.旅游资源的公共性是因为（　　）。

A.旅游资源消费具有非竞争性和非排他性的特征

B.旅游资源消费具有竞争性和非排他性的特征

C.旅游资源消费具有非竞争性和排他性的特征

D.旅游资源消费具有竞争性和排他性的特征

4.对于可能产生（　　）的行为，政府一般应通过征税或收费的措施予以限制。

A.搭便车　　B.道德风险　　C.逆向选择　　D.负外部性

5.旅游信息的不对称可能导致（　　）问题，这在旅游经济中表现为“劣质服务驱逐优质服务”，从而造成旅游市场秩序的混乱。

A.道德风险　　B.优胜劣汰　　C.逆向选择　　D.外部性

6.旅游企业行为的自我约束不包括（　　）。

A.预算约束　　B.市场约束　　C.规制约束　　D.利润约束

7.关于维护公平竞争的旅游市场秩序，以下说法错误的是（　　）。

A.建立健全法律体系

B.规范各类旅游经济主体的行为

C.鼓励不正当的旅游竞争行为

D.创造公平、公开和公正的旅游竞争环境

8.当（　　）不足时，可以采用降低税收和税率的方法提高总需求水平或适当抑制总供给水平，从而使供求总量均衡。

A.旅游总需求　　B.旅游总供给　　C.旅游总收入　　D.旅游总支出

9.某旅游目的地政府为改善该地的可进入性而新修了一条公路。这在政府干预旅游业发展中属于（　　）。

A.调整旅游结构　　B.弥补市场不足　　C.提供公共产品　　D.增加旅游需求

10.旅游规制是政府利用（　　）资源和手段，维护公共利益和整体利益，纠正市场失灵下的不经济和不公正，维护旅游经济及市场秩序的稳定，提高旅游者福利水平的规范和制度。

A.行政性　　B.经济性　　C.社会性　　D文化性

项目测试7-1

单选题

二、多选题

1.关于旅游垄断经营者的说法，以下正确的是（　　）。

A.寻求、利用并强化进入壁垒（如通过寻租方式等）排斥市场竞争

B.它所面临的需求曲线向右上方倾斜

C.通过控制旅游产品的生产数量来控制价格

D.以较高的价格出售旅游产品

E.获得高额利润

2.旅游经济宏观调控的目标包括（　　）。

A.满足人们不断增加的旅游需求　　B.促进旅游经济的持续增长

C.实现旅游经济的总量平衡　　D.扩大旅游业的社会就业

E.有效地保护和利用旅游资源和生态环境

3.对入境旅游者实施旅游购物退税政策，以下说法正确的是（　　）。

A.会使入境旅游者拥有相对较多的可支配收入

B.增加入境旅游者的旅游消费

C.促进旅游总需求上升

D.有助于旅游资源开发和各旅游要素的协调发展

E.实现旅游总供给与总需求的平衡

4.对旅游经济宏观调控的经济政策主要有（　　）。

A.收入政策　　B.产业政策

C.财政政策　　D.货币政策

E.汇率政策

5.消除旅游活动的外部性对市场的影响，政府可以采取（　　）。

项目测试7-2

A.税收和补贴　　B.规定利润率

C.合并相关企业　　D.公共管制

E.明晰产权

多选题

三、判断题

1. 完全垄断的旅游市场中价格最高而生产的旅游产品却最少，因此经济效率最高。（　）

2. 旅游资源的非排他性容易导致“搭便车”现象。（　）

3. 短期旅游总供给取决于短期旅游总需求，并且具有一定的刚性。（　）

4. 资源优化配置意味着整个社会福利实现最大化。（　）

5. 政府规制是通过新闻传媒监督、民众意愿、社会团体监督等对旅游企业行为进行规制。（　）

项目测试 7-3

判断题

四、简答题

1. 长期以来，国内景区 50% 以上的盈利来自门票收入，旅游业对“门票经济”的依赖非常严重。请你从经济学的角度谈一谈，知名景点在旅游业中是否具有垄断地位？并说明理由。

2. 对旅游业进行宏观调控的手段有哪些？政府处罚那些扰乱市场正常运行的违规行为属于哪种调控手段？

项目测试 7-4

简答题

实战演练

1. 就业是旅游经济宏观调控目标之一，收集近五年来旅游就业指标，并分析旅游业对就业的贡献。

2. 请收集旅游经济发展中的外部不经济案例，并在对案例进行分析的基础上提出解决办法。

推荐阅读

1. 宋品一，朱巧楠. 生态旅游环境保护的可持续发展 [J]. 新农业，2021（5）.

2. 张戈跃，陈俊安. 美国、澳大利亚生态旅游环境保护法治及其启示 [J]. 广西民族师范学院学报，2020，37（2）.

3. 王彩萍，徐红罡，张萍. 市场化改革、政府干预与区域旅游业发展：从宏观视角来解读困境 [J]. 旅游学刊，2015，30（3）.

8 项目八　促进价值实现：旅游收入与分配

项目概述

获取旅游收入是旅游业经营的目标之一，而旅游收入及其分配则是旅游经济运行的前提。它一方面反映了旅游者的旅游需求通过旅游经营者的旅游供给而不断得到满足；另一方面又体现着旅游产业部门和企业在生产经营活动的价值运行与价值实现过程中，自身不断得到发展。本项目从收入和分配两个方面入手，对旅游收入分类、指标、旅游企业收入和分配，以及旅游收入乘数的作用、旅游收入漏损的控制等进行了分析和阐述。

项目导图8-1

项目八

项目目标

知识目标

- 了解旅游收入的内涵与分类；
- 掌握旅游收入指标及其计算；
- 了解影响旅游收入的因素；
- 掌握旅游收入的初次分配与再分配；
- 了解旅游乘数的定义及旅游收入的乘数效应；
- 了解旅游收入乘数的类型；
- 了解旅游收入漏损形式及产生的原因；
- 掌握控制旅游收入漏损的方法。

能力目标

- 能够计算旅游收入乘数，并为决策提供依据；
- 能够分析旅游收入漏损的原因并进行旅游收入漏损的控制。

素养目标

- 能够结合旅游收入分配，让学生树立公平正义的观念，培养学生的制度自信；
- 能够通过旅游乘数效应的学习，认识旅游业在国民经济发展中的作用，增强职业认同。

任务一　旅游收入的分类与计算

任务导入

中国旅游业收入占国内生产总值的比重

近年来，我国国内旅游市场持续高速增长，其中入境旅游市场平稳增长，出境旅游市场增速进一步放缓，旅游业收入在国内生产总值（GDP）中的占比持续上升，并直接和间接地提供了上千万个就业岗位。

2018年，全年实现旅游总收入5.97万亿元，同比增长10.5%。初步测算，全年全国旅游业对国内生产总值的综合贡献为9.94万亿元，占国内生产总值的11.04%，旅游直接和间接就业7 991万人，其中旅游直接就业2 826万人，占全国就业总人口的10.29%。

2019年，全年实现旅游总收入6.63万亿元，同比增长11%。旅游业对国内生产总值的综合贡献为10.94万亿元，占国内生产总值的11.05%。旅游直接和间接就业7 987万人，其中旅游直接就业2 825万人，占全国就业总人口的10.31%。

资料来源　根据文化和旅游部官网资料整理.

思考：

（1）根据以上资料说明旅游收入的重要性。

（2）你知道反映旅游收入的指标有哪些？如何计算？

旅游收入直接反映了某一旅游目的地国家或地区旅游经济的运行状况，既是评价该国（地区）旅游经济活动效果的综合性指标，也是衡量该国（地区）旅游业发达与否的重要标志。因此，了解旅游收入的分类，掌握旅游收入的指标及其计算对于理解旅游收入的重要性有着积极的意义。

一、旅游收入的内涵

旅游收入是指旅游目的地国家或地区在一定时间内（通常以年、季、月为单位）通过销售旅游产品和服务所获得的货币收入总和。

理解旅游收入时需要注意以下几点：

（1）旅游收入是一个带有时间性的概念，通常以年、季、月为单位；

（2）旅游收入是一个价值概念，是以货币表现的旅游产品及相关商品和服务的价值；

（3）旅游收入是个多类型的概念，因研究目的不同，旅游收入的划分也具有多种类型。

旅游收入是旅游企业生存和发展的前提。通常，在其他条件不变的前提下，旅游收入变化和旅游利润的增减是同方向的，旅游收入增加，旅游利润也增加，反之亦然。

旅游收入的重要性体现在以下方面：

1.旅游收入体现着旅游业对国民经济的贡献

旅游收入体现着旅游业对国民经济作出贡献的大小，以及对社会经济的促进作用和影响。通常旅游经营活动包括国内旅游业务和国际旅游业务两部分。通过开展国内旅游业务活动，可引导人们进行合理消费，使人们在旅游活动中增长见识、丰富知识、开阔眼界；同时通过销售旅游产品和提供旅游服务，完成回笼货币、加快资金周转的任务。通过发展国际旅游业务活动，发展同全世界各国人民之间的友好往来，促进国际经济文化交流合作，满足国内外旅游者对旅游产品的需求，同时销售本国各类旅游产品而取得相应的旅游外汇收入，对增加国家外汇支付能力等都具有十分重要的作用。此外，旅游收入的增加还能直接和间接增加国家税收，为促进国民经济的发展积累资金。

2.旅游收入反映了旅游经济活动的成果

旅游收入体现了旅游经济活动的成果，旅游收入的增加标志着流动资金周转的加速。每一次旅游收入的取得，都标志着在一定时期内、一定量的流动资金所完成的一次周转。因此，在一定时期内，获取的旅游收入越快越多，就意味着流动资金周转次数多、速度快，占用的流动资金越少，旅游企业的经济效益就会更好。

二、旅游收入的分类

旅游收入综合反映了旅游企业的生产经营活动的成果。为了明确旅游收入的内涵，更好地分析旅游经营活动过程，指导旅游企业的经营决策，可以从不同角度对旅游收入进行分类研究。

（一）按旅游收入的来源划分

旅游收入是旅游者在旅游目的地国家或地区的旅游消费支出，由于消费者一般分为国内旅游者和国际旅游者，因此按照旅游收入的来源，可以将旅游收入划分为国内旅游收入和国际旅游收入。

1.国内旅游收入

国内旅游收入是指旅游目的地国家或地区因经营国内旅游业务而取得的本国货币收入。国内旅游收入来源于本国居民在本国境内的旅游消费支出，是本国物质生产部门劳动者所创造财富的转移和国民收入再分配的结果，它体现着一个国家或地区经济发展的状况以及国家与企业、企业与企业、企业与居民之间的经济关系。国内旅游收入的增加一般不会导致一国财富总量的增加。

2.国际旅游收入

国际旅游收入是旅游目的地国家或地区因经营境外游客来本国或本地区的旅游业务而取得的外国货币收入，通常也称其为旅游外汇收入。国际旅游收入来源于国际旅游者在旅游目的地国家或地区的入境旅游消费支出，也是旅游目的地国家或地区向外出口旅游产品和劳务所取得的收入，是另一种形式的对外贸易，它意味着旅游目的地国家或地区的国民收入的增长，体现着旅游客源国与旅游接待国之间所形成的国际经济关系。

在分析国内旅游收入和国际旅游收入的性质和特征时，应注意以下问题：

第一，国内旅游收入与本国居民的国内旅游消费支出在数量上是相等的。而国际旅游收入与国际旅游者在旅游过程中的消费支出在数量上是不相等的。旅游目的地国家或地区的收入，只是旅游者旅游开支的一部分，只包括国际旅游者入境后在旅游目的地国家或地区内的食、住、行、游、购、娱等方面的花费。国际旅游者旅游消费支出的相当一部分是用于支付由旅游客源国或地区至旅游目的地国家或地区的国际交通费，以及国外旅游经营商、零售商、代理商的佣金。

第二，国内旅游收入以本国货币计算，国际旅游收入以外汇计算。由于不同时期各国或地区货币兑换率的变化，同量的旅游外汇收入在不同时期用不同货币单位衡量，旅游收入的数量会产生较大的差别，因此在衡量一国旅游收入时，采用不同的货币单位具有不同的含义，尤其是对不同时期的旅游收入进行比较时，要注意其可比性。

第三，国内旅游收入作为旅游目的地国家国内生产总值（GDP）的组成部分，国际旅游收入作为旅游目的地国家国民生产总值（GNP）的组成部分，在衡量旅游目的地国家或地区的旅游业对本国国民经济的贡献时，要考察旅游业创造的收入占整个国民生产总值的比例，以此证明旅游业在该国的地位和影响。

（二）按旅游需求弹性划分

1.基本旅游收入

基本旅游收入通常是指在旅游过程中，旅游目的地国家或地区的旅游部门和企业通过向旅游者提供旅游交通、食宿、游览景点等旅游产品和服务所获得的货币收入的总和，是每个旅游者在旅游过程中必须支出的费用。

尽管每个旅游者的支付能力不同、需求层次不同、花费标准不同、支付货币额不同，但都是必要的支出。因此，对每一个旅游者来说，基本旅游收入是缺乏弹性的，是一种固定性的支出。正因这一点，基本旅游收入与旅游者人次数、旅游者的停留时间和旅游者的消费水平成正比例变化，它们之间的关系可用公式表示为：

$$R=N\times Q\times T$$

式中，R表示基本旅游收入；N表示旅游者人次数；Q表示旅游者人均天消费支出；T表示旅游者逗留时间。

在其他条件不变的情况下，旅游者人数越多，旅游者人均天消费支出水平越高，旅游者停留天数越长，旅游目的地国家或地区获得的基本旅游收入就越多。

2.非基本旅游收入

非基本旅游收入，是指在旅游活动中，旅游目的地国家或地区的旅游相关部门和企业，通过向旅游者提供医疗、通信、购物、美容、银行、保险、修理、娱乐、体育等旅游设施和服务所获得的货币收入的总称，是旅游者在旅游过程中可能发生的各种费用支出。由于旅游者的需求不同、支付能力不同、兴趣爱好不同、消费习惯不同，导致这一类支出具有较强的选择性和灵活性，并不是每一个旅游者在旅游活动中都必须花费的。因此，这一部分服务项目的需求弹性较大，具有不稳定的特点，是一种可变的支出。对旅游目的地国家或地区来说，非基本旅游收入的增减，虽然也受旅游者人次数、旅游者人均天消费水平、旅游者停留天数的影响，但不像基本旅游收入那样呈明显的正比例变化，这使得非基本旅游收入具有很大的不稳定性。在旅游业较发达的国家或地区，非基本旅游收入在旅游总收入中所占比重较大，是旅游收入的一个重要组成部分。

由于基本旅游收入具有相对刚性的特征，而非基本旅游收入则具有较大的弹性特征，因此二者在旅游收入总量中所占比重的大小就成为衡量一个国家或地区社会经济发展程度和旅游业发展水平的重要参考指标之一。某一旅游目的地的非基本旅游收入所占的比重越大，表明该地区旅游业的发展水平越高，旅游收入的增长潜力越大。若某一旅游目的地的非基本旅游收入在旅游收入总量中所占比重较小，则说明该地区的旅游业仅处于初创和发展阶段，在产品结构、旅游项目开发、经营方式等方面都有待于进一步提高和发展。

（三）按旅游收入的构成划分

1.商品性旅游收入

商品性旅游收入，是指为旅游者提供物质形式的旅游产品而取得的收入，包括销售旅游商品和提供餐饮等所获得的收入。商品销售收入是向旅游者销售旅游商品而取得的收入，包括销售各种生活用品、工艺美术品、药品、书报杂志等取得的收入；餐饮销售收入主要是指为旅游者提供膳食、饮料等而取得的收入。

2.劳务性旅游收入

劳务性旅游收入，是指为旅游者提供各种劳务性服务而获得的收入，包括旅行社的业务费收入、住宿费、交通费、邮政通信费、文化娱乐费以及其他各项费用收入。旅行社业务收入，是旅行社营业收入中扣除支付给有关部门的住宿费、交通费餐费、邮政电讯费、文化娱乐费等后余下的翻译导游费、各项手续费及其他服务性收入；住宿费是指为旅游者提供饭店、宾馆客房住宿服务而获得的收入；交通费则指为旅游者提供地区间的飞机、火车、轮船、汽车等长途运输和市内交通服务而获得的收入；邮政电讯费是指为旅游者提供邮寄文件、包裹、长途电话、电报等服务而获得的收入；文化娱乐费是指为旅游者提供游览、娱乐、文艺表演等各种文化娱乐服务而获得的收入，以及其他收入等。

（四）按旅游时间的长短划分

这种分类方法的优点是：时间概念强，便于及时掌握经营状况，以便了解旅游者的需求动向，制订相应的经营方案，增加旅游收入；便于比较各个不同时期的旅游收入增减变化情况，有利于发现影响旅游收入变化的各种因素，寻求增加旅游收入的新途径；便于企业开展经济活动分析，根据供求变化，协调各类经济活动。总之，从时间角度划分旅游收入，有利于加强旅游企业的经济核算，加速资金周转，改善经营管理，提高劳动效率和经济效益。

三、旅游收入指标及其计算

旅游收入指标是旅游目的地国家或地区掌握和分析旅游经济活动的重要工具，它是用货币单位计算和表示的，反映旅游经济发展的水平、规模、速度和比例关系的价值指标。通过对旅游收入指标的分析，可以为旅游经营者和有关部门在制定旅游发展规划、作出相关决策时提供重要的参考。通常把旅游收入指标分为两大类，即旅游收入总量指标和旅游收入平均指标。

（一）旅游收入总量指标

旅游收入总量指标，是反映旅游目的地国家或地区在一定时期内，接待国内外旅游者所获得的全部旅游收入，主要包括旅游总收入指标和旅游外汇总收入指标。

1.旅游总收入

旅游总收入，是指在一定时期内，旅游目的地国家或地区向国内外旅游者出售旅游产品和服务所获得的货币收入的总额。该指标综合反映了旅游目的地国家或地区一定时期的旅游经济的总体规模和旅游业的总体经营成果。它等于一定时期内的国内旅游总收入和用国内货币折算的旅游外汇总收入之和。

旅游总收入通常用本国货币计量表示，可以用公式表示为：

$$R_T = R + P_e = (N \times P) + P_e$$

式中：R_T表示一定时期的旅游总收入；R表示基本旅游收入；N表示旅游总人次；P表示人均旅游消费支出；P_e表示非基本旅游收入。

2.旅游外汇总收入

旅游外汇总收入，是指一定时期内旅游目的地国家或地区向外国游客提供旅游产品、购买物品和其他劳务所取得的外国货币收入的总额，也是外国旅游者入境后的全部消费支出总额，该指标一般用美元表示。其公式为：

$$R_f = N \times E \times T$$

式中：R_f表示旅游外汇总收入；N表示接待外国旅游者的天数；E表示国际旅游者人均天消费支出；T表示国际旅游者平均逗留时间。

（二）旅游收入平均指标

1.人均旅游收入和人均旅游（外汇）收入

人均旅游收入是指旅游目的地国家或地区平均每接待单位游客人次所获得的货币收入。它也是旅游者在旅游目的地国家（地区）旅游活动过程中的平均花费，人均旅游收入指标是某一时期旅游总收入与同期接待的旅游总人次之比。

$$R_u = \frac{R_T}{N}$$

式中：R_u表示人均旅游收入；R_T为旅游总收入；N为旅游总人次。

当我们把游客的身份锁定为海外游客时，该指标则演变为人均旅游（外汇）收入指标，该指标表明平均每个海外游客在旅游目的地国家（地区）境内的人均外币支出额。一般以美元为计量单位。

2.人均天旅游收入和人均天旅游（外汇）收入

人均天旅游收入是指旅游目的地国家（地区）平均每天从每个游客那里所获得的货币收入。它是某时期人均旅游收入与该段时期人均停留天数之比。

$$R_d = \frac{R_T}{N \times D_a} \text{或} R_d = \frac{R_u}{D_a}$$

式中：R_d表示单位时间人均旅游收入；D_a表示一定时间旅游者在旅游目的地国家（地区）平均停留天数；R_T、R_u、N的含义同前文所述。

同样，当我们把游客的身份锁定为海外游客时，该指标演变为人均天旅游（外汇）收入指标。人均旅游外汇收入指标数值的高低与入境旅游者的构成、支付能力、在境内停留时间以及旅游目的地国家或地区的旅游接待能力有密切的关系。

3.旅游换汇率、旅游收汇率和旅游创汇率

旅游换汇率是指旅游目的地国家或地区向国际旅游市场提供单位旅游产品所能够换取的外汇数量及其比例。其计算公式为：

$$H_r = \frac{R_f}{R_s} \times 100\%$$

式中：H_r表示旅游换汇率，R_s表示单位旅游产品本币价格；R_f表示单位旅游产品外汇收入。

通常，旅游换汇率与某国或某地区的汇率相一致，不同时期的外汇汇率不同，旅游换汇率也不同。在国际经济交往中，旅游外汇收入属于非贸易外汇，换汇成本低于贸易外汇，即以一定数量货币表示的出售给国际旅游者的旅游产品，要比同量货币表示的出口一般商品能换取到较多的外汇收入。旅游换汇率指标反映了旅游外汇收入对一个国家或地区国际收支平衡作用的大小，越来越引起各个国家或地区，特别是发展中国家的高度重视。

旅游收汇率是指一定时期内旅游外汇纯收入与旅游外汇总收入的比率，用公式表示为：

$$R_E = \frac{R_T - E}{R_T}$$

式中：R_E表示旅游收汇率；R_T表示旅游外汇总收入；E表示旅游目的地国家（地区）旅游外汇支出总额。

需要说明的是，发展国际旅游业可以赚取大量的外汇，但也需要支出一定数量的外汇，这些外汇支出项目主要包括：进口必要的设备和原材料、旅游宣传和促销的费用、外方管理人员的工资、偿还外汇借贷款的本息等。外汇支出过大，即表现为外汇漏损。

一般而言，旅游收汇率的高低同一个国家或地区社会经济发展水平密切相关，它在一定意义上反映了一个国家或地区旅游业发展过程中的自立程度。

旅游创汇率是指旅游目的地国家或地区在一定时期内经营国际旅游业务所取得的非基本旅游收入与基本旅游收入的比率，用公式表示为：

$$C = \frac{R_o}{R_a}$$

式中：C为旅游创汇率；R_o为非基本旅游外汇收入；R_a为基本旅游外汇收入。

国际旅游者来到旅游目的地国家或地区购买基本旅游产品，同时引起对非基本旅游产品的购买，使旅游目的地国家或地区增加了外汇的收入。旅游创汇率与非基本旅游收入成正比，与基本旅游收入成反比。非基本旅游收入越多，旅游创汇率就越高。这一指标数值的高低，既反映了旅游目的地国家或地区产业结构、经济体系的完善程度，也反映了该国家或地区旅游业的发达程度和创汇的能力与潜力。因此，要不断扩大旅游者对非基本旅游商品的消费支出，就要不断挖掘潜力，发挥本国或本地区的旅游资源特色优势，推出各种有特色的旅游产品和服务，吸引旅游者，扩大旅游者的消费，才能不断提高非基本旅游收入在旅游收入中的比重，进而提高旅游创汇率。

四、影响旅游收入的因素

旅游业是一个关联性、依赖性均较强的行业，由于受各种社会经济现象和经济关系等因素不同程度的影响，使得某一旅游目的地国家或地区在一定时期内的旅游收入和旅游外汇收入都会出现不同程度的高低变化。可以说，旅游收入是多种影响因素的函数。具体来讲，影响旅游收入的因素主要有：

（一）旅游者人数

旅游目的地国家或地区接待旅游者人数的多少，是影响旅游目的地国家或地区旅游收入高低的基本因素。在正常情况下，旅游收入与接待的旅游者人数成正比例关系变化。虽然旅游者的个人消费水平会根据其收入水平和支付能力的不同而产生较大差异，但随着接待旅游者人数增加，旅游收入也随之增加，反之亦然。

（二）旅游者支付能力与平均消费水平

在旅游接待人数既定的条件下，旅游者的支付能力和人均消费水平是旅游目的地国家或地区旅游收入增减的决定因素。游客的平均消费水平和支付能力与旅游目的地国家或地区的旅游收入成正比例关系变化。游客的支付能力强、平均消费水平高，则旅游目的地国家或地区的旅游收入就必然增加；游客的支付能力、平均消费水平低，则旅游目的地国家或地区的旅游收入就必然减少。游客的支付能力和平均消费水平的高低与游客的年龄、社会阶层、家庭状况、职业、个人可自由支配收入和消费偏好等因素也有密切关系。

（三）旅游者停留时间

在接待旅游者人数、旅游者消费水平既定的情况下，旅游者在旅游目的地的停留时间长短对旅游收入也有着直接的影响。通常旅游者停留时间与旅游收入之间存在正相关关系，即旅游者在旅游目的地停留时间越长，其旅游花费支出就越多，旅游目的地的旅游收入就会越多；反之，旅游者在旅游目的地停留时间越短，其旅游花费支出就越少，旅游目的地的旅游收入就越少。在正常情况下，旅游者停留时间的长短与旅游者的闲暇时间、旅游者支付能力、旅游产品的吸引力及旅游目的地对旅游活动的组织安排等有着密切的联系。

（四）旅游产品质量和旅游资源的吸引力

旅游产品的质量、旅游资源的吸引力和开发程度都是吸引旅游者的重要因素。旅游目的地国家或地区旅游资源的丰富程度、开发程度、旅游产品的特色，是吸引游客的重要方面。而旅游产品的质量和品位高低，又是吸引游客进行购买的重要原因。因此，要充分利用旅游目的地国家或地区的旅游资源及其吸引物，不断对旅游产品进行深层次的开发，调整产品结构，提高产品质量，从而提高游客的消费支出，增加旅游收入。

（五）旅游目的地的旅游价格

旅游价格是影响旅游收入最直接的因素，旅游价格和旅游收入之间存在密切的依存关系。根据旅游需求定律，在其他条件不变的情况下，随着旅游产品价格的上涨或下跌，旅游需求量会出现相应的减少或增加。为了测量旅游需求量随着旅游产品价格变化而相应变化的程度，需要正确计算旅游需求价格弹性系数，并根据旅游产品的需求价格弹性大小，正确计算旅游收入。

（六）外汇汇率变化

外汇汇率是各个国家不同种类货币之间的相互比价。外汇汇率对旅游目的地国家或地区的旅游收入的变化产生一定的影响。如果旅游目的地国家相对旅游客源国的货币贬值，即汇率降低，在旅游目的地国家旅游价格未提高的条件下，会刺激该旅游客源国的旅游需求，导致旅游目的地国家或地区的入境旅游人数增加，从而使旅游外汇收入增加；反之，该国旅游外汇总收入降低。由此可见，由于汇率的变化，同量的旅游外汇收入在不同时期会因旅游目的地国家的汇率变化而出现差异，有时差异会比较大。因此，在衡量旅游目的地国家或地区的旅游收入时，应注意分析因汇率变动而形成的差异，这样才能使旅游目的地国家或地区在不同时期内所获得的旅游收入更具真实性和可比性。

（七）旅游统计因素

旅游收入有些直接来自旅游业，也有些间接来自其他行业，受诸多因素的影响，旅游统计部门所统计出来的旅游收入并不能真实地反映旅游目的地国家或地区所取得的旅游收入。其主要表现在：一是旅游部门之间、旅游部门与非旅游部门之间对旅游收入常常会出现遗漏或重复统计的现象；二是旅游者在旅游活动中所支出的一些费用，如小费就无法统计到旅游目的地国家或地区的旅游收入中，致使该旅游目的地国家或地区的旅游收入统计出现遗漏；三是在探亲旅游过程中，某些旅游者以馈赠礼品、土特产品等方式来换取亲朋好友所提供的免费食宿，这种交换方式所产生的旅游收入也是无法进行统计的；四是由于“地下旅游经济活动”的存在，即旅游者与旅游从业人员以私下交易方式，将购买旅游服务和产品的费用直接交给餐厅服务员、导游员、出租汽车司机等，致使旅游收入和政府税收减少等，也增加了旅游统计中的漏统现象。

课堂互动8-1

旅游统计数据既是行业多年关注的热点问题，也是指引旅游业高质量发展的关键问题和难点问题。《“十四五”旅游业发展规划》对旅游统计工作提出什么要求？

课堂互动 8-1

答案提示

五、提高旅游收入的途径

旅游收入是旅游目的地国家或地区在一定时期内旅游经营成果的体现，旅游收入的增长和提高对旅游目的国家或地区，以及旅游企业来说是至关重要的。为此，应通过以下途径来提高旅游收入。

第一，利用各种条件机会，开展各类促销活动，宣传旅游目的地国家或地区的旅游形象，争取增加旅游目的地国家或地区的旅游接待者人次。

第二，研究开发各类旅游资源和高质量、高品位的旅游系列产品，使资源优势转化为经济优势，以优质的旅游产品去赢得旅游者的喜爱，增加旅游产品的价值含量，提高接待旅游者数量。

第三，改变那些气氛呆板、内容单一、千篇一律、无独特性的旅游活动，用丰富的旅游活动的内容、精彩的节目、精心的旅游线路来留下旅游者，延长旅游者在旅游目的地的停留时间，增加旅游者的消费支出。

第四，研究旅游者的消费行为，充分利用各种经济手段，如价格、汇率等因素来满足旅游者的消费需求，提高旅游目的地国家或地区的旅游收入。

第五，旅游收入是旅游经济活动的重要内容，旅游统计工作必须准确反映旅游经济活动的数量变化。因此，要针对旅游统计工作中许多不规范因素影响的情况，对旅游收入的统计工作进行研究，寻找最佳的统计方法和途径，提高旅游统计的准确性、科学性，深化旅游统计应用和大数据决策支撑。

任务二　旅游收入的分配

任务导入

2021年国内旅游总人次、旅游总收入及旅游业未来发展趋势分析

受新型冠状病毒肺炎疫情影响，2020年国内旅游总人次为28.79亿人次，比上年同期减少30.22亿人次，同比下降52.1%；2021年国内旅游总人次为32.46亿人次，比上年同期增加3.67亿人次，同比增长12.8%，恢复到2019年的54.0%。其中，城镇居民出游23.42亿人次，较上年增加2.77亿人次，同比增长13.4%，占旅游总人次的72.15%；农村居民出游9.04亿人次，较上年增加0.9亿人次，同比增长11.1%，占旅游总人次的27.85%。

2020年，国内旅游收入为2.23万亿元，比上年同期减少3.5万亿元，同比下降61.1%；2021年，国内旅游收入为（旅游总消费）为2.92万亿元，比上年同期增加0.69万亿元，同比增长31.0%，恢复到2019年的51.0%。其中，城镇居民旅游消费2.36万亿元，较上年增加0.56万亿元，同比增长31.6%，占旅游总收入的80.82%；农村居民旅游消费0.55万亿元，较上年增加0.12万亿元，同比增长28.4%，占旅游总收入的18.84%。

2020年，国内人均每次出游花费774.14元，比上年同期下降18.8%；2021年，国内人均每次旅游消费899.28元，比上年同期增加125.14元，同比增长16.2%。其中，城镇居民人均每次旅游消费1009.57元，较上年增加139.32元，同比增长16.0%；农村居民人均每次旅游消费613.56元，较上年增加83.09元，同比增长15.7%。

资料来源　佚名. 2021年国内旅游总人次、旅游总收入及旅游业未来发展趋势分析［EB/OL］.［2022-02-19］. https：//www.sohu.com/a/523593981_120950203.

思考：

（1）根据以上资料谈谈旅游收入对旅游消费的影响。

（2）在疫情状态下，如何通过收入再分配支持旅游企业的发展？

旅游收入分配是指按照旅游产品生产要素通过货币形式在各个经济行为主体之间进行的分配。旅游收入作为国民收入的一部分，其分配形式也和国民收入的分配形式一致，通常是经过初次分配和再分配两个过程来实现的。

一、旅游收入的初次分配

旅游收入的初次分配是在直接经营旅游业务的旅游部门和企业内部进行的，这些部门和企业主要包括旅游景点、饭店、交通企业、娱乐场所、商店等，但是旅游收入的初次分配并不是将所有的营业收入投入分配，而应从中首先扣除在生产经营中消耗的生产资料的价值部分，如固定资产的折旧和原材料的消耗等，余下的则一部分作为税收上缴国家，另一部分留在企业，作为企业的留存收益用于扩大再生产和集体福利的需要。

（一）旅游收入的初次分配流向

参与初次分配的是旅游营业收入中扣除了上述物化劳动消耗价值补偿之后的剩余部分，即旅游净收入（如图8-1所示）。旅游净收入经过初次分配后，分解为职工工资、政府税收和企业留利三大部分。

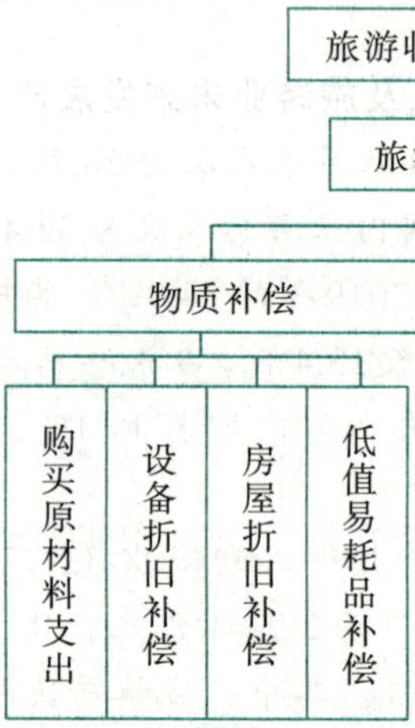

图8-1　旅游收入的初次分配流向

1.职工工资

职工工资是指旅游部门和企业根据合理的分配原则，向旅游从业人员支付的工资，作为他们提供劳务的报酬，满足他们自己和家庭生活的需要。

2.政府税收

旅游部门和企业按照国家税收政策的规定向政府纳税，成为国家税收的一部分，由国家统筹安排和使用。

3.企业留利

旅游部门和企业的自留利润被称为企业净利润，留归企业自行安排分配和使用。在我国旅游部门和企业中，企业净利润又可分为企业公积金和公益金两部分，分别用于企业的自身发展和职工的福利支出等。

（二）包价旅游收入的初次分配流向

包价旅游收入的初次分配是在各旅游部门和企业中进行的，由于旅行社在旅游业中的特殊职能和地位，使它在旅游收入的初次分配中起着特殊的作用。旅行社作为旅游业的“枢纽”部门，要根据市场的需求，首先向住宿、餐饮、交通、游览、娱乐等部门和企业预订单项旅游产品，经过加工、组合，形成不同的综合性旅游产品（即包价旅游），出售给游客，由此获得包价旅游收入（如图8-2所示）。这种包价旅游收入首先表现为组团旅行社的营业总收入，在扣除了旅行社的经营费用和应得利润后，旅行社根据其他各旅游企业提供产品和服务的数量和质量，按照预定的收费标准，以及所签订的经济合同中列定的支付时间、支付方式和其他有关规定，分配给这些旅游部门和企业应得的旅游收入。这些部门和企业获得营业收入后，再在企业、员工、国家之间进行旅游收入的初次分配。

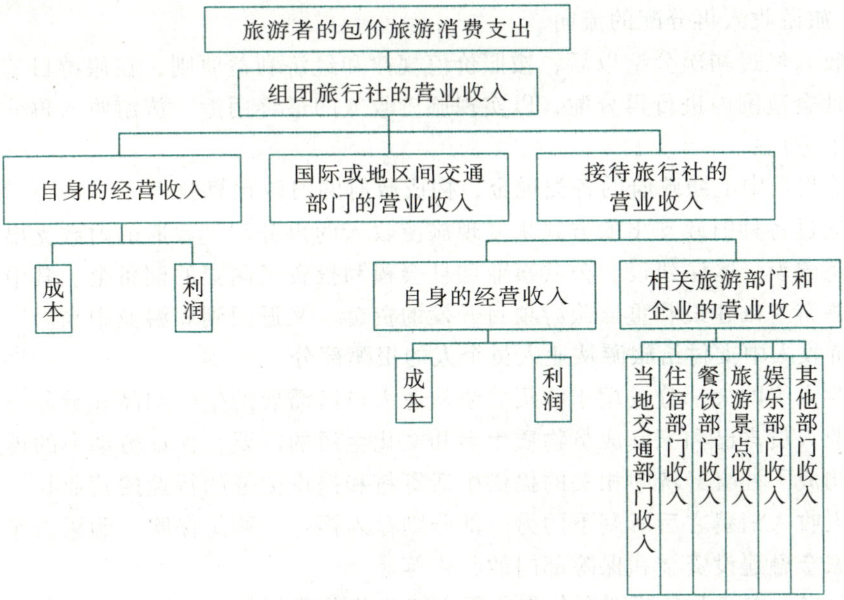

图8-2　包价旅游收入的初次分配流向

由于包价旅游收入是旅游收入的重要组成部分，以及旅行社在旅游收入分配中所起的先导作用，旅游目的地国家或地区旅游总收入的大部分是通过旅行社的经营所获得的，又通过旅行社分配出去的。因此，旅行社的经营活动是旅游营业收入的来源，也决定了旅游营业收入的分配，从而具有双重职能。旅游营业总收入的多少，以及旅游部门和企业营业收入的多少，在某种程度上取决于旅行社经营活动的强弱程度。因此，提高旅行社经营管理水平和市场竞争能力，对增加旅游营业收入十分重要。

综上所述，旅游业有其特殊的初次分配方式，即首先是通过旅行社进行的旅游业内部各部门和企业的旅游收入的分配，然后各部门和企业再就自身的收入在本部门或企业内部进行分配。

二、旅游收入的再分配

对旅游收入进行初次分配后还要进行再分配，这一过程是在旅游业的外部——全社会经济系统中进行的。

（一）旅游收入再分配的主要原因

旅游收入进行再分配的主要原因在于：一是为了使旅游业能不断扩大再生产，满足其自我发展和自我完善所必需的物质条件的需要，使消耗掉的原材料和物质设备等能得到补偿；二是满足旅游业从业人员的物质文化生活需求，以恢复和增强其体力和智力，继续为旅游者提供优质服务；同时，劳动者的家庭需要也能够得到满足，使劳动力不断地再生产；三是国家把集中的资金作为财政预算用于发展国民经济和社会事业，建立国家社会各项储备基金和社会保证基金，支持国防建设等，同时支付国家机关、文教卫生等事业单位的经费和工作人员工资，推动社会经济的繁荣和发展。

（二）旅游收入再分配的流向

旅游收入经过初次分配以后，按照价值规律和经济利益原则，在旅游目的地国家或地区的全社会范围内进行再分配，以实现旅游收入的最终用途。旅游收入再分配的流向主要有以下方面：

1.旅游收入中上缴政府的各类税金，构成政府的财政预算收入

政府通过各种财政支出的方式来实现旅游收入的再分配，政府的财政支出主要用于国家的经济建设、国防建设、公共事业和社会福利投资及国家的储备金。其中一部分可能会作为旅游基础建设和重点旅游项目开发的资金，又返回到旅游业中来。

2.旅游收入中支付给旅游从业人员个人的报酬部分

旅游收入中的大部分被用于购买旅游从业人员所需要的生活用品和劳务产品，以满足旅游从业人员自己和家庭成员物质生活和文化生活的需要，保证劳动力的再生产。这部分支出构成了社会经济中相关的提供生活资料和提供劳务的行业的营业收入。旅游从业人员个人收入消费之后所剩下的另一部分则存入银行、购买保险、购买国库券等，又形成了国家金融建设资金和保险部门的收入等。

3.旅游收入中企业自留利润分为公积金和公益金两部分

公积金主要用于旅游部门和企业扩大再生产的追加投资、购买新的设备和设施、新产品的研制、技术更新改造、开辟新的市场，以及弥补企业亏损等方面。公益金主要用于旅游部门和企业职工与集体的福利，作为职工住房、医疗、教育、文体等活动的投资。公积金和公益金的支出构成了直接或间接地为旅游部门、企业提供产品与服务的相关部门的营业收入。

4.旅游收入中还有一部分流向其他部门

例如，支付贷款利息而构成金融部门的投入，支付保险金而构成保险部门的收入，支付房租或购买住宅而形成房地产部门的收入，租赁设施设备而形成租赁单位的收入等。

从图8-3中可以看出，旅游收入的再分配是旅游经济活动的重要一环。旅游经济活动与其他经济活动一样，同样是一个不断重复和扩大的运动过程。在这个过程中，旅游产品再生产所消耗掉的劳动力与物质资料在价值上要不断得到补偿，在实物上要不断得到替换，即一方面表现为旅游产品再生产的不间断进行，另一方面又表现为旅游收入的不断再分配。通过旅游收入的再分配，把旅游业收入的大部分集中在国家手中，有计划地投放在国家重点项目和亟待开发的地区，加速这些地区社会经济和旅游事业的发展，以保证与其他经济、社会部门的协调。

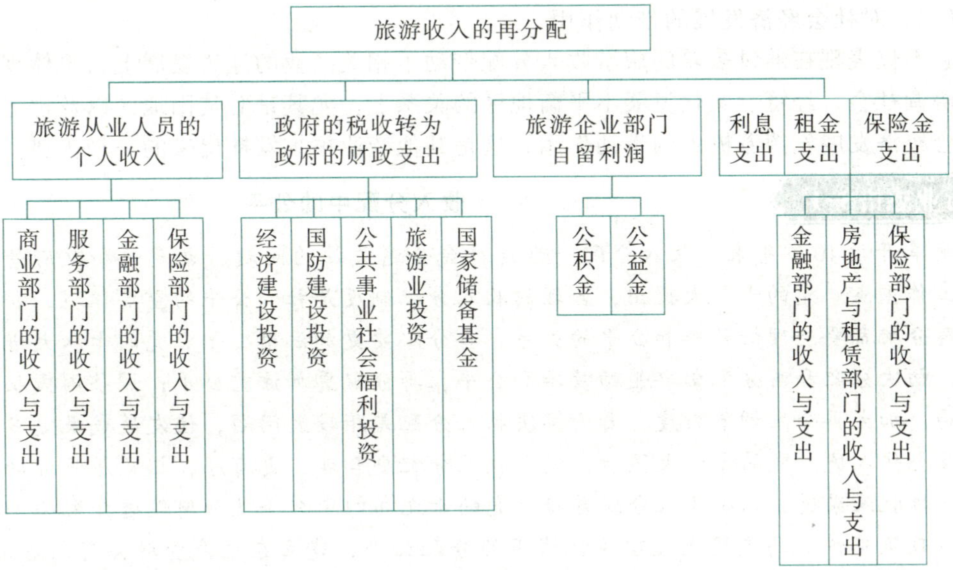

图 8-3　旅游收入的再分配

旅游收入经过初次分配和再分配的运动过程，实现了最终用途而形成两大部分，一部分形成消费基金，其余大部分形成积累基金。在旅游收入的分配过程中，每个旅游部门和企业都有自身的利益，在旅游收入分配时应给予兼顾。但每个旅游部门和企业自身的利益，同整个国家旅游业的利益和发展又是密不可分的。没有整个国家的利益，没有整个旅游业的利益，就没有旅游部门和企业的利益。所以，旅游收入的分配应把国家利益、旅游业整体利益摆在第一位，将国家利益、旅游部门和企业的利益，以及旅游业职工的个人利益有机结合起来，正确处理好三者之间的关系，正确处理好眼前利益与长远利益的关系，这是旅游收入分配时必须遵循的基本原则。

三、旅游收入分配的重要作用

旅游收入经过初次分配和再分配运动过程而实现了最终用途，不仅满足了各旅游要素投入主体的经济利益诉求，而且对旅游目的地国家或地区的社会经济发展也具有积极的促进作用。旅游收入分配的重要作用主要表现在以下方面：

（一）对旅游业的促进作用

通过旅游收入分配的多次循环形成了积累基金和消费基金，不仅有助于扩大就业、提高劳动者素质、激发劳动者的旅游需求动机，也有助于旅游企业和相关企业扩大再生产能力的提高。因此，旅游收入分配会在生产和消费两个方面带动和促进旅游业的发展。

（二）对产业结构合理化的调整作用

旅游收入经过分配尤其是再分配过程可以影响到旅游投资结构和投资方向，而投资结构的改变又会进一步引起产业结构的变化。同时，旅游需求结构的变化，也会通过市场的作用机制引导投资方向发生变化，进而对产业结构合理化发挥调节作用。

（三）对社会经济发展的带动作用

它不仅表现在通过多轮的旅游收入分配带动了相关产业的连锁发展上，更体现在它能够协调社会、经济、文化发展不平衡地区的关系上，尤其是对贫困地区以及边远地区的社会经济发展发挥着极大的带动作用，这是其他产业很难发挥出来的一种优势。

行业感悟 8-1　**收入分配中的公平**

改革开放40多年来，收入分配一直是社会普遍关注的问题，也是党和政府着力解决的工作重点。党的十七大提出，合理的收入分配制度是社会公平的重要体现；初次分配和再分配都要处理好效率和公平的关系，再分配要更加注重公平。党的十八大进一步指出，初次分配和再分配都要兼顾效率和公平，再分配更加注重公平；调整国民收入分配格局，加大再分配调节力度，着力解决收入分配差距较大问题，使发展成果更多更公平惠及全体人民。党的十九大强调，促进收入分配更合理、更有序，拓宽居民劳动收入和财产性收入渠道，缩小收入分配差距。党的十九届四中全会就如何促进分配公平提出了具体政策建议。马克思主义理论视域下的分配公平，建立在生产资料公有制基础上，包括分配制度公平、分配原则公平、分配方式公平、分配过程公平等多重含义。中国特色社会主义的分配公平，是科学社会主义理论与中国特色社会主义实践的内在要求，是走向共同富裕、保证发展成果由人民共享、最终实现人的自由全面发展的必由之路。中国特色社会主义经济制度体系，既有分配公平的宏观顶层设计，又有微观层面的具体落实，同时辅之以相应的救济手段和纠偏机制，从根本上保障了分配公平的全方位、多层次和深覆盖。

因此，公平正义是中国特色社会主义的内在要求，促进公平正义、增进人民福祉是社会改革和发展的落脚点。“十三五”规划提出了创新、协调、绿色、开放、共享的发展理念，其中共享主要解决的就是公平正义的问题。实现社会公平正义最根本的还是要靠经济社会的发展。正如习近平强调的，我们要在不断发展的基础上尽量把促进社会公平正义的事情做好，既尽力而为、又量力而行，努力使全体人民在“学有所教、劳有所得、病有所医、老有所养、住有所居”上持续取得新进展。不断将蛋糕做大，让全体人民公平地享受社会主义建设的成就，实现一定发展水平上的公平正义。

资料来源　郜丽华．中国特色社会主义的分配公平［N］．光明日报，2020-08-28（10）．

任务三　旅游收入的乘数效应

任务导入

“一业兴、百业旺”乘数效应持续释放

近年来，旅游业发展紧扣国家大政方针，主动融入国家战略，深度对接国家各项重点工作，积极发挥综合带动性强的优势，持续释放“一业兴、百业旺”的乘数效应，充分彰显在国民经济中的独特作用。

1.促进产业融合

“旅游业+农业”形成的休闲农业和乡村旅游，让乡村成为重要旅游目的地，帮老乡就业创收；“旅游业+林业”形成的森林旅游，让环保理念深入人心；“旅游业+工业”形成的工业旅游，让工业遗址有了新活力……旅游与农业、林业、工业、康养、教育等多产业融合发展，带动了关联产业的发展，也为旅游业自身发展提供了新内容，从而实现了“1+1>2”的效果。近年来，文化和旅游部致力促进旅游高质量发展，为全面建成小康社会添动能。构建以A级景区、旅游度假区、乡村旅游、红色旅游等为主要载体的旅游产品供给体系，培育体育旅游、工业旅游、研学旅游、沉浸式体验等新业态，产业发展基础更加坚实、群众旅游选项更加多元。

2.促进产业链延伸

旅游业促进产业链延伸，对上下游产业的带动作用体现在很多领域。比如，山地旅游对户外装备制造业的带动，体育旅游对体育培训业态的带动等。随着冬奥会氛围日益浓厚，各地冰雪旅游迎来发展热潮，不仅带动了当地休闲旅游、运动体验等业态发展，也带动装备制造、教育培训等相关业态的发展。借力冬奥会氛围，结合“三亿人上冰雪”的目标，北京冰雪旅游配套设施不断提质升级。据不完全统计，北京已有滑雪场馆20个、室内滑冰场32个、气膜冰场12个，为北京冬季体育旅游发展提供了优质的场地。大众在进行冬季运动时，还可欣赏古都雪景，参加冬日温泉、冰灯节游园等休闲活动。冬季文化和旅游体验越来越丰富，相关产业链不断延伸。

3.带动区域转型

阿尔山的转型之路是旅游业带动区域转型发展的典型代表。正值秋季，地处内蒙古大兴安岭林区腹地的阿尔山草木繁盛，迎来一年中的旅游旺季。20世纪50年代至90年代，阿尔山一直是我国重要的木材供应地。随着“天保工程”的实施，阿尔山全面禁伐，发展旅游成了该地推动经济转型的重要抓手。如今，人们一提到阿尔山，第一印象早已不是林业，而是春天漫山的杜鹃花、夏天清澈的天池、秋天金色的林海、冬天温暖的泉水……产业转型的同时，人也在转变。阿尔山市白狼镇林俗村流行这样几句话——放下锯子当导游，放下斧头搞养殖；四方宾客看不够，致富路上不用愁。这成为当地老百姓通过旅游脱贫致富的真实写照。

资料来源　王洋．“一业兴、百业旺”乘数效应持续释放［N］．中国旅游报，2021-09-28（4）．

思考：

（1）乘数效应是如何发挥作用的？

（2）旅游业的乘数效应给我们带来哪些启示？

旅游业是一个关联度高、带动性强的综合性服务行业，是国民经济的重要组成部分，对地区经济发展具有巨大的促进作用。从经济学的角度来看，旅游业是提供最终产品的产业，旅游业的发展需要其他相关部门和行业的支撑和推动，旅游需求的增加必然会刺激旅游供给的增加，从而刺激国民经济其他部门的发展，其产生的经济效益要远远地高于旅游本身带来的收入。了解旅游乘数效应的相关内容，有助于深入理解旅游对经济发展的促进作用，并为制定宏观政策提供依据。

一、旅游乘数的定义

（一）乘数

乘数又可解释为倍数，在现代经济学中用于分析经济活动中某一变量的增减所引起的经济总量变化的连锁反应程度。在经济运行过程中，常会出现这样的现象，一种经济量的变化，可以导致其他经济量相应的变化。这种变化连续发生并发展。在宏观经济研究中，这一现象被称为“乘数效应”。凯恩斯认为，投资的增加对国民收入的影响有乘数作用，即增加投资所导致的国民收入的增加是投资增加的若干倍数。若用ΔY表示国民收入的增加，K表示乘数，ΔI表示投资的增加，则：

$$\Delta Y=K\times\Delta I$$

国民收入的增加之所以是投资增加的倍数，是因为各个经济部门在经济活动中是互相关联的。某一经济部门的一笔投资不仅会增加本部门的收入，而且会在国民经济的其他部门中引起连锁反应，从而增加其他部门的收入，最终使国民收入总量成倍地增加。由此可见，某一行业的发展必然会促进一系列同该行业相关的间接部门的生产，从而带动整个国民经济的协调发展。

现假定新增加投资ΔI为100美元，它用于购买投资品便成了投资品生产者（雇主和工人）增加的收入。如果投资品生产者只消费其新增收入的80%，于是向他们出售商品的人们便得到了80美元的收入；如果这些人又消费其收入的80%，即64美元，这又成为向他们出售商品的人们增加的收入……如此继续下去，收入也随之增加。收入增加的总和为无穷等比数列，即：

$$\Delta Y=\Delta I(1+C+C^2+C^3+\cdots)=\Delta I\times\frac{1}{1-C}$$

式中：C为增加的收入中用于消费的比例$\frac{\Delta C}{\Delta Y}$，称为边际消费倾向；$\frac{1}{1-C}$为乘数，若用K表示，即$\Delta Y=K\times\Delta I$。

上例中，边际消费倾向C为0.8，乘数K=5。因此，投资增加100美元，可使国民收入增加500美元（即100美元的5倍）；如果C为0.5，则K=2，即投资增加100美元，可使国民收入增加200美元（即100美元的2倍）；如果C为0，即人们将增加的收入全部用于储蓄，则K=1，即国民收入增加为投资增加的1倍，也为100美元；如果C为1，即人们把增加的收入全部用于消费，则$K=\infty$，即国民收入增加的倍数为无穷大。可见，乘数的大小是由边际消费倾向决定的，二者是正比例关系。从另一个角度来看，影响乘数大小的因素是新增收入中用于储蓄的比例，即边际储蓄倾向$\frac{\Delta S}{\Delta Y}$，用S表示，则$K=\frac{1}{S}$，即乘数大小与边际储蓄倾向成反比。

根据凯恩斯的乘数原理，乘数的计算公式为：

$$K=\frac{1}{1-C}$$

$$K=\frac{1}{S+M}$$

式中：C为边际消费倾向，S为边际储蓄倾向；M为边际进口倾向。

从公式中可以看出，乘数与边际消费倾向成正比，与边际储蓄倾向和边际进口倾向成反比。例如，当一笔资金流入某地的经济系统中，会带动该地经济加速运转，产生连锁反应，增加该地的社会经济效益；如果将这笔资金储蓄起来或者购买进口物资，使该资金流出本地区的经济系统，就会对该地区社会经济发展带来负作用，本地区的乘数效应就会降低。

（二）旅游乘数

旅游业具有“兴一业而旺百业”的综合性、关联性特征，旅游乘数效应一直以来都是旅游经济学研究的重点。

马西森（Mathieson）和沃尔（Wall）1982年首次提出旅游乘数的概念：“旅游乘数是这样一个数值，最初旅游消费和它相乘后能在一定时期内产生总收入效应。”这一概述被学术界称为旅游乘数效应的概念雏形。英国萨瑞大学的阿切尔（Archer）认为：“旅游乘数是指旅游花费在经济系统中导致的直接、间接和诱导性变化与最初的直接变化本身的比率。”我国学者李天元认为，旅游乘数效应是用以测定单位旅游消费对旅游接待地区各种经济现象的影响程度的系数。

旅游业是“无烟工业”，但它必须靠“有烟工业”——物质生产部门的支持，才能得以生存和发展。旅游者乘坐的交通工具，要依靠飞机和机车制造业，而这些制造业又要依赖黑色金属和有色金属如钢铁、铝、铜等工业的发展；旅游者的住宿要依靠建筑业来建造饭店；旅游者的膳食要靠农业部门提供丰富多样的农副产品；旅游者的购物也需要轻工业和手工业提供各种旅游商品。由此可见，旅游业的发展必然会促进一系列同旅游相关的间接部门的生产，从而带动整个国民经济的发展。正是由于旅游业的发展，对旅游业间相关部门产生了影响，增加了有关部门的收入，因此可在经济整体上用旅游收入乘数来衡量旅游业的地位和作用。

二、旅游收入乘数的效应

通常，旅游者的一笔消费支出进入旅游经济运行系统后，经过多个环节，使原来的货币基数发挥若干倍的作用，在国民经济各部门中引起连锁反应，从而增加其他部门的收入，最终使国民总收入成倍增加。例如，旅游者在饭店里食宿，饭店职工从旅游者花费中获得工资，工资的一部分用于饭店职工的生活支出，其生活支出又注入本地经济；而餐厅对食品饮料的进货，又会使农民的收入增加，农民收入的增加，又会促进社会消费品销售量的增加。这种通过旅游者的花费对某一地区的旅游业的货币注入而反映出来的国民收入的变化和经济影响，就是旅游收入乘数效应。

因此，旅游收入乘数效应可用来衡量旅游收入在国民经济领域中，通过初次分配和再分配的循环周转，给旅游目的地国家或地区的社会经济发展带来的增值效益和连带促进作用的程度。

旅游乘数效应可分为三种：

（1）直接效应，即直接为旅游者服务的部门或企业（如饭店、旅行社、交通部门、饮食部门、景点等）所产生的增量收入或产出的效果。

（2）间接效应，即直接受益的各旅游部门和企业在再生产过程中要向有关部门和企业购进原材料、物料、设备，各级政府把旅游中缴纳的税金投资于其他企事业、福利事业等，使这些部门在不断的经济运行中获得了效益，间接地从旅游收入中获利。

（3）诱导效应，即为旅游相关部门服务的更广泛的层次带来的收入增加或产出增加。无论是直接还是间接地为旅游提供产品与服务的旅游部门或企业的职工，将从旅游收入中分配到工资、奖金用于购买个人或家庭生活消费品和劳务，从而刺激了相关部门和企业的发展，以及那些在旅游收入分配与再分配中受到间接影响的部门和企业为扩大再生产将其收入的一部分进行再投资，从而又推动了其他相关部门的发展。

旅游消费在经济系统中流转会引起直接性、间接性和诱导性的变化，产生直接效应、间接效应和诱导效应，这三类效应即旅游乘数效应（如图8-4所示）。

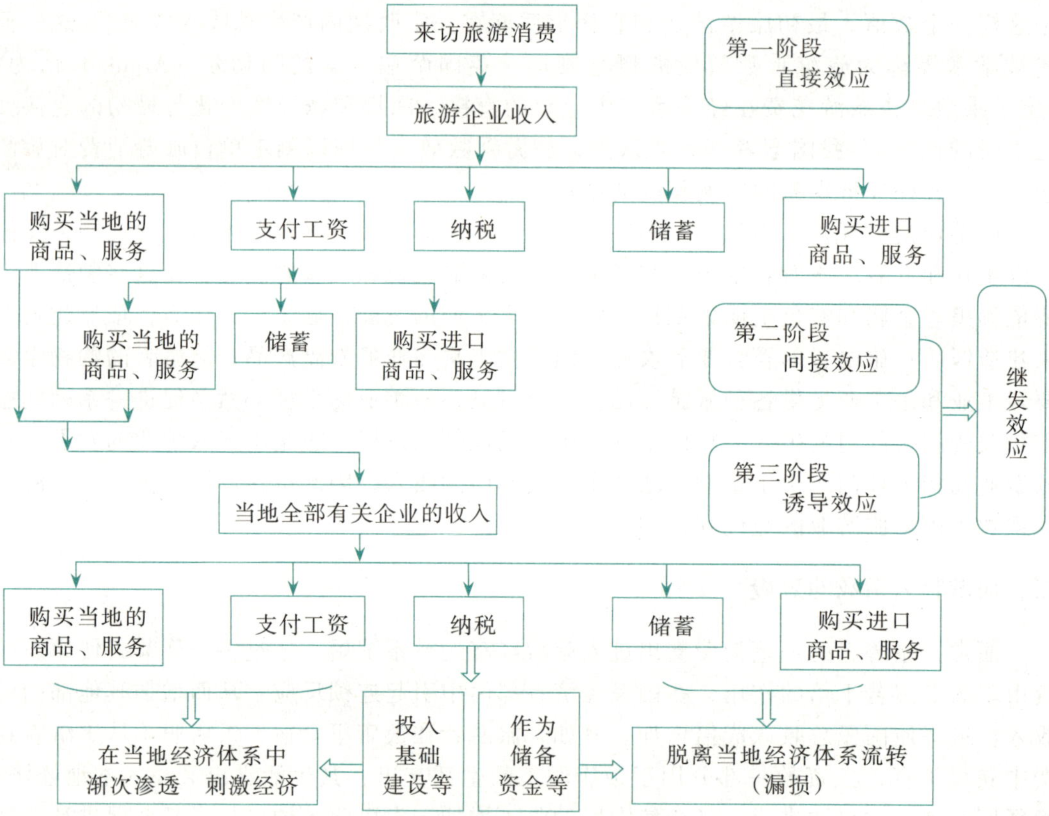

图8-4　旅游收入在旅游目的地经济中的流转及对地方经济的影响

三、旅游收入乘数的计算

旅游收入乘数效应，可通过计算旅游收入乘数来判定，通常用K表示旅游收入乘数，根据一定的投入增量和收入增量，便可计算旅游收入乘数。其计算公式为：

$$K=\frac{\Delta Y}{\Delta I}$$

式中：K表示旅游收入乘数；ΔY为收入增量；ΔI为投入增量。

旅游收入乘数表明了旅游目的地对旅游行业的投入所导致的本地区综合经济效益最终量的增加。但应该指出，乘数效应的形成必须以一定的边际消费倾向为前提。因为无论是海外游客还是国内游客在某旅游目的地的消费都是对旅游行业的投入，当这笔资金流入旅游目的地国家或地区的经济运行中，就会对生产资料和生活资料生产部门以及其他服务性企事业单位产生直接或间接影响，进而通过社会经济活动的连锁反应，导致社会经济效益的增加。如果把这笔资金的一部分储蓄起来或用于购买进口物资，使资金离开经济运行过程或流失到国外，就会减少对本地区经济发展的注入和作用。也就是说，边际储蓄倾向和边际进口物资倾向越大，对本地区的经济发展的乘数效应就越小。根据以上乘数原理，计算乘数的公式可进一步表述为：

$$K=\frac{1}{1-MPC}$$
$$=\frac{1}{MPS}$$
$$=\frac{1}{MPS+MPM}$$

式中：MPC表示边际消费倾向；MPS表示边际储蓄倾向；MPM表示边际进口倾向。

上述公式表明：乘数与边际消费倾向成正比，与边际储蓄倾向成反比。边际消费倾向越大，乘数效应就越大；边际消费倾向越小，乘数效应就越小。边际储蓄倾向越大，乘数效应就越小；边际储蓄倾向越小，乘数效应就越大。

例如，某旅游目的地旅游边际消费倾向为70%，即表示在这个地区的旅游收入中，70%的资金在本地区的经济运行系统中运转，而余下30%的资金用于储蓄或购买进口物资，或是离开了本地区的经济运行，则：

$$K=\frac{1}{1-MPC}=\frac{1}{1-0.7}=3.3$$
$$K=\frac{1}{MPS}=\frac{1}{0.3}=3.3$$

说明旅游收入经过初次分配和再分配获得了3.3倍于原始收入量的经济效果。

如果把80%的资金投入经济运行中，仅有10%的资金用于储蓄，10%资金用于购买进口物资，则：

$$K=\frac{1}{1-MPC}=\frac{1}{1-0.8}=5$$
$$K=\frac{1}{MPS+MPM}=\frac{1}{0.1+0.1}=5$$

说明旅游收入经过初次分配和再分配获得了5倍于原始收入量的经济效果。

四、旅游收入乘数的类型

旅游收入的乘数效应，是一个国家或地区增加一笔旅游投入相应会引起该地区经济的增长，使国民收入总量增加，并反映出国民收入的变化和经济影响。这种影响作用，主要通过以下几种常用的乘数模式，从不同侧面对国民经济产生相应的经济影响。

（一）营业收入乘数

营业收入乘数，是指增加单位旅游营业收入额与由此导致其他产品营业总收入增加额之间的比例关系，该乘数表明某一地区旅游业的发展对整个地区营业总收入的作用和影响。

（二）就业乘数

就业乘数，是指增加单位旅游收入所创造的直接与间接就业人数之间的比例关系。该乘数表明某一地区通过一定量的旅游收入，对本地区就业产生的连锁反应，并导致对最终就业岗位和就业机会所产生的作用和影响。

（三）居民收入乘数

居民收入乘数，是指增加单位旅游收入额与由此导致的该地区居民总收入增加额之间的比例关系。该乘数表明了某一地区旅游业的发展给整个地区的居民收入增加带来的作用和影响。

（四）政府收入乘数

政府收入乘数，是指增加单位旅游收入对旅游目的地国家或地区政府净收入所带来的影响。该乘数用来测定旅游目的地国家或地区政府通过税金从旅游经济活动中得到的效益，即旅游收入对政府税金增加所产生的作用和影响。

（五）消费乘数

消费乘数，是指每增加单位旅游收入所带来的对生产资料和生活资料消费的影响。该乘数用来测定旅游目的地国家或地区旅游收入增加对社会再生产过程的促进作用，即对社会消费扩大的作用和影响。

（六）进口额乘数

进口额乘数，是指每增加单位旅游收入而最终导致旅游目的地国家总进口额增加的比例关系。该乘数表明旅游目的地国家随着旅游经济活动的发展，旅游部门和企业以及向这些部门、企业提供产品和服务的其他相关单位，向国外进口设施、设备、生活消费品的增加量与旅游收入增量的关系。

行业感悟 8-2　　从旅游乘数效应看旅游业的贡献

中国旅游业经过40多年的发展，已经成为国民经济发展的战略性支柱产业，产业规模日益壮大，对经济和社会的作用越来越显著。从旅游交易额乘数效应来看，旅游业成为我国获得外汇的重要途径，旅游创汇收入的增加，对弥补贸易逆差、平衡国际收支起到了重要作用；从旅游收入乘数效应来看，国内旅游可以回笼货币，加速建设资金的周转；从旅游产出乘数效应来看，旅游业是一个综合性行业，具有较强的关联带动功能；从就业乘数效应来看，旅游业可以吸纳大量的劳动者，为相关产业和社会提供大量的就业机会；从政府收入乘数来看，旅游业具有扶贫功能，许多有旅游资源的贫困地区，通过发展旅游业，并依托旅游市场发展农业旅游、生态旅游等，取得了脱贫致富的效果。因此，旅游业在建设富强、民主、文明、和谐、美丽的社会主义现代化强国方面，与习近平新时代中国特色社会主义思想高度契合。作为未来的旅游从业人员，要热爱自己的职业，通过发展旅游业为建设社会主义强国贡献自己的力量。

资料来源　佚名. 旅游业对中国经济的乘数效应分析［EB/OL］.［2022-08-07］. https://doc.mbalib.com/view/9dc5a61700eec3a17c236671388d8619.html.

任务四　旅游收入漏损及控制

任务导入

中国入境旅游有优势有短板，发展仍需付诸努力

近日，世界旅游联盟对外正式发布《中国入境旅游数据分析报告》（以下简称《报告》）。数据显示，2018年中国入境旅游市场规模总量创下历史新高，入境旅游14 120万人次，比上年同期增长1.2%；2018年国际旅游收入1 271亿美元，其中外国游客消费居多；2018年入境旅游主要客源市场为缅甸、越南、韩国、日本、美国，而英国、新加坡、澳大利亚游客漏损较多。

《报告》建议，一方面，要在巩固主要客源市场的基础上，可有意识加强对漏损市场的宣传推广以提升游客搜索购买的转化率；另一方面，入境游客源市场开发的重点可以向“一带一路”沿线国家集聚，包括金砖国家、上合组织成员方等发展中国家。

《报告》认为，政策助推、国际地位显著提高、逐渐提升的文化自信和文明认同、拥有丰富的旅游资源、安全的旅游环境、可进入性增强是中国入境旅游的优势所在；而签证便利化程度不高、旅游环境和配套服务尚待改善、挤出效应、产品综合竞争力下降、天气环境等五大要素，则是中国旅游的短板。

《报告》认为，在签证便利化方面，我国免签政策与入境旅游发展不匹配；普通护照免签国家数量少，且基本没有涵盖主要客源市场；72小时、144小时过境免签政策与航权、航线匹配度不高，对拉动入境旅游市场作用有限；赴中国签证办理门槛偏高，签证价格高、办理时间长、手续烦琐是影响我国入境旅游的重要因素之一。

此外，国际化程度、公共服务配套及便利化水平仍显不足；旺季时节旅游景点人满为患，入境游客观景用餐体验降低；产品同质化和老化趋势明显、游客参与性不强；缺乏可供游客重复消费的休闲度假产品以及雾霾天气等，是对增加入境游客极其不利的诱因。

《报告》建议，在产品替代方面，应着重加强可参与、可激发游客情绪投入和情感互动类产品的开发力度，并借助高科技手段，以本地文化为魂创新旅游产品，为入境游客沉浸式体验中国文化、中国故事，对文化旅游产业链的延伸及价值挖掘提供新的可能；在营销创新方面，除运用传统媒体、赴客源地开展推介活动外，需加强社交媒体为代表的新媒体覆盖，充分利用在旅行决策中扮演重要角色的搜索引擎、在线视频等线上阵地；在内容设计上，除旅游景点或景观类的宣传之外，还应加强以“食、住、行、游、购、娱”多要素融合的展现及结合亲子、朋友、家庭等场景化生活体验类的宣传；在物料宣传上，以旅游目的地为载体的旅游产品通过前期宣传在形成游客基本认知后，应采用多种方式、多种路径持续增加触达游客的机会，进而在游客与目的地（或产品）充分互动的基础上产生购买行为。

《报告》建议，国内一线城市是境外游客了解中国的首要入口，也是入境游客行程中的主要选择。建议择其一、二着重打造成为“中国入境旅游桥头堡”；在营销机制方

面，各省市企业应在国家为首的整体海外营销基础上进行宣传，探索目的地海外宣传的主体以省间、市间捆绑营销的模式联合推广；重视国家、省、市、区（县）的入境旅游大数据的管理与应用，在充分利用数据指导决策的同时，以针对不同客群做好相应目的地（或产品）的精准营销；充分发挥口岸城市、大型旅游企业的作用，加强与世界主要旅游客源地国家或地区的旅游交流，以点带面促进中国入境旅游的整体发展；增加与客源国当地旅游代理机构合作，并做好一线人员培训，增加目的地（或产品）直接触达游客的机会。

资料来源　伍策，尚槿．中国入境旅游有优势有短板　发展仍需付诸努力［EB/OL］．［2019-09-23］．http：//travel.china.com.cn/txt/2019-09/23/content_75236459.html.

思考：

（1）什么是旅游收入漏损？造成漏损的原因有哪些？

（2）你如何看待《报告》中提出的解决旅游收入漏损的措施？

在旅游目的地国家或地区的旅游外汇收入中，必然要有一部分外汇收入用于购买进口商品、支付国际经济活动中需要支付的费用等，由于这部分外汇收入流失到国外，脱离了旅游目的地国家或地区的经济运行过程，因此，这部分外汇收入也就不能对旅游目的地国家或地区的经济发展产生乘数效应。

一、旅游收入漏损的含义及产生原因

旅游收入漏损是指旅游目的地国家或地区的旅游部门和企业，用于购买进口商品和劳务，在国外进行旅游宣传，支付国外贷款利息等而导致的外汇收入的流失。旅游收入漏损削弱了旅游乘数效应。产生旅游收入漏损的主要原因有：

1.本国经济体系和生产结构不完善

由于本国经济体系和生产结构不完善，对经营国际旅游所需要的物资数量、质量、品种和功能都不能给予保证，必须支付外汇从国外进口某些设施、设备、原料、物料和消费品，才能保证旅游业所需的物资和设备等。

2.用于还本付息、支付投资者红利

旅游目的地国家或地区每年要拿出一部分外汇用于支付国外贷款利息及投资者的红利。

3.支付外方管理费用和外籍管理人员的工资

为提高经营管理水平，许多企业引进技术人才和管理人才，这必将以相当的外汇支付外方管理费用和外籍管理人员的工资、福利，以及在经营国际旅游业务中，支付海外旅游代理商的佣金等。

4.用于支付海外促销的费用

为了开拓国际旅游市场，争取更多的国际游客，需要直接在海外进行旅游宣传促销，这就要用外汇支付海外促销费用。此外，还要用外汇支付海外常住旅游机构的活动费用和人员工资等。

5.本国居民的外汇流出

本国居民出境旅游会使一定数量的外汇流向国外。

6.外汇管理不力

由于外汇管理不力，使黑市交易猖獗，造成国家外汇实现量减少，或者由于企业间盲目削价竞争而导致旅游部门和企业外汇收入减少，这些都会使国家旅游外汇收入出现隐性流失。

二、旅游收入漏损的形式

（一）按照外汇漏损的主体，旅游外汇收入漏损可分为直接漏损和间接漏损

1.直接漏损

直接漏损是旅游企业或部门直接产生的外汇支出，主要包括：

（1）为进行旅游开发建设和经营运转，需要进口原材料、机器设备、建筑及装饰材料、食品饮料、高档消费品、办公设备、运输工具、陈设用品等物资而发生的外汇支出。

（2）为大力进行旅游开发和旅游基础设施建设，旅游企业通过举借外债和吸收外方投资的方式筹集资金，即用外汇支付的负债本息和利润。

（3）为提高经营管理水平，旅游企业需从国外引进高层管理人才和技术人才，因此用外汇支付的工资及福利。

（4）为开拓国际市场，在国外进行旅游宣传促销活动所支付的各种费用。

2.间接漏损

间接漏损是指与旅游相关部门或企业发生的外汇支出，主要包括：

（1）为旅游企业提供产品和服务的部门从国外进口物资和劳动力所引起的外汇漏损。

（2）因旅游业的发展导致基础设施增加而引起的外汇漏损。

（二）按照外汇漏损的渠道，旅游外汇收入漏损可分为合法漏损和黑市漏损

1.合法漏损

合法漏损是指国外旅游者将所携带的外币通过合法渠道换取当地货币，用于购买旅游产品和服务。

2.黑市漏损

黑市漏损是指国外旅游者将所携带的外币通过外汇黑市非法套汇来换取当地货币，用于购买旅游产品和服务。

（三）按照外汇漏损发生的时间，旅游外汇收入漏损可分为先期漏损和后续漏损

1.先期漏损

先期漏损是指旅游企业向国外旅游者销售旅游产品获得的全部收入中进入旅游目的地国家的那部分收入。旅游预订、旅游交通、旅游线路等都有可能导致旅游外汇收入的先期漏损。

2.后期漏损

后续漏损是指旅游从业人员个人的生活消费中所涉及的外汇流出。

经济广角8-1　　旅游贸易逆差的影响

长期以来我国基于经济利益考虑，在出入境旅游中更加侧重入境旅游的发展。近年来，一方面我国入境旅游呈现相对停滞状态，另一方面出境旅游持续快速增长，

我国开始出现旅游贸易逆差并快速扩大。国家外汇管理局《2017年中国国际收支报告》的数据显示，2017年中国出境旅游逆差达到2 251亿美元。中国的出境旅游快速增长，甚至超前发展是旅游贸易逆差出现并持续增加的直接原因。境内外旅游购物消费发展的不均衡是我国旅游贸易逆差扩大的重要因素。巨额旅游贸易逆差会带来一系列负面的经济、社会和政治影响。第一，旅游贸易逆差导致外汇收入和储备减少。第二，出境旅游的快速增长，对国内旅游业产生竞争压力。当前我国海南等滨海度假旅游目的地就直接面临东南亚和日本、韩国等国家或地区的竞争。第三，伴随出境旅游的购物、医疗、置业、留学等消费与投资，会抑制国内消费和投资，影响相关产业和地区发展。同时，出境旅游贸易逆差也会表现出显著的积极作用。第一，规模迅速扩大的出境旅游消费是提升中国国际影响力的重要手段，在诸多国际矛盾纠纷中，相关国家会顾及出境旅游市场利益，中国旅游逐渐发挥出辅助国家整体战略的作用。第二，伴随国际旅游交往，中国企业获得了更加友善的国际经营和投资环境。

资料来源　王欣，彭诗茗，陈微．“一带一路”背景下中国旅游贸易逆差调控战略研究[J]．旅游导刊，2018，2（5）．

三、影响旅游外汇漏损的因素

影响旅游外汇漏损的因素有很多，概括起来主要有以下六个方面：

（1）旅游目的地国家或地区的经济发展水平。旅游目的地国家或地区的经济发展水平包括国内生产总值、人均国内生产总值水平、科学技术水平、产业技术装备水平和经营管理水平等。一个国家或地区的经济发展水平越高，旅游业发展的自主程度就越高，旅游设施建设配套、旅游业质量标准、旅游业管理水平也会相应完善和提高，旅游业的对外依存度就越小，从而旅游收入外汇漏损就相应减少；反之，会增加旅游外汇的流失。

（2）旅游目的地国家或地区的资源供给能力。旅游目的国家或地区资源的供给能力是指旅游业发展所需的各种资源的自给能力，一般包括保证游客旅游活动正常运转的各种资源，如农、林、牧资源，制作旅游工艺品、旅游纪念品的原材料，生产旅游设施、设备和用品的矿物资源和非矿物资源以及生产、加工和制作能力。如果旅游目的地国家或地区的资源自给能力较强，则所需的进口物资相对减少，旅游收入外汇漏损也相对降低。

（3）旅游目的地国家或地区旅游业发展规模。在旅游目的地国家或地区的旅游业初创阶段，旅游业的开发和经营规模都有限，旅游者的人数和消费水平也不高，因此旅游外汇收入和各种形式的漏损率都处于低水平，有的漏损甚至还不曾出现。随着旅游目的地国家或地区的旅游业规模不断扩大，旅游业所需的外来贷款和进口数量也会增加，旅游漏损率也会随之上升。

（4）旅游目的地国家或地区相关的政策法规。旅游目的地国家或地区相关的政策法规包括有关进口物资的规定、旅游业中有关引进外资的优惠政策、有关外汇收入管理的规定、居民出国旅游的有关规定，这些政策和法规的制定尺度都会不同程度地影响到旅游外汇收入漏损。

（5）旅游目的地国家或地区的消费倾向和民族意识。旅游目的地国家或地区居民的民族意识、消费倾向、价值观念、收入水平等各项因素都会对旅游外汇流失产生影响。一般来说，民族意识薄弱、居民喜欢追求国际名牌产品的国家或地区，会造成更多的旅游外汇流失。

（6）旅游目的地国家对外进行旅游促销的力度大小。从宏观经济的长期角度来看，旅游外汇漏损率的变化在曲线图上一般会出现“双峰”图形，并且与旅游目的地国家的社会经济和旅游业的发展程度有密切关系。在旅游目的地国家的国际旅游业初创阶段，旅游外汇漏损率一般较低，随着旅游目的地国家的国际旅游业规模不断扩大，旅游业所需外来贷款和进口数量也会大量增加，旅游外汇漏损率随之大大上升，形成第一个波峰。在旅游业的发展过程中，无论是国际旅游还是国内旅游，都会由于本地区的经济、技术力量不足，在旅游再生产中将大量资金用于在其他地区购买原材料、商品、设备或聘请外地人才协助经营等，这些都会造成该地区的旅游收入外流，形成第二个波峰。经过旅游业的快速发展阶段，旅游目的地国家能够满足国际旅游业各种需求的能力会大幅度提高，从而使旅游业进口需要减少，旅游漏损率也随之下降。

四、旅游收入漏损的控制

为保证一个国家旅游收入的稳定和增长，有必要对旅游外汇的流失进行严格控制。目前世界上许多国家，特别是把旅游业作为国民经济重要支柱产业的国家，都制定了一系列的政策，采取相应措施，对旅游外汇的流失问题进行控制和改善，以减少和避免旅游收入的漏损。对旅游收入漏损控制的主要措施有：

（1）积极发展本国经济，调整本国生产结构和产品结构，不断提高本国产品的质量，努力改进和提高生产技术，生产出满足旅游经营活动所需要的各种产品，尽量减少进口产品的数量。

（2）积极培育国内旅游市场，开发旅游新业态，满足国内居民不断高涨的出游意愿，以及对高质量、个性化、特色化的旅游产品、旅游服务的需求。

（3）加强对引进外资、外来项目的审批工作。对引进项目的收益、成本、风险及先进性、急需性、可行性要认真分析评估，避免盲目引进、肥水外流，使国家和旅游企业外债负担过重。

（4）积极开发符合现代旅游发展趋势、低漏损的旅游产品，如生态旅游产品、民俗旅游产品等。这类旅游产品之所以漏损率较低，主要是因为该类型旅游产品具有资源上的垄断性，开发过程中不过多地依赖进口设备、商品等。

（5）利用互联网进行网上宣传和预订，缩短旅游目的地国家与旅游消费者之间的距离，减少旅游预订环节，降低境外旅游营销成本。

项目测试

一、单选题

1. 在市场经济条件下，旅游经营者的收入是通过（　　）的形式得到补偿的。

A. 市场开发　　B. 产品开发　　C. 货币收入　　D. 市场竞争

2. 根据（　　）不同，旅游收入可分为基本旅游收入和非基本旅游收入。

A. 供给弹性　　B. 需求弹性　　C. 收入来源　　D. 收入构成

3. 游客购买的交通运输服务、文化娱乐服务等的收入是（　　）。

A. 劳务收入　　B. 基本来源收入　　C. 非基本收入　　D. 商品性收入

4. 综合反映旅游目的地国家或地区一定时期内旅游经济的总体规模和旅游业的总体经营成果的指标是（　　）。

A. 国内旅游收入　　B. 国际旅游收入　　C. 旅游总收入　　D. 人均旅游收入

5. 要扩大旅游创汇率必须扩大（　　）的外汇收入。

A. 基本旅游商品　　B. 非基本旅游商品

C. 旅游收汇率　　D. 人均旅游收入

6. 反映旅游目的地国家或向入境游客提供单位货币的旅游产品所换取的外汇数量是（　　）。

A. 旅游收汇率　　B. 旅游出游率　　C. 旅游开支率　　D. 旅游换汇率

7. 旅游收入的初次分配是旅游企业对扣除（　　）补偿价值后的收入进行的分配。

A. 物质资料　　B. 生活资料　　C. 资本性投放　　D. 经营费用

8. 旅游乘数是用来测量（　　）单位旅游消费对旅游接待地区各种经济现象的影响程度的系数。

A. 外来游客　　B. 本地游客　　C. 全体游客　　D. 旅游企业

9. 一个国家或地区旅游收入乘数效应的大小主要取决于该国家或地区（　　）。

A. 旅游产品价格　　B. 自给程度

C. 旅游经营管理　　D. 旅游产品促销能力

项目测试 8-1

单选题

10. 旅游乘数效应的大小与（　　）成正方向变化。

A. 边际储蓄倾向　　B. 边际消费倾向

C. 边际进口物质倾向　　D. 边际成本

二、多选题

1. 依据旅游需求弹性不同，旅游收入可分为（　　）。

A. 商品性收入　　B. 基本收入　　C. 非基本收入

D. 劳务性收入　　E. 国内收入

2. 测量旅游收入水平的指标主要包括（　　）。

A. 人均旅游收入　　B. 人均天旅游收入　　C. 旅游价格指数

D. 旅游创汇率　　E. 旅游换汇率

3. 影响旅游乘数效应的主要因素有（　　）。

A. 边际消费倾向　　B. 边际储蓄倾向　　C. 边际进口物资倾向

D. 边际收益　　E. 边际成本

4. 旅游乘数效应包括（　　）。

A. 直接效应　　B. 间接效应　　C. 诱导效应

D. 边际效应　　E. 综合效应

5. 旅游收入漏损的原因包括（　　）。

A. 本国经济体系和生产结构不完善

B.用于还本付息、支付投资者红利的影响

C.支付外方管理费用和外籍人员的工资

D.用于支付海外促销的费用

E.本国居民的外汇流出

项目测试8-2

多选题

三、判断题

1.按照旅游收入的弹性，可以将旅游收入划分为国内旅游收入和国际旅游收入。（　　）

2.国际旅游收入与国际旅游者在旅游过程中的消费支出在数量上是相等的。（　　）

3.旅游收入分配是指按照旅游产品生产要素通过货币形式在各个经济行为主体之间进行的分配。（　　）

项目测试8-3

判断题

4.旅游乘数是指旅游花费在经济系统中导致的直接、间接和诱导性变化与最初的直接变化本身的比率。（　　）

5.直接漏损是指与旅游相关部门或企业发生的外汇支出。（　　）

四、简答题

根据乘数作用发挥的原理说明发展旅游业为何会促进旅游目的地经济的发展？其理论依据是什么？

项目测试8-4

简答题

实战演练

1.通过报刊和网络收集本地经济的乘数效应数据，讨论并撰写旅游收入对本地经济的乘数效应分析报告。

2.计算题

（1）某旅游地2003年共接待游客300万人次，人均旅游消费支出为150元，而游客在当地的其他花费总额为3 000万元，求该旅游地当年的旅游产品总收入。

（2）假设某地区旅游收入的边际储蓄倾向为20%，边际进口倾向也为20%，其余部分收入均投入到当地经济运行中。试计算：①该地区旅游边际消费倾向是多少？②该地区旅游漏损率为多少？③该地区旅游乘数是多少？

推荐阅读

1.李瑛. 国内旅游统计：现状分析与提升路径［EB/OL］.［2020-08-31］. http：//www.ctaweb.org.cn/cta/xsjl/202103/24ed3156f9e345c3b521d28ab0139077.shtml.

2.中国社会科学院旅游研究中心. 世界旅游经济趋势报告（2022）［EB/OL］.［2022-03-14］. https：//www.163.com/dy/article/H2D35S610519CS5P.html.

9

项目九 优化旅游产业：旅游产业结构及政策

项目概述

旅游经济的发展既包括总量增长，又包括结构合理以及效益提高。其中，旅游经济结构合理不仅决定着总量增长的规模和水平，还影响着旅游产业经济效益的提高。因此，本项目全面阐述了旅游产业结构的特点，并重点对旅游产业关联及新业态进行了深入的研究，在此基础上探讨了旅游产业结构的内容与措施，以及旅游产业政策。

项目导图9-1

项目九